FISCHER EXPEDITION

Über dieses Buch

Der Autor unterhielt viele Jahre hindurch sein kleines, aber weithin bekanntes Hotel »Travellers Rest« am Fuße der Birunga-Vulkane in Uganda. Mit Hilfe farbiger Fährtensucher gelang es Baumgärtel, die in den Bergwäldern seiner Umgebung lebenden Gorillas aufzuspüren und zu beobachten. Seine Erfahrungen auf diesen Expeditionen alarmierten die Fachwelt, denn im Gegensatz zu allen bis dahin gültigen Berichten erwiesen sich die riesigen Menschenaffen als durchaus verträgliche Kreaturen, in ihren Reaktionen dem Menschen in eigentümlicher Weise verwandt.

So wurde »Travellers Rest« zum »inoffiziellen Hauptquartier« der Gorilla-Forschung, wie der bekannte Verhaltensforscher George Schaller es nannte, und Besucher und Wissenschaftler aus aller Welt kamen, um den seltenen, in seinem Bestand bedrohten Berggorilla in seiner natürlichen Umgebung zu beobachten, darunter Prof. Dart, Sir Julian Huxley, Prof. Grzimek, vor allem aber Dian Fossey, die nun schon über dreizehn Jahre die Birunga-Gorillas studiert und deren Leistungen weltweit anerkannt wurden.

Walter Baumgärtel gibt hier einen humorvollen, farbigen Rückblick auf seine Erfahrungen mit Wissenschaftlern aus aller Welt, vor allem aber auf seine hautnahen Begegnungen mit Menschenaffen.

Der Autor

Walter Baumgärtel, 1902 in Leipzig geboren, versuchte sich in vielen Berufen, u.a. arbeitete er als Schauspieler, Buchhändler und Fotograf, bevor er endlich seine wahre Berufung als Besitzer des kleinen Hotels »Travellers Rest« fand. 1969 sah er sich genötigt, Uganda zu verlassen. Er lebt heute im Allgäu und arbeitet an einem weiteren Buch über Afrika.

Walter Baumgärtel

Unter Gorillas

Erlebnisse auf freier Wildbahn

Fischer Taschenbuch Verlag

Fischer Taschenbuch Verlag
August 1979

Umschlagentwurf: Jan Buchholz/Reni Hinsch
unter Verwendung eines Fotos (Foto: Deschryver/Okapia)

Fischer Taschenbuch Verlag GmbH, Frankfurt am Main
Lizenzausgabe mit freundlicher Genehmigung
des Safari-Verlages, Berlin
© 1977 by Universitas Verlag, Berlin
Satz: Fotosatz Hümmer KG, Waldbüttelbrunn
Druck und Bindung: Clausen & Bosse, Leck
Printed in Germany
780-ISBN-3-596-23514-6

I Ankunft im Lande der Gorillas

Wirtshäuser sind im allgemeinen für Menschen da. Aber ich hatte eines in Uganda, das sich von allen anderen unterschied, indem es sowohl Menschen wie auch Affen bewirtete. Affen? Unsere Vettern, die Gorillas, und ich muß gestehen, daß es mir oft schwerfiel, die beiden, die Affen und die Menschen, auseinanderzuhalten.

Das soll nun nicht etwa heißen, daß so ein zottiger Gorillamann in meine Bar zu stürzen pflegte, mit haariger Faust auf die Theke hämmerte und nach einem Whisky-Soda bellte, oder gar, daß ein Gorilla-Damenkränzchen sich zu Kaffee und Kuchen bei mir traf. Nein, ganz so war es nicht; aber nichts ist zu absurd, um nicht geglaubt zu werden.

So fragte mich einmal ein Gast, ob die Gorillas wohl von ihren nahen Bergen herunter in die Dörfer kämen, und ich antwortete: »Ja, zuweilen. Einer kommt häufig in die Bar. Wenn Sie Glück haben, werden Sie ihn heute abend kennenlernen.« Ich dachte an einen schwarzen Trunkenbold, einen langarmigen Gorillatyp, der gewöhnlich zu später Stunde reichlich angesäuselt in der Bar erschien und so viel Ärgernis erregte, daß er an die Luft gesetzt werden mußte.

An jenem Abend saß mein Gast auf der Veranda und musterte, die Augen auf den Eingang geheftet, jeden neuen Gast mit erwartungsvoller Neugier. Kurz vor Barschluß sagte er zu mir: »Ich gehe nun zu Bett, ich habe keine Lust länger zu warten.« »Warten? Auf wen?« fragte ich. »Auf den Gorilla, den Sie mir versprochen haben, Sie Lügner«, sagte er und schlug die Tür verärgert zu.

Mein Dorfgorilla war tatsächlich erschienen und hatte eine erstaunliche Talentprobe abgelegt; aber der Gast, auf einen richtigen Gorilla wartend, hatte die großartige Vorstellung verpaßt. Der Dorfgorilla hatte nämlich, zur Verwunderung seiner weniger begüterten Kumpane, drei Hundert-Schilling-Scheine buchstäblich aufgefressen, das heißt sie zerkaut und hinuntergeschluckt, wohl um seinen kürzlich durch Handel mit Fellen erworbenen Wohlstand zu beweisen.

Am nächsten Morgen kam er und beschuldigte uns, ihn bestohlen zu haben. Er hätte am Abend vorher weit über dreihundert Schillinge besessen, und nun seien seine Taschen leer. Er könne doch unmöglich all das Geld an einem Abend versoffen haben. Wir hätten seinen Zustand ausgenutzt und ihn beraubt. Ich riet ihm, zu seiner Hütte zurückzukehren und dort an einem gewissen Ort nach Spuren seines verschwundenen Vermögens zu forschen.

Wie kommt ein Durchschnittseuropäer nach Afrika, in eine Gegend, wo die Gorillas sich gute Nacht sagen? Wie kam ich zu einem Gasthof, wo die Gäste Banknoten essen?

Ich war kein Neuling in Afrika. Ich hatte viele Jahre im Süden, in Kapstadt und Johannesburg, gelebt. Ich kannte große Teile des Landes. Ich liebte Afrika. Aber das Leben eines soliden Geschäftsmannes in Johannesburg befriedigte mich nicht. Ich hatte musische Neigungen und wollte – für immer, wie ich damals dachte – nach Europa zurück. Ich machte aber den verhängnisvollen Fehler, auf dem Landweg über Ostafrika zu reisen, wo ich dem Schwarzen Kontinent rettungslos verfiel.

Ich fuhr per Schiff nach Daressalam, besuchte Sansibar, bestieg den Kilimandscharo, lernte die großen Seen, Urwälder, Savannen und die märchenhaften Wildreservate in Tanganjika, Kenia und Uganda kennen und fuhr schließlich den Nil abwärts durch den Sudan und über Ägypten in meine europäische Heimat zurück.

Ich gab mir große Mühe, mich dort einzuleben, aber wer einmal Geschmack an Afrika gefunden hat, wird sich schwerlich an eine andere Kost gewöhnen. Ich hatte eine Vorliebe für Ostafrika entwickelt und pfiff bald auf die sogenannte europäische Kultur. Selbst Städte wie Florenz und München konnten mich nicht lange fesseln, und gar in London mit seinem unfreundlichen Klima und den wimmelnden Millionen ließ sich meine Afrikasehnsucht nicht länger unterdrücken.

Den äußeren Anlaß zu meiner Rückkehr gab eine Anzeige im *East African Standard*, der größten Zeitung Nairobis, die mir an einem besonders miserablen Londoner Novembertag im Lesezimmer einer Kolonialbank in die Hände fiel.

Sie lautete:

GESUCHT
Partner für Hotelprojekt in West-Uganda.
Günstige Lage an Kreuzung dreier Hauptstraßen
in Nähe der Birunga-Vulkane
und eines Gorillaschutzgebietes.

Das klang verheißungsvoll, die Nähe der Gorillas versprach Abenteuer. Und so entschloß ich mich kurzerhand, mir das Projekt anzusehen.

Krasse Gegensätze überwältigen mich. Ich wollte nicht, mit den Gedanken noch im nebelgrauen England, den Äquator im Flugzeug überqueren. Ich wollte mich dem Lande meiner Sehnsucht, jede Seemeile auskostend, im Schiff nähern.

Die bekannten Schiffahrtslinien waren ausverkauft, und nur durch Zufall machte ich ein deutsches Schiff ausfindig, das mich mitnehmen wollte. Der Londoner Agent tat, als ob ich Glück hätte, gerade noch den letzten Platz zu erwischen. Ich war aber von Antwerpen bis Mombasa der einzige Passagier.

Alles war tadellos auf diesem Schiff, nur der Kapitän war nicht in Ordnung. Er litt an Diabetes, und das ganze Schiff litt, wie mir schien, mit ihm: Da der Kapitän den Mund nicht aufmachte, schwieg die Besatzung ebenfalls.

Die Mahlzeiten, die ich mit dem 1. Offizier und dem 1. Ingenieur am Tisch des Kapitäns einnehmen mußte, verliefen wie im Refektorium der Trappisten. Der Steward folgte den »Tischgesprächen« mit der Stoppuhr. »Dreiundzwanzig Minuten, ehe das erste Wort gesprochen wurde«, verkündete er nach dem Abendessen, oder: »Sieben Worte und ein Grunzen, ein Rekord beim Lunch auf diesem Schiff.«

Ich landete in Mombasa. Da ich es von früher her gut kannte und auf das Hotelprojekt neugierig war, nahm ich den nächsten Zug nach Nairobi.

Ich wußte aus Erfahrung, daß Zeit und Eile unbekannte Begriffe in Afrika sind und es der Eisenbahn auf kleinere oder größere Verspätungen nicht ankommt. Dies sollte sich aber als Vorurteil erweisen: Der Zug, dessen Lokomotive und Wagen stromlinienförmig waren und nach Geschwindigkeit aussahen, fuhr – nein, nicht fahrplanmäßig, sondern zehn Minuten zu früh ab. Schrilles Pfeifen der Lokomotive, wildes Gerenne auf den Bahnsteigen, erregtes Geschrei überraschter Passagiere. Viele, das Gepäck schon im Abteil, versuchten auf den fahrenden Zug zu springen. Andere, selbst schon im Zug, versuchten, ihr noch auf dem Bahnsteig stehendes Gepäck im Fahren zu erwischen. Die Lokomotive kam auf Touren, nichts konnte sie zum Stoppen bringen. Warum all die Aufregung? dachte ich. Geht morgen um dieselbe Zeit nicht wieder ein Zug nach Nairobi? Was sind schon vierundzwanzig Stunden früher oder später in Afrika?

In Nairobi kaufte ich mir einen Wagen, einen alten Hillman-Minx, und trat in gelöster Stimmung die Fahrt nach Westen an, wo nach 1200 Kilometern das Hotelprojekt auf mich wartete. Es war herrlich, wieder durch Afrika zu fahren: hinunter in den Großen Graben, hinauf ins Weiße Hochland, durch die Teegärten von Kericho und wieder hinunter nach Kisumu am Viktoriasee. Ein tropischer Regen setzte ein und weichte die Straße auf. Ich blieb deshalb in Busia, dem ersten Ort in Uganda.

Nach Mitternacht weckte mich ein gellender Schrei. »Hilfe! Hilfe!« rief es von nebenan. »Ein weißes Pferd will in mein Bett.« Ein weißes Pferd? Gewöhnlich sind es weiße Mäuse, wenn man zuviel getrunken hat, dachte ich. Ich stand auf und traute meinen Augen kaum. Da stand tatsächlich ein Schimmel, das Vorderteil in meines Nachbars Zimmer, das Hinterteil im Gang, wie ein Gast, der sich nicht entschließen konnte, ob er das Zimmer nehmen sollte oder nicht. Ein Pferdetransport von Kenia auf dem Wege nach Ruanda war nachts angekommen, und um Regen und Kälte zu entgehen, war der Schimmel vom Lastwagen gesprungen, hatte den Weg ins Haus gefunden und sah sich nun nach einem warmen Plätzchen um.

Am nächsten Tag stand ich in Jinja am Nil. Wie verändert war der Fluß, seit ich ihn vor Jahren zum ersten Mal gesehen hatte! Die Ripon Falls, über die seine Hauptwasser aus dem Viktoriasee hinunterstürzen, waren gänzlich verschwunden, und weiter unten, an den Owen Falls, sperrte ein Damm seinen Lauf und zwang ihn, die Turbinen eines riesigen Kraftwerks zu treiben. Fortschritt? Gewiß! Aber die Ehrfurcht und Begeisterung, die ich empfunden hatte, als ich den Nil sah, so wie John Hanning Speke, der Entdecker seiner Quelle, ihn am 28. Juli 1862 gesehen hatte, wollten sich nicht wieder einstellen.

Kampala, jetzt die Hauptstadt Ugandas, ist auf vielen Hügeln gebaut, auf sieben wie Rom, behaupten seine Bewunderer. Ich habe sie nie gezählt, aber es wäre auch das einzige, was Kampala und die Ewige Stadt gemeinsam hätten. Immerhin, Kampala wäre gar nicht so übel gewesen, hätte es dort weniger Diebe – und weniger Politiker – gegeben. Es war schon damals eine zivilisierte Stadt, in der es Hotels, Kinos, Nachtklubs gab, und vor allen Dingen eine Universität, an der britische Dozenten ihren schwarzen Studenten das geistige Rüstzeug vermittelten, das zur Befreiung vom kolonialen Joch nötig war.

Kampala war nicht das Afrika, das ich suchte: Ich verließ es ohne Tränen – und ohne Armbanduhr. Auch ein Paar Hosen war aus meinem Zimmer verschwunden, und ich mußte froh sein, mein Auto noch unberührt vor dem Hotel zu finden. Nach diesem ersten Kennenlernen hatte ich nicht den leisesten Wunsch, die Stadt je wieder zu besuchen. In all den Jahren in Uganda war ich nur ein einziges Mal wieder dort – um mir einen Zahn ziehen zu lassen. Was meine Uhr betraf, so nahm ich den Verlust als symbolisch: In einem Land, in dem es keine Zeit gab, ging's auch ohne Uhr, und ich kaufte mir erst nach Jahren eine andere. Und die Hosen? Da hatte ich gewisse Zweifel. Und um sicher zu gehen, kaufte ich mir doch lieber gleich ein Paar neue.

Die letzte Nacht vor meinem Ziel schlief ich in Kabale. Es war ein hübsches Hotel, aber der Name stimmte mich bedenklich. Es hieß: *White Horse Inn*, Zum Weißen Rößl, die Manageress versicherte mir aber, daß ich mein Zimmer nicht mit dem Schimmel würde teilen müssen, nach dem das Hotel benannt worden war.

Auf das Hotelprojekt gespannt, schloß ich die ganze Nacht kein Auge und machte mich bereits vor Tagesgrauen auf den Weg.

Die großartige Bergstraße zwischen Kabale und Kisoro verstärkte noch die Spannung. »Kwenda pole pole!« – »Fahrt langsam, langsam!« – warnte ein Verkehrsschild. Die steile Straße schraubt sich in scharfen Haarnadelkurven durch Papyrussümpfe und Bambuswälder zur Kanaba Gap hinauf, einer Paßhöhe von über 2700 Metern, die mein liebster Luginsland werden sollte. Der Blick auf das Land hinunter, das für fünfzehn Jahre meine Heimat wurde, übertraf alle Vorstellungen, die ich mir von diesem mir noch unbekannten Teil Afrikas gemacht hatte. Die ersten Sonnenstrahlen schossen in den wolkenlosen Äquatorhimmel, der Nebelschleier lüftete sich und enthüllte eine urzeitliche Welt mit einer Kette wilder Berge im Hintergrund, phantastisch wie eine Landschaft auf dem Mond.

Wie ein im Brodeln erstarrtes Lavameer ist diese Ebene mit den unzähligen Hügeln, jeder einzelne ein Miniaturvulkan mit einem trichterförmigen Krater im abgeflachten Kegel. Aus diesem einstmaligen vulkanischen Inferno ragen die acht markanten Gipfel der Birunga-Vulkane – Kochtöpfe nennen sie die Eingeborenen – mit dramatischem Ungestüm empor, wie Trutzburgen, von der Natur geschaffen, um dem bedrohten Berggorilla Schutz und letzte Zuflucht zu bieten.

Die wohlgeformte Pyramide des Muhavura beherrscht die Szene. Durch einen Sattel mit ihm verbunden ist der umgestülpte Pudding des Mgahinga und dicht daneben der zerzackte Sabinio. Dahinter, mit dem stumpfen Kegel des Vishoke zu Füßen, ist der oft schneegekrönte Karisimbi, der fast so hoch wie der Montblanc ist. Sein Nachbar, der Mikeno, ist kühn wie eines der Schweizer »Hörner« und schwer zu ersteigen. Die beiden westlichen Gipfel, der Nyiragongo und Nyamulagira, sind die einzigen der »Töpfe«, die noch kochen und manchmal mit verheerender Wirkung »überlaufen«.

Aber die Natur hat die von ihr einst so gequälte Landschaft mit Fruchtbarkeit gesegnet und im Laufe der Jahrtausende die bleigrauen Lavamassen mit saftigem Grün bedeckt. Jeden Zentimeter der kostbaren Erde nutzend, haben fleißige Eingeborene die steilen Hänge der Hügel terrassiert und sogar deren Krater bis auf den Grund hinunter mit Erbsen, Hirse und Bataten bebaut. Bananenhaine und runde grasgedeckte Hütten, wie Pilze aus dem Boden wachsend, geben dem Ganzen ein unverkennbar afrikanisches Gepräge.

In der frühen Morgensonne glitzerten stille, zwischen Hügel eingebettete Seen wie silberne Spiegel, und Fischerboote glitten auf ihnen heimwärts vom ersten morgendlichen Fang. Von den Hütten kräuselte sich der Rauch anheimelnd in der Morgenbrise, Männer und Frauen schritten den Feldern zu, und Kinder trieben das Vieh auf die Weide. Die unverdorbene Landschaft, die Ruhe und der Frieden dort unten bezauberten mich. »Das ist das wahre Afrika«, sagte ich mir, »das zu finden ich ausgezogen war«, und ich fuhr beglückt zum »Projekt an der Kreuzung dreier Hauptstraßen« hinunter.

2 Erst der Wirt und dann die Gäste

Es war im März 1955, als ich in Kisoro ankam. Die Teilhaberschaft, die mich in dieser einzigartigen Umgebung erwartete, dämpfte die Begeisterung, die mich auf der Höhe oben eben noch überwältigt hatte.

Ivor, der »Vater des Projekts«, und seine Frau waren Geschöpfe aus einer anderen Welt. Ich war dieser Art bisher nie begegnet. Mit ihm, kindisch und irritierend, wie er war, hätte ich mich abgefunden, aber die Frau und ich schätzten einander nicht. Nasani, der schwarze Oberkellner, nahm mir einmal sanft den Besen weg, den ich zufällig in der Hand hielt; er glaubte, ich wollte die Memsahib mit dem Stiel bearbeiten. »Das geht zu weit«, dachte er sich wohl, denn Nasani war ein Watussi und als solcher ein Aristokrat und Gentleman.

Ich hätte am ersten Tage, nach dem ersten Krach mit der Memsahib, abreisen sollen, aber irgend etwas, was ich nicht erklären konnte, zwang mich förmlich zum Bleiben. Ich war wohl des Umherwanderns müde und wollte endlich wieder festen Boden unter meinen Füßen haben. Ivor meinte, ich dürfte gar nicht abreisen, da nicht etwa die Zeitung – wie ich behauptete –, sondern der liebe Gott in Person uns zusammengeführt habe. »Ja, um mich zu bestrafen«, sagte ich. Meine ersten sieben Monate in *Travellers Rest*, in Wanderers Ruh, wie Ivor das angehende Hotel so trefflich genannt hatte, waren tatsächlich eine Strafe Gottes für mich, und von Ruhe konnte nicht die Rede sein.

Das Leitmotiv dieses merkwürdigen Hotels war: erst der Wirt und dann die Gäste! Und die Wirtsleute waren keineswegs anspruchslos, sie wollten von allem stets das Beste. Sie gehörten zu der Sorte von Menschen, die, wie ein Freund zu sagen pflegte, immer möchten wie die Bernhardiner, aber das Beinchen nicht hoch genug kriegen. Wenn sie tausend Mark verdienen, geben sie zweitausend aus, und tausend, wenn sie nichts in der Tasche haben.

Auf diesem Nullpunkt waren sie gerade angekommen, als ich, wie von Gott gesandt, erschien. Ivor war Ire und wie viele seiner Landsleute ein Phantast. Seine Einbildungskraft war gewaltig, seine Taschen waren leer.

Als er diesen Gasthof auf gut Glück und Pump zu bauen begann, sah sein inneres Auge ein »Grandhotel im Herzen Afrikas« an der Kreuzung dreier Hauptstraßen, und aus allen drei Richtungen sah er Gäste herbeiströmen und ihm die – ich muß es dreimal sagen – ach! so leeren Taschen füllen.

So ganz abwegig war aber seine Idee nicht. Eine Karawanserei gegenüber der Zollstation, wo jeder Reisende halten mußte, hatte gewisse Möglichkeiten. In Kisoro teilt sich die aus Uganda kommende Hauptstraße; links geht es in das frühere Königreich Ruanda, wo die riesigen Watussi regierten, geradeaus in den früheren belgischen Kongo und – ein typisch afrikanisches Extrem – ins Land der Pygmäen, der kleinsten Menschen in Afrika.

Obendrein gab es in Kisoro hohe Berge zu besteigen und in den Wäldern Gorillas aufzuspüren, was ebenfalls Besucher anlocken sollte.

Aber Ivor konnte nun einmal nicht mit beiden Füßen auf der Erde bleiben, er mußte höher hinauf: Nicht weniger als einen eigenen Flugplatz hatte er im Sinn. Wie sollten sonst auch amerikanische Millionäre, für die Zeit Geld bedeutet, nach Kisoro kommen, meinte er. Noch ehe es Betten gab, in denen ein Millionär – oder jeder gewöhnliche Sterbliche – hätte schlafen mögen, mußte der Flugplatz her. Lange vor meiner Ankunft, so daß ich das Unternehmen nicht verhindern konnte, hatte er mit einer Armee von Eingeborenen und unter erheblichen Kosten Tausende von Lavablöcken zur Seite gewälzt und einen Landestreifen angelegt. Er korrespondierte mit sämtlichen Luftfahrtgesellschaften Ostafrikas, und nach langem Hin und Her ließ eine sich tatsächlich überreden, versuchsweise in Kisoro zu landen – ein Ereignis, das ich bereits miterleben durfte.

Es war ein Volksfest. Die Eingeborenen, die noch nie einen so großen »Vogel« gesehen hatten, strömten meilenweit herbei. Wir warteten viele Stunden, bis endlich eine winzige »Motte« über die Berge gesummt kam. Inzwischen waren Rinder, Schafe und Ziegen – am Morgen mühsam vom Landestreifen vertrieben – stur zurückgekehrt, und das Flugzeug mußte lange im Kreise fliegen, bis wir, wie verabredet, mit ausgebreiteten Bettüchern das *all clear* geben konnten. Der Pilot setzte schließlich auf, ohne sich das Genick zu brechen. »Einmal und nie wieder!« waren seine Begrüßungsworte.

Als wir den Piloten nach kurzem Lunch zum Flugplatz zurückbrachten, war die Menschenmenge wie weggeblasen. »Nanu, warum?« fragte ich einen der wenigen Eingeborenen, die geblieben waren. »Wollt ihr denn nicht zusehen, wie der große Vogel sich wieder in den Himmel hebt?«

»Doch, doch«, gab er zu, »aber nicht aus solcher Nähe.« So dumm, wie wir Europäer dächten, wären seine Stammesbrüder nicht. Ein Auto aus dem Dreck heraus- und halbwegs in den Kongo schieben, nun ja, das käme alle Tage vor. Aber das Ding da womöglich in die Luft hinauf? Nee, nee, da hätten sich die meisten doch lieber rechtzeitig aus dem Staub gemacht.

Nun, dieser Schrecken wurde ihnen erspart, denn die Behörden erklärten den ringsum von Bergen eingeschlossenen und auch sonst nicht gerade empfehlenswerten Flugplatz für unsicher, und so konnten die Ziegen, Schafe und Rinder wieder friedlich auf Ivors Landestreifen weiden.

Heutzutage ist ein Flugzeug kein Ereignis mehr in Afrika. Uganda hat seine eigene Luftwaffe, schwarze Piloten fliegen Jet planes und bombardieren die Städte ihrer Nachbarn.

Vor Ankunft des Europäers war das Prinzip des Rades – von den alten Ägyptern abgesehen – im Schwarzen Erdteil unbekannt. Das Rad ist ein Symbol der Bewegung, der Geschwindigkeit. In Afrika – ich muß es wiederholen – beeilt man sich nicht, und das war ein Segen für die Nerven. In den letzten Jahrzehnten haben die modernen Verkehrsmittel – das Auto an der Spitze – ganz Afrika erobert; für den gewöhnlichen Afrikaner aber ist auch heute noch das Fahrrad sein begehrenswertester Besitz.

Afrikaner geben viel Geld für ihre Räder aus; sie sind dauernd beim *Fundi*, dem Mechaniker, und doch funktionieren die Bremsen meistens nicht. Das führt dann zu Katastrophen, aber zum Glück ist ein Negerschädel immer härter als das härteste Hindernis, durch das er unter allen Umständen will.

So hielt ein Freund vorsichtshalber seinen Ford Zephyr an, als er so einen wilden Radfahrer die steile Bergstraße herunter auf sich zukommen sah. Der unvermeidliche Zusammenprall war bemerkenswert: Der Radfahrer tauchte im Hechtsprung, Kopf voraus also, von seinem Sattel durch die Windschutzscheibe und landete – etwas benommen, aber sonst unversehrt – im Rücksitz des Wagens. Sein Rad war natürlich hin, aber den weit größeren Schaden hatte mein Freund: Für das, was die Reparatur seines Wagens kostete, hätte man drei neue Fahrräder kaufen können.

Ivors Leidenschaft war Autofahren, und die damit verbundenen Kosten waren ein ständiger Dorn in meinem Auge. Im Glauben, daß Ivors alter Ford genügen würde, hatte ich meinen Hillman-Minx verkauft, aber da hatte ich die Rechnung ohne den Wirt gemacht. Von Kampala zurückkommend, hielt Ivor eines Nachts vor meiner Hütte. Ich konnte im Dunklen nur etwas Graues, Riesenhaftes unterscheiden. »Nanu, was ist denn das? Ein Schlachtschiff?« fragte ich erstaunt. »Unser neuer Wagen«, erklärte Ivor stolz. Er hatte seinen alten Ford – ohne mich zu fragen, aber auf meine Kosten – in einen noch älteren Hudson umgetauscht. »Da die Millionäre nicht im Flugzeug nach Kisoro kommen können, müssen wir sie von Entebbe im Auto holen, und für Amerikaner kann nichts groß und bequem genug sein« war seine Entschuldigung für den unbedachten Kauf.

Der Hudson sah zwar imponierend aus, sein Benzinverbrauch war aber ungeheuer, er wollte nie ohne Menschenkräfte anspringen, und zum Schalten waren beide Hände erforderlich. Ein gnädiges Schicksal, scheint's, warnte die Millionäre, denn nicht einer kam, um eine Fahrt im »Schlachtschiff« mit Ivor am Ruder zu probieren.

Ich machte nur eine Reise im Schlachtschiff, und diese zehn Tage, mit Ivor unvermeidbar neben mir, wünschte ich meinem ärgsten Feind nicht.

Die »Aktiva« des Projektes bestanden, wie sich bald herausstellte, größtenteils aus unbezahlten Rechnungen, und der Inder, der das Baumaterial geliefert hatte, drängte nun auf Zahlung. Auch war Ivor noch mit Löhnen im Rückstand. Ich hatte deshalb Tilgung aller Schulden gefordert, ehe ich meinen Anteil einzahlen würde, der dem Ausbau des Unternehmens dienen sollte.

Der bitterste Zankapfel aber war das Haus. Es war das einzige solide Gebäude, das Ivors Millionären einen bescheidenen Komfort hätte bieten können, aber die Wirtsleute hatten es natürlich für sich reserviert. Die Hütten waren gut genug für die Gäste, wie aber konnte ich erwarten, daß die Memsahib in eine solche zöge, gab sie mir zu verstehen.

Als ich abzureisen drohte, hatte der verzweifelte Ivor einen Geistesblitz. Sein Vater – ein vermögender Landedelmann in Irland – schien seinen Sohn zu kennen. Er hatte sich geweigert, das Hotelprojekt zu finanzieren, da alle Projekte des Sohnes bisher schiefgegangen waren. Ivor war aber sicher, daß der Papa einem »soliden Johannesburger Geschäftsmann« wie mir als Partner die erforderliche Summe anvertrauen würde. Um den alten Herrn gefügig zu machen, schlug Ivor vor, mich dem Familienanwalt in Nairobi vorzustellen. Es käme nun darauf an, daß ich einen guten Eindruck auf den Anwalt mache, auf dessen Urteil der Vater große Stücke hielt.

Auf dieser denkwürdigen Fahrt stritten wir uns von der ersten bis zur letzten Meile. Ivor hatte keinen Cent in der Tasche, konnte aber nie an einem Laden vorübergehen, ohne etwas zu kaufen – auf meine Kosten selbstverständlich. Er war immer hungrig und wählte auf der Speisekarte stets das Teuerste. Das größte Ärgernis war jedoch das Schlachtschiff: Es schleppte sich mühsam von Werkstatt zu Werkstatt, und die Reparaturen verschlangen ein Vermögen.

Um zu sparen, pflegten wir, wenn es dunkel wurde, anzuhalten und im Auto zu übernachten. Eines Nachts, im Nandi-Reservat in Kenia, weckte Ivor mich und verlangte Streichhölzer. Selbst ein starker Raucher, verübelte ich ihm die Störung nicht. Als er jedoch, anstatt sich eine Zigarette anzustecken, den Wagen auszuräumen begann und bei Streichholzschein nach seinen Zähnen suchte, hatte ich weniger Mitgefühl. Es wurde in einem fort aus- und eingeladen, aber was Ivor auch anstellte, die Zähne blieben verschwunden.

Mit seinen Zähnen hatte Ivor öfter Pech. Eines Tages gelang es einem der schwarzen Raben mit dem weißen Brustlatz, die ein Wahrzeichen der Gegend sind, sie aus dem Badezimmerfenster zu stehlen, wohin ihr Besitzer sie gelegt hatte; er selbst war in der Wanne, als das Unglück geschah. Plötzlich ein Schrei, eine Gestalt im Adamskostüm stürzte aus dem Haus und lief mit einem verzweifelten »Mein Gebiß! Das schwarze Biest hat mein Gebiß gestohlen!« hinter dem Dieb her. Die ganze Besatzung, auch einige Gäste, darunter eine Frau, nahmen an der wilden Jagd teil, und das »schwarze Biest«, nervös geworden, ließ seine Beute mitten in eine Rinderherde fallen. Natürlich trat ein Ochse darauf, und das Gebiß mußte zur Reparatur nach Kampala gesandt werden.

Glücklicherweise waren keine Ochsen dort, wo das Schlachtschiff für die Nacht angelegt hatte; doch gegen Morgen, noch im Halbschlaf, hörte ich rauhe Stimmen, und als ich die Augen rieb, sah ich sechs nackte, bis an die Zähne bewaffnete Afrikaner am Auto stehen. Mau Mau! war mein erster Gedanke; denn damals war diese Bewegung in Kenia noch sehr aktiv. Es waren aber nur harmlose Nandi-Hirten. Sie halfen Ivor, den Staub der Straße nach seinen Zähnen zu durchkämmen. Vergebens. In der nächsten Werkstatt fand der Mechaniker sie unter dem Vordersitz, den Ivor mehrmals sorgfältig durchsucht hatte.

Im Weißen Hochland ließ Ivor mich so nebenbei wissen, daß wir den Anwalt in Nairobi im Klub treffen würden, wohin er ihn – aus Prestigegründen – zum Lunch eingeladen habe. »Auf Pump?« fragte ich. Und nun stellte sich heraus, daß Ivor noch mit dem Mitgliedsbeitrag und einer alten Barrechnung in der Kreide stand. Als ich mich weigerte, seine Klubschulden auf mich zu nehmen, wurde der Herr Kapitän hysterisch und drohte, das Schlachtschiff mit sich und mir in den Abgrund zu stürzen. Ich erwartete damals noch etwas vom Leben, und es gelang mir, an einer Kurve, an der Ivor bremsen mußte, aus dem fahrenden Wagen zu springen. Das Schlachtschiff verschwand in einer Wolke Staub. War es wohl das letzte, was ich von Schiff und Kapitän gesehen hatte? Offen gesagt, ich hatte genug von beiden und wäre selig gewesen, endlich allein zu sein. Es war eine einsame Gegend, durch die ich, Koffer wie landesüblich auf dem Kopf, munter dem nächsten, viele Meilen entfernten Ort zustrebte. Gelegentlich ließ ich meinen Blick in die Tiefe schweifen, des grauen Hudsons wegen, aber Ivor mußte sich die Sache überlegt haben, denn das Schlachtschiff kehrte nach einiger Zeit zurück, und ich ließ mich nur zu gern überreden, die Reise doch lieber auf vier Rädern fortzusetzen.

Das Treffen mit dem Anwalt war ein voller Erfolg: Er war von dem »soliden Johannesburger Geschäftsmann« tief beeindruckt und versprach, sich beim Vater in Irland für unser Unternehmen einzusetzen. Ivor jubilierte, sein Traum vom Grandhotel schien der Erfüllung nahe.

Ich war weniger beglückt über den Erfolg, denn mir war auf dieser Reise klargeworden, daß die Ivors mich langsam, aber sicher ruinieren würden. Und die Rückfahrt, mit dem hochgestimmten Ivor am Steuer? Nun – ich überlebte sie. Ich ließ meinen exaltierten Fahrtgenossen wohlweislich erst nach der Heimkehr wissen, daß ich nie und nimmer sein Partner sein würde, selbst für alle Schätze Irlands nicht.

Wir hatten zwar noch keinen Vertrag unterzeichnet, aber ich hatte mich finanziell und gefühlsmäßig so an den Ort gebunden, daß von Kofferpakken nicht mehr die Rede sein konnte. Die Ivors konnten nicht ohne mich, ich aber gut ohne sie auskommen. Da der Grund auf Ivors Namen eingetragen war, bot ich an, ihn auszuzahlen, aber sein Preis war naiv-unverschämt. Ich wäre von Anfang an pleite gewesen. So lebten wir stillschweigend im Status quo nebeneinander her; eine qualvolle Geduldsprobe für beide, und jeder von uns versuchte, den anderen kleinzukriegen.

3 Eine Handvoll Gorillamist

Der Gedanke, daß in den nahen Bergwäldern Gorillas lebten, hatte mich vom ersten Tag an fasziniert. Ich war begierig, meine interessanten Nachbarn kennenzulernen. Jeder sprach von ihnen, aber von den Bergbauern abgesehen, hatte kaum einer die Fabelwesen zu Gesicht bekommen. Ich hatte zwar kurz nach meiner Ankunft den Muhavura bestiegen, aber die übliche Route dort hinauf ist unbewaldet und bei den Gorillas nicht beliebt.

Über die Gipfel des Muhavura, Mgahinga und Sabinio läuft die Grenze, und nur ihre Nordhänge liegen in Uganda. Diese etwa dreißig damals fast unberührten Quadratkilometer waren als das *Uganda Gorilla Sanctuary*, als Gorillaschutzgebiet, bekannt. Die Südhänge des Muhavura und Mgahinga sind in Ruanda, und auf dem Sabinio treffen sich alle drei: Uganda, Ruanda und der Kongo. Die Ruanda- und Kongosektoren, damals noch unter belgischer Verwaltung, waren mit den übrigen Vulkanen Teile des Albert-Nationalparks, die nur mit besonderer und selten gewährter Erlaubnis der Parkbehörde in Brüssel betreten werden durften.

Nach der Unabhängigkeitserklärung tauften die Kongolesen den Albert-Park in *Parc National du Kivu* um, und die Ruander nannten ihren Teil *Le Parc National des Volcans*.

Mein Problem war: Wie sollte ich die zehn Kilometer bis zum Fuße der Berge ohne Wagen zurücklegen? Eine Gorillapirsch ist schon ohne den langen An- und Rückmarsch anstrengend genug. Nach der Kenia-Safari hatte ich einen Eid geschworen, das graue Ungetüm von Schlachtschiff nicht wieder zu benutzen, in der Hoffnung nämlich, daß Ivor sich moralisch verpflichtet fühlen würde, es ebenfalls im Hafen zu lassen. Als Ausweg blieb mir daher nur das Fahrrad.

Ein *Bwana Mkubwa*, ein Großer Herr, auf dem Rad war damals eine Seltenheit. In den Augen der Eingeborenen gehörte sich das einfach nicht: Ein Weißer mußte selbstverständlich im Auto fahren. Das änderte sich allerdings, als Hippies und Gammler Afrika entdeckten. Seitdem wundert sich der Schwarze über gar nichts mehr.

Ivor, ein Vertreter der alten Schule, wußte, was er sich selbst schuldig war. Er hatte ursprünglich in Kisoros Nähe ein Bergwerk geleitet. Der Herr Direktor hatte sich einen Reitstall zugelegt, und seine beiden Pferde waren die ersten ihrer Art in unserer Gegend. Ivor, auf seinem Vollblut die Runde machend, muß ein seltsamer Anblick für die Eingeborenen gewesen sein, so unpassend, wie wenn er die Ländereien seines Vaters in Irland vom Rücken eines Elefanten aus inspiziert hätte. Vor meiner Ankunft hatte der Ritter seine Rosse bereits verkauft, aber seine Reitkünste standen bei der Bevölkerung noch in hohem Ansehen.

Und ich, sein Partner, sollte mein Prestige aufs Spiel setzen, mich auf ein Stahlroß schwingen, mich zur Zielscheibe schwarzen Spottes machen? Obendrein war die Fahrt auf holprigen Wegen bergauf eine Tortur für Lunge und Beine, und bergab ging es viel zu schnell für meinen Geschmack. Aber dann trat ein Ereignis ein, das mich alle Bedenken beiseite schieben ließ.

Das Geschäft war schlecht in jenen ersten Wochen, wir hatten viele Tage nicht einen Gast, und meine Stimmung war auf den Nullpunkt gesunken. Da rief mich Nasani eines Morgens mit der frohen Kunde aus dem Garten, ein *Wageni*, ein Fremder, sei gekommen. Ich wusch mir schnell die Hände und kämmte mir die Haare, um den Gast würdig zu empfangen. Für wen hatte ich mich so respektierlich gemacht? Nein – es war kaum zu glauben! –, für einen Papagei! Für einen Vogel aus dem Kongo, den ein Durchreisender als unerwünschten Einwanderer nicht über die Grenze nach Uganda nehmen durfte und den er nun bei uns in voller Pension lassen wollte.

Das gab mir den Rest! Um allem zu entgehen und auf andere Gedanken zu kommen, verschrieb ich mir als Medizin einen Ausflug ins Gorillaland. Ich lieh mir das Rad meines Kochs und strampelte munter den Bergen zu. In Nyarusiza, einem Dorf am Wege, wohnte Roveni Rwanzagire, der mich auf den Muhavura geführt hatte und mir auch als Gorillaführer empfohlen worden war. Er war nur zu gern bereit, mich zu begleiten, und Roveni wurde bald mein Freund und ständiger Gefährte.

Meine erste Safari ins Gorillaland war ein großes Erlebnis. Wenn wir auch den Affen nicht begegneten, es war faszinierend, ihre Heimat, ihr »Habitat«, zu durchstreifen. Ich pfiff bald auf mein Prestige, und trotz der anstrengenden Radelei erforschte ich zusammen mit Roveni das Gebiet, das unser vertrauter Bereich werden sollte. Das gab mir moralischen Halt, um Ivors endgültigen Verzicht mit Gleichmut zu erwarten.

Roveni war vom Stamm der Bahutu, aber seine feingeschnittenen Züge und die stolze Haltung ließen auf einen Schuß Watussiblut in seinen Adern schließen. Die Bahutu gehören zur weitverbreiteten Familie der Bantu, die Watussi hingegen sind Hamiten und kulturell den Bantuvölkern überlegen. Roveni ist der Name für den biblischen Ruben und Rwanzagire bedeutet etwa: Erbe des Vaters seiner Mutter. Da dieser ungewöhnliche Charakter später als Ruben weltbekannt wurde, soll er seine wichtige Rolle in diesem Buch auch unter diesem Namen spielen.

Im Bereich des Muhavura geboren, hatte Ruben die wenigen Fremden, die damals in die Gegend kamen, auf die Berge geführt. Reich war er dabei nicht geworden. Kurz vor meiner Ankunft hatte er dort oben eine Schweizer wissenschaftliche Expedition betreut, die gekommen war, um die Gorillas zu beobachten, und einige Wochen dort kampierte, wo später mein eigenes Lager sein sollte.

Auf unseren Exkursionen hatte Ruben Gelegenheit, seine erstaunlichen Gaben als Fährtensucher zu entwickeln, und er machte sich bald bei Wissenschaftlern und anderen Besuchern einen Namen als Gorillafachmann. Viel wurde über ihn geschrieben, und sein Bild erschien in Büchern und in Zeitschriften. Wenn ich ihm so einen illustrierten Gorillaartikel zeigte, verstand er anfangs nicht so recht, warum man soviel Aufhebens von ihm machte. Gewöhnlich hielt er sein Porträt verkehrt herum und erkannte sich nicht. Später zeigte er gelegentlich Staralluren, denn zu viel Ruhm bekommt nicht nur den Weißen nicht.

Rubens Englisch beschränkte sich auf »Yes, Sir«, »No, Sir« und »Thank you, Sir!«, und mein Swahili war auch nicht gerade klassisch. So verwechselte er immer *jana* und *kesho* – gestern und morgen –, und das ist ein Unterschied, der zuweilen zu argen Mißverständnissen führen sollte.

So zeigte er mir einmal im Wald eine Stelle, wo sein Onkel von einem Gorilla gebissen worden sei. Nach seiner lebhaften Beschreibung zu urteilen, war das erst gestern passiert. Ein angreifender Gorilla? Das war ungewöhnlich, der Sache mußte auf den Grund gegangen werden, und so wollte ich die Einzelheiten vom Onkel selbst hören.

Ruben war zwar immer pünktlich, aber wie für alle Afrikaner existierte der Begriff »Zeit« auch für ihn nicht. Wie konnte ich nur von ihm erwarten, daß er es damit so genau nähme! *Jana* bedeutet nämlich »am anderen Tag«, und in Rubens Mund hätte es ebensogut tausend Jahre bedeuten können. Als ich den Onkel durchaus sprechen wollte, stellte sich nach einem langen Palaver heraus, daß der Kampf mit dem Gorilla vor vielen Jahren stattgefunden hatte und der Gebissene längst gestorben war.

Eigentlich – da ich selbst im Glashaus sitze – sollte ich Ruben nicht mit Steinen bewerfen. Mein Swahili war nämlich ebenfalls rudimentär, und mein Runja Rwanda, die Eingeborenensprache unserer Gegend – zu meiner Schande muß ich es gestehen –, blieb in den Anfangsgründen stecken. Ich muß eine Sprache wie ein Schulbub lernen, und es gab weder eine Runja-Rwanda-Grammatik noch ein Wörterbuch. Und doch führten Ruben und ich lange Gespräche, und wenn es an Worten fehlte, halfen Hände und andere Körperteile nach.

Ich hatte noch weitere gute Führer und Fährtensucher, aber Ruben war Primus inter pares, ein Mann von Qualitäten, die ihn wesentlich von seinen Stammesbrüdern unterschieden. Die Berge und Wälder waren seine Berufung, nicht nur sein täglich Brot. Ruben war wißbegierig und tat die

Dinge um ihrer selbst willen, ein seltener Zug im afrikanischen Charakter. Der Schwarze tut im allgemeinen nur, was zum Leben unbedingt nötig ist.

Typisch für Ruben war, was Earl Denman in seinem Buch *Alone to Everest* von ihm berichtet. Dieser merkwürdige Denman hatte es sich in den Kopf gesetzt, alle acht Birunga-Vulkane zu besteigen, ehe er sich an den Everest wagte. Ruben führte ihn damals – es war im Jahre 1946 – nur auf den Muhavura; auf dem Mgahinga und dem Sabinio – damals nur selten bestiegen – war er nie gewesen. Dafür gab es andere »Spezialisten«. So bat Ruben, Denman möge ihn doch als Träger oder irgend etwas ohne Bezahlung mitnehmen, denn er wollte gern wissen, wie es dort oben ausschaue.

Ich glaubte, Denman sei der einzige, der alle acht Birunga-Vulkane bestiegen hätte, aber es stellte sich heraus, daß es bereits andere vor ihm getan hatten. Er ist jedoch der einzige, der sich brüsten kann, auf alle acht barfuß geklettert zu sein. Als ich Ruben ein Bild Denmans zeigte und fragte, ob er sich dieses seltsamen Bwanas erinnere, der die Berge ohne Schuhe bestiegen habe, sagte er: »Aber ja! Und ein Hemd hat er auch nicht angehabt.«

Sooft meine müden Knochen sich wieder aufs Rad schwingen ließen, ging ich mit Ruben auf Gorillapirsch. Ivor, noch immer auf ein Wunder wartend, das ihn aus seinen Finanznöten retten sollte, hätte uns gern begleitet, aber er war körperlich solchen Anstrengungen nicht gewachsen.

Ruben hatte zwar die Gorillas häufig gesehen und wußte eine Menge über ihr Leben und ihre Gewohnheiten zu berichten, aber eine Begegnung war damals mehr eine Sache des Glücks als der Geschicklichkeit, und das Glück war uns anfangs gar nicht hold.

Eine Pirsch auf Gorillas hatte es in sich: Das Terrain ist steil und schwierig, der Wald ist dicht. Manchmal führten die Gorillaspuren auf die Gipfel der Berge hinauf und dann wieder genauso sinnlos, wie es schien, tief in den Wald hinab. Mit der *Panga*, dem Sichelmesser der Eingeborenen, schlugen wir uns den Pfad durchs undurchdringliche Gebüsch. Die Schneide dieses langstieligen, *Umuhoro* genannten Buschmessers ist wie ein Fragezeichen geformt. Es ist ein äußerst nützliches Gerät, das zu allem, vom Bleistiftspitzen bis zum Schädelspalten, gut zu gebrauchen ist. Ein Gewirr von Lianen verstrickte mich, den Neuling, oft in heimtückische Netze, und so sehr ich im Sumpf auch versuchte, in Rubens Fußstapfen zu treten, um nicht knietief einzusinken, so blieb ich doch gelegentlich – oder zumindest mein Schuh – im schwarzen Brei stecken. Vom Sturm gefällte Bäume versperrten den Pfad, jäh abfallende Klüfte mußten auf allen vieren durchklettert werden, und ein Vergnügen besonderer Art war es, auf einer von Gorillas oder Elefanten angelegten »Rutschbahn« über feuchtes Gestrüpp zu rutschen, ohne festen Boden zu berühren.

Es war erregend und romantisch, wenn Ruben sich niederbeugte, um Fußabdrücke oder Losung der Tiere zu studieren, doch bei aller Begeisterung für Weidmannskunst und Pfadfinderei wollte ich endlich Resultate sehen: Gorillas! Wir fanden zwar ihre Schlafnester und die Überbleibsel ihrer Mahlzeiten, hörten gelegentlich sogar das Knacken von Zweigen und ein warnendes Gebell von irgendwo aus dem dichten Gebüsch, aber die Affen selbst blieben unsichtbar. Es war während der Trockenzeit, und Ruben meinte, daß die Gorillas während der regenlosen Monate oft auf die Südseite, in das uns verbotene belgische Gebiet, hinüberwechselten, wo es feuchter, grüner und weniger windig sei. Aber als Mann der Ordnung und des Gesetzes war er durch nichts zu bewegen, die imaginäre und völlig unbewachte Grenze zu überschreiten.

Von solch einer erfolglosen Suche zurückkehrend, bemerkte ich, wie Ruben mit äußerster Vorsicht ein sorgfältig in Blätter gehülltes und mit Schlingpflanzen verschnürtes Päckchen trug. Auf meine Frage, was er da so Kostbares mit nach Hause nehme, öffnete er behutsam das geheimnisvolle Päckchen; es enthielt drei zweifellos frische, gelbgrüne Gorilla-»Äpfel«. »*Dawa* oder *Chakula* – Medizin oder zum Essen?« fragte ich verwundert. Gott bewahre! Nur ein Beweis, um seinen Häuptling davon zu überzeugen, daß er mich, wenn wir Gorillas bisher auch noch nicht begegnet waren, wenigstens an Stellen geführt hatte, wo sie sich kürzlich ohne Zweifel aufgehalten hatten.

Dafür hatte ich mir nun Blasen an die Füße gelaufen, für eine Handvoll Gorillamist!

Ich begann daran zu zweifeln, daß es überhaupt möglich sei, einem Gorilla auf freier Wildbahn Aug in Auge zu begegnen. Auch war ich des Radfahrens redlich müde, ich brauchte eine Ermunterung, Dennoch ließ ich nicht locker, und der Erfolg kam dann auch eines Tages ganz überraschend.

Wir folgten einem von Schmugglern ausgetretenen Pfad einen kleinen Wasserlauf entlang zum Sattel hinauf, und da diese »Hauptstraße« tagsüber von den Tieren gemieden wurde, unterhielten der voranschreitende Ruben und ich uns laut nach guter afrikanischer Sitte.

Plötzlich ein Krachen in den Zweigen! Ruben verstummt mitten im Wort, ich bleibe wie angenagelt stehen. Da bricht zwischen ihm und mir ein mächtiger Gorilla aus dem Busch, gefolgt von Weib und Kind. Sie bleiben stehen, dem Alten gefällt etwas nicht. Er sieht sich nach allen Seiten um, stutzt, als er uns bemerkt, und taucht auf der anderen Seite im Gebüsch unter. Während seine Frau ihm gehorsam folgt, bleibt das Kleine zögernd stehen. Neugierig, wie Kinder nun einmal sind, will es herausfinden, worum es sich hier handelt. Wir sind wohl die ersten Menschen – ich bestimmt der erste Weiße –, die es in seinem jungen Leben sieht. In unserer verdächtigen Gesellschaft allein gelassen, wird es ihm unheimlich, ratlos blickt es um sich. Gott sei Dank! Da ist schon die Mutter! Sie packt ohne Gefackel den kleinen Vorwitz bei der Hand, gibt ihm einen Klaps hinten drauf und zerrt ihn mit sich in den sicheren Wald.

Diese Familienszene, so rührend menschlich, änderte mein Verhalten zu den Gorillas von Grund auf: Sie waren nicht mehr Tiere für mich, sondern Verwandte.

Ivor war gorillabegeistert. Er sah sofort den kommerziellen Wert dieser Affen und hätte am liebsten eine Anzeige im *New York Herald* aufgegeben, um mit den Gorillas als Köder die erträumten Millionäre nach Kisoro zu locken. Ich würde ihm noch dankbar sein, meinte er, daß er das von mir so verpönte Schlachtschiff in weiser Voraussicht gekauft habe. Natürlich müßten wir den Besuchern die Gorillas mehr oder weniger garantieren können. Er fragte den *Mutwale* Paulo, unseren Häuptling, wie sich das wohl am besten machen ließe. Paulo war ein leidenschaftlicher Jäger und hatte sicherlich früher, als der Tierschutz noch nicht richtig funktionierte, gelegentlich auch einmal einen Gorilla umgelegt. »Nehmt sechs oder acht Batwa als Fährtensucher, die sind ausgezeichnete Jäger und werden euch und euren Gästen die Gorillas in die Arme treiben.«

Die Batwa sind eine zwergenähnliche Rasse und werden von den anderen Rassen wie Parias behandelt.

Ruben war von der vorgeschlagenen Zusammenarbeit mit den »faulen schmutzigen Dieben, den lausigen Zwergen, die einen, wenn es brenzlig wird, im Stich lassen«, nicht gerade begeistert, aber ich hatte ihre Weidmannskunst rühmen hören und überredete Ruben, es wenigstens mit ihnen zu versuchen. Der Erfolg war verblüffend. Auf Ivors Drängen nahm ich Besucher mit mir in den Wald hinauf. Die Batwa spürten die Gorillas auf, umzingelten sie und trieben sie durch ihre bloße Gegenwart mir und meinen Gästen buchstäblich in die Arme, ganz so, wie Paulo es versprochen hatte. Manchmal kamen die Tiere näher an uns heran, als den Gästen lieb war, und wenn auch weder den Affen noch den Besuchern Schaden geschah, so bekam ich doch Bedenken, ob die Batwa-Methode wohl die richtige sei.

Ivor war jedoch nicht von solchen Zweifeln geplagt, er schrieb Briefe an alle Reiseagenturen und offerierte »Safaris ins Gorillaland«. Er war naiv genug, sogar dem *Chief Game Warden* in Entebbe, dem höchsten Wildschutzbeamten der Regierung, stolz über die erfolgreichen Exkursionen zu berichten, und die Antwort dieses Herrn ließ denn auch an Deutlichkeit nichts zu wünschen übrig.

Da hieß es unter anderem, daß Gorillas in keiner Weise gejagt werden dürften und daß selbst harmloses Treiben als Jagen ausgelegt würde. Ja, sogar das Fotografieren sei eine Art von Jagen und bedürfe der besonderen Erlaubnis. Alles, was die Tiere auch nur im leisesten stören, erschrecken oder gar reizen könne, sei strengstens verboten. Es wurde uns in unserem eigenen Interesse geraten, diese Gorillasafaris sofort einzustellen.

Ivor war empört. Er hatte eine besondere Begabung, es mit allen Behörden zu verderben, und so wollte er den Fall ausfechten, und wenn er bis zum Gouverneur gehen müsse.

Ich riet, dieses zweifellos vielversprechende Unternehmen zunächst aufzugeben und erst Gras über die Geschichte wachsen zu lassen. Für Ivor war dieser Fehlschlag mehr, als er verdauen konnte, und so entschloß er sich, mein Angebot anzunehmen und das »Hotelprojekt« endlich mir zu überlassen. Aber auch für mich war dieses strikte Verbot der Gorillasafaris eine arge Enttäuschung, denn ich hatte mich zunehmend für diese Tiere interessiert. Da der Wissenschaft damals nur wenig über die Lebensweise des menschenähnlichsten der großen Affen in der freien Natur bekannt war, hatte ich mich in Gedanken schon mit einer planmäßigen Beobachtung unserer Gorillas befaßt. Ich hatte aber als nunmehr einziger Besitzer von Travellers Rest größere Sorgen, als dem verlorenen Gorillaparadies nachzutrauern.

4 In Afrika ist vieles anders

Es war ein entscheidender Augenblick in meinem Leben, als ich das Schlachtschiff und alles, was es für mich verkörperte, für immer hinter der Zollschranke verschwinden sah. Ich hatte es Ivor als Teil des Kaufpreises aufgenötigt und den Askaris der gegenüberliegenden Zollstation, ohne deren Hilfe es nicht starten wollte, Freibier für den Tag versprochen, an dem sie das strittige Objekt zum letzten Male und auf Nimmerwiedersehen anschieben würden. Um sicher zu sein, daß es nicht etwa stoppen oder umkehren könnte, schoben sie noch, als der Motor längst angesprungen war, und sie waren entsprechend durstig, als sie sich bei mir meldeten.

Für mich war es ein Tag der Wiedergeburt. Im Zusammenleben mit den Ivors war ich mir selber fremd geworden, und die schlechtesten Eigenschaften meines Wesens waren ans Licht gekommen. Ich hatte sogar hassen gelernt. Die Schuld war gewiß auf beiden Seiten. Ivor war im Grunde gutmütig, und ich schämte mich immer, wenn ich, irritiert wie ich war, ihn grob behandelt hatte. An jenem Tage aber sah ich dem dahinschwindenden Schlachtschiff mit unendlicher Erleichterung nach, und doch kam ich mir, als es verschwunden war, merkwürdig verlassen vor. Hatte ich mir mit diesem Hotelprojekt nicht ein größeres Stück abgebissen, als ich verdauen konnte, fragte ich mich, meiner Sache nicht mehr so ganz sicher.

Hier stand ich nun allein in einer Welt, wo vieles so ganz anders ist, als ich's gewohnt war. Vieles scheint verkehrt südlich des Äquators, wo unser Sommer Winter ist und unser Winter Sommer und wo vom Großen Bären nur die Hinterbeine sichtbar sind. Wer also, um Norden zu bestimmen, die bekannte Linie ziehen will, wird das Firmament vergeblich nach dem Polarstern absuchen. Dafür gibt es das vielgepriesene Kreuz des Südens, das ich aber nie als vollwertigen Ersatz akzeptierte.

Auch verwirrt es, daß man den Halbmond andersherum sieht und daß er in der Nähe des Äquators, wo ich mich befand, gar waagerecht wie eine Barke am Himmel schwimmt, so daß man nicht mit Sicherheit sagen kann, ob er im Zu- oder Abnehmen ist.

Man muß sich also den Verhältnissen anpassen und tut gut daran, sich seine deutsche Emsigkeit abzugewöhnen, wenn man nicht im Irrenhaus landen will. An die nicht existierende Zeit gewöhnte ich mich schnell, auch fand ich mich bald mit der Tatsache ab, daß man die Gerade in Afrika noch nicht entdeckt hatte. Die gerade Linie mag der kürzeste Weg zwischen zwei Punkten sein, aber nicht notwendigerweise der beste. Es ist oft weiser, um Hindernisse herum- als durch sie hindurchzugehen.

Anfangs störte es mich allerdings, daß mein schwarzer Zimmermann, trotz der Wasserwaage, die ich ihm Weihnachten geschenkt hatte, nie etwas gerade machen konnte und daß seine rechten Winkel nie neunzig Grad betrugen. Bei den beiden Häusern, die er für Ivor gebaut hatte, stimmte es hinten und vorne nicht. Aber allmählich fand ich das Krumme und Schiefe ebenfalls recht hübsch. Warum sollte auch, was dem Weißen recht ist, dem Schwarzen nicht billig sein.

Seltsam scheinen einem anfangs auch die Häuser, vielmehr die Hütten der Eingeborenen, die fast in ganz Afrika rund sind. Wenn von Europäern bewohnt, werden sie vornehm »Rondavels« genannt. Auch ich hatte von Ivor eine Anzahl solcher Rundhütten übernommen, die aber, wenn baufällig, durch solide Gebäude ersetzt werden mußten. Weiße Hausfrauen zogen sie dem europäischen Quadrat oder Rechteck vor. »Keine Schmutzwinkel!« war der Grund, und der war stichhaltig, besonders mit schwarzen Angestellten.

Das Möblieren hatte allerdings seine Schwierigkeiten: Es wollte einem nie recht gelingen, europäische Möbel wirkungsvoll und ohne Platzverlust in den runden afrikanischen Raum zu stellen. »Die verdammten Betten! Warum machen sie keine runden!« rief ein Freund, der mir beim Möblieren half, verzweiflungsvoll aus. Aber so sind wir Europäer nun einmal, immer versuchen wir das Unmögliche, und das ist ein Fehler, besonders in Afrika.

Ein Psychologe, von einem wissenschaftlichen Institut nach Uganda geschickt, um den Einfluß abendländischer Zivilisation auf den afrikanischen Menschen zu studieren, kam zu der Erkenntnis, daß es sich bei den Hütten in erster Linie um ein geometrisches Phänomen handle. Er ging von der These aus, daß der Mensch ein Produkt seiner Umgebung sei. Also: das Denken und handeln des in runden Hütten lebenden Afrikaners sei vom Kreis bestimmt und er sei demnach ein »Rundkopf«.

Jahre später, als ein neureicher Afrikaner nach dem anderen seine malerische Rundhütte durch ein europäisches Haus ersetzte, mußte ich an den Psychologen denken. Würde nun aus dem Rundkopf ein Quadratkopf, aus dem Schwarzen ein Weißer werden, fragte ich mich.

Für viele Besucher war Kisoro am Ende der Welt. Als die schon legendäre, nun verstorbene Miss Hornby, eine britische Missionarin, kurz nach dem Ersten Weltkrieg nach Kisoro kam, mußte sie die letzten dreihundert Kilometer von Mbarara zu Fuß zurücklegen. Frühmorgens streiften noch Leoparden am Weg umher, und sie mußte ein Tal durchqueren, in dem es von Elefanten wimmelte. Die Post von England war drei Monate unterwegs. Kisoro war also weiter von England entfernt als England heute vom Mond.

Das war, was man im afrikanischen Sinn »am Ende der Welt« hätte nennen können.

Als ich sechsunddreißig Jahre später nach Kisoro kam, legte ich die fünfhundert Kilometer von Kampala bereits im Auto in anderthalb Tagen zurück, und als ich nach weiteren fünfzehn Jahren das Land verließ, brauchte man für dieselbe Strecke nur etwa sechs Stunden. Man könnte also in den »Vier Jahreszeiten« in München zu Abend essen und am nächsten Tag bequem zum Five o'clock tea in Travellers Rest in Kisoro sein, mit Gorillas sozusagen am Nebentisch.

Der Durchschnittseuropäer kann sich vom Leben im innersten Afrika keine rechte Vorstellung machen. Auf der einen Seite denkt er sich alles viel wilder und primitiver, als es wirklich ist, aber auf der anderen erwartet er die letzten Errungenschaften.

So empfahl mir ein Freund in Deutschland in einem Brief, ich solle mir ja nicht den damals neuesten Käutner-Film entgehen lassen, und ein Rechtsanwalt in Johannesburg riet mir, vor dem Unterzeichnen eines bestimmten Dokuments den örtlichen Advokaten zu konsultieren. Beiden antwortete ich, daß das nächste Kino, der nächste Advokat erst in der über fünfhundert Kilometer entfernten Hauptstadt Kampala zu finden seien und es hier am Ort noch nicht einmal einen Barbier gebe. Der komme, um mir die Haare zu schneiden, einmal im Monat achtzig Kilometer in einem wackligen Autobus über eine gefährliche Bergstraße von der Bezirkshauptstadt Kabale herüber und müsse dabei eine Paßhöhe von beinahe dreitausend Metern überwinden.

Gäste fragten mich oft, ob ich denn als einziger Europäer in diesem abgelegenen afrikanischen Grenzdorf – ohne Telefon, Elektrizität, Wasserklosett und was sie sonst noch für unentbehrlich hielten – glücklich sei, und dann sagte ich aus vollem Herzen: »Ja.«

Aus dem Telefonieren habe ich mir nie viel gemacht, und in all den Jahren in Kisoro habe ich es nicht vermißt. In späteren Jahren hätte ich mich allerdings über den Radiosender der Polizei mit der Außenwelt verständigen können. Theoretisch wenigstens bestand die Möglichkeit, aber die wenigen Male, die ich es wirklich brauchte, versagte dieses technische Wunder. Wir hatten seine Existenz übrigens unseren Vulkanen zu verdanken; man erwartete einen größeren Ausbruch, und eben um unser SOS funken zu können, wurde dieser Sender errichtet.

Was nun die Elektrizität betrifft, so habe ich ihr nie getraut. Nachdem mein Freund Ben, ein technisches Genie, beim Reparieren eines Dieselgenerators im Dorf unten getötet worden war, gab ich den Plan auf, mir eine eigene Lichtmaschine anzuschaffen. Ich konnte den Anblick von Bens Leiche nicht vergessen. Und so gab ich mich mit den zwar unbequemen Petroleumfunzeln zufrieden, in deren warmem, gelbem Schein es sich aber gut plaudern läßt.

Wichtiger als Telefon und Licht war natürlich die Wasserversorgung. Die Allzuklugen wollten nie begreifen, daß ich keinen eigenen Brunnen hatte. Sie wußten nicht, daß man in dem harten Lavaboden Hunderte von Metern hätte bohren müssen, um auf Wasser zu stoßen; das Ergebnis war noch dazu ungewiß und die Arbeit so kostspielig, daß selbst die Regierung davor zurückschreckte.

Für den größten Teil des Jahres versorgte uns der Himmel mit dem nötigen Naß, aber in den trocknen Monaten mußte das Wasser mit dem Fahrrad von einer sechs Kilometer entfernten Quelle herbeigeschafft werden. Die Gäste mußten daher oft auf ihr Bad verzichten, was besonders den an Überfluß gewöhnten Amerikanern nicht in den Kopf wollte.

Ich erinnere mich eines älteren Amerikaners, der, obgleich ich die Wasserknappheit genau erklärt hatte, den Stöpsel zog und das frische heiße Wasser auslaufen ließ in der Annahme, es sei das Wasser, in dem seine Frau gerade gebadet hatte. Als der Hahn kein weiteres Wasser lieferte, beklagte sich der Herr über die fehlerhafte Leitung. Gäste, sagt man, hätten immer recht, aber dieser mußte ungebadet zu Bett gehen.

Aber der neue Wirt von Travellers Rest hatte andere Sorgen, als über Afrika und die Unzulänglichkeiten des Projektes nachzudenken, das er leichtfertig erworben hatte. Jetzt hieß es handeln, um die Mängel zu beheben, so gut es ging.

Als ich meinen Besitz abschritt und mir alles in Ruhe ansah, bekam ich Angst vor meiner eigenen Courage. Was hatte ich gekauft? Zwei schlecht geplante und schlecht gebaute Häuser und eine Anzahl elender Hütten. Um die Ivors schnellstens loszuwerden, hatte ich auf Bestandsaufnahme und solche Förmlichkeiten verzichtet, und nun sah ich, daß es an allem fehlte. Ich muß noch heute lächeln, wenn ich an die drei Teelöffel und das halbe Dutzend Pferdedecken denke, die ich vorfand. Wie sollte ich ohne nennenswertes Kapital das Unternehmen in Gang bringen?

Ivors »Hotel« bestand ursprünglich aus einem einzigen, mittelgroßen Raum, der als Bar und Dining-room gedacht war, und hinten war eine kleine, dunkle Küche angeklebt. Der »Hotelier« erkannte aber bald, daß ein »Grandhotel«, selbst im innersten Afrika, seinen Gästen mehr Platz und Komfort bieten mußte. So baute er eine Veranda um das Haus, die nun als Lounge und Dining-room dienen sollte und wo obendrein, durch Pappwände abgetrennt, die Wirtschaftsräume untergebracht waren. Statt der Fensterscheiben hatte Ivor grüne Fliegengaze benutzt. Sie bot keinen Schutz gegen Regen, Wind und Staub, sie war häßlich, aber dafür billiger als Glas. Das Ganze war ungemütlich und so, wie es war, nicht zu gebrauchen.

Um das zweite Gebäude (in dem die Ivors gehaust hatten) in ein Gästehaus mit drei separaten Zimmern umzuwandeln, mußten Pappwände durch steinerne ersetzt und Türen durch anderthalb Meter dicke Lavamauern gebrochen werden.

Wo sollte ich beginnen?

Um die Erinnerung an die Vergangenheit loszuwerden und auch weil mir Ivors Farbensinn nicht zusagte, entschloß ich mich, als erstes alles neu anzustreichen. In den *Dukas*, den Kaufläden der Inder im Dorfe unten, war nur rote Ölfarbe in hinreichender Menge zu haben, doch mit Schwarz und Weiß abgesetzt machte sich alles recht hübsch.

»Schwarz, weiß, rot? Natürlich ein Deutscher«, sagten die Leute, wünschten mir aber Glück zu meinem Wagnis. Bei aller Sympathie war jedoch ihren freundlichen Gesichtern Mitleid abzulesen mit dem armen Narren, der sich von dem schlauen Iren hatte einwickeln lassen. Immerhin, es kamen Gäste, die früher einen großen Bogen um Ivors »Hotel zur Konservenbüchse« gemacht hatten.

Auch ich war wie Ivor kein gelernter Hotelier, aber in Afrika versucht man vieles, wovon man nichts versteht. Man lernt von seinen Fehlern und bringt es schließlich doch zu etwas.

Ich hatte es mit vielen Berufen versucht: Ich war unter anderen Buchhändler, Schauspieler, Sekretär einer Kunstschule, Fotograf gewesen und hatte es schließlich zu dem »soliden Johannesburger Geschäftsmann« gebracht, auf den Ivor seine Zukunft bauen wollte; aber nichts hatte mich befriedigen können. In Travellers Rest fand ich spät und zum ersten Mal im Leben eine Aufgabe, die mir der Mühe wert schien, und das hatte ich vor allem den Gorillas zu danken, deren Schutz ich mir angelegen sein ließ und die meinen bescheidenen Gasthof zu etwas Besonderem machten.

Eine seltsame Umgebung scheint einen seltsamen Einfluß auf den Menschen zu haben, denn nach kurzem war meine Einbildungskraft so »irisch«, das heißt so lebhaft wie die Ivors, und meine Taschen waren ach! genauso leer. Ja, ich hatte sogar Ivors Optimismus geerbt: Auch ich baute Traumschlösser und sah bereits drei Sterne hinter Travellers Rest im künftigen Baedeker von Ostafrika.

Ein Freund schickte mir einmal eine Ansichtskarte von dem berühmten

Banff Springs Hotel im Banff National Park in Kanada. Es schien mir größer als der Buckingham-Palast der englischen Königin zu sein. Als ich die Karte meinen Boys zeigte und ihnen erklärte, es sei mein Ehrgeiz, ehe ich die Augen schlösse, genauso ein Hotel in Kisoro zu bauen, studierte der jüngste von ihnen dieses Hotel mit fachmännischem Blick. »Und wer soll all die Fenster putzen?« fragte dieser Realist, denn diese Arbeit war unbeliebt bei uns und wurde gewöhnlich dem Bwana Mkubwa, also mir, überlassen.

Was machte es aus, daß meine Träume nicht in Erfüllung gingen, solange sie mir Mut und ein Ziel gaben, wenn der Weg allzu mühsam wurde.

Mein Gasthof blieb unterentwickelt; es fehlte an Geld, auch warnte die Unsicherheit für weißes Kapital im schwarzen Afrika zur Vorsicht. Entwicklungshilfe gab es für so ein kleines Privatunternehmen natürlich nicht, obgleich sie bei mir wahrscheinlich in besseren Händen gewesen wäre als bei so manchen zweifelhaften Unternehmungen in vielen Entwicklungsländern, wo die Herren Minister sich goldene Betten dafür kauften oder Luxusjachten anschafften.

Mangel an Geld hat auch sein Gutes, er macht erfinderisch. So erlernten Elias, mein neuer Fundi, ein vielseitig begabter Zimmermann, und ich bald die Kunst, etwas aus nichts zu machen. Wir waren unsere eigenen Maurer, Maler, Tischler, Glaser, Klempner, Polsterer und Dekorateure, wir machten alle Möbel selbst, was uns oft Kopfzerbrechen bereitete. Um so stolzer waren wir dann, wenn uns, nach allerlei Versuchen, etwas Hübsches und Brauchbares gelungen war.

Es erschreckte mich tief, als ich eines Tages entdeckte, daß ich es war, der nicht mehr gerade sehen konnte und dessen rechte Winkel immer ein paar Grade zuviel oder zuwenig hatten. War ich in so kurzer Zeit ein Produkt meiner afrikanischen Umgebung geworden? Und wo wird es enden? fragte ich mich.

Wir benutzten so viel als möglich Material, das die umgebende Natur gratis lieferte. Aus Lavablöcken ließen sich solide Mauern bauen: Dieses nützliche Gestein lag in allen Größen herum und brauchte nur herangeschafft zu werden. Als besonders reizvoll und vielen Zwecken dienlich erwies sich der Bambus, der in unserer Nähe in riesigen Wäldern wuchs. Wir benutzten ihn ausgiebig für alles mögliche, von der Wandtäfelung bis zum Kerzenhalter und Serviettenring. Ivors Pappwände mußten dem Bambus weichen, und die Bambusbar war uns besonders gelungen. Die Decken wurden mit Papyrus oder kunstvoll geflochtenem Elefantengras bedeckt, was den afrikanischen Charakter betonte, der mir vorschwebte.

Die Eingeborenen schüttelten zunächst die Köpfe über den Bwana, der sein schönes Haus so verschandelte; aber einige begannen, den Wert der Naturerzeugnisse zu erkennen und unsere Ideen nachzuahmen.

Unerwartet erhielt ich dann doch eine Art von Entwicklungshilfe in der Gestalt einer Anleihe von der mir befreundeten Frau A. Brühl, der bekannten Wirtin des Kibo-Hotels am Kilimandscharo. »Anleihe« ist zuwenig gesagt, eigentlich war es ein Geschenk. Frau Brühl wußte wohl von vornherein, daß sie ihr Kapital nie wiedersehen würde, und sie wäre wahrscheinlich erstaunt gewesen, hätte ich je die minimalen Zinsen gezahlt. Mit diesem Geld bauten wir eine große Küche mit allem, was zu einem geordneten Hotelbetrieb gehört. Wir konnten auch die Fliegengaze durch Glasfenster ersetzen, wodurch die Veranda innen und außen sehr gewann. Mit dem niedrigen Dach sah Travellers Rest zwar etwas wunderlich, doch recht reizvoll aus.

Ich will hier gestehen, daß ich mich später überreden ließ, Travellers Rest zu elektrifizieren. Wie hätte ich auch nein sagen können, als mir ein guter Freund einen Generator schenkte! Elektrisches Licht war ohne Zweifel bequemer als unsere Petroleumfunzeln, aber ich persönlich rührte die gefährliche Lichtmaschine nie an. Meine Boys erwiesen sich bald als geschickte Elektriker, wenn sie auch einmal vergaßen, das Kühlwasser zu ersetzen, das sie für ein heißes Bad entnommen hatten, und das bekam dem Generator schlecht.

Schließlich profitierten wir auch von der britischen Entwicklungshilfe, mit deren Mitteln eine Pumpstation errichtet wurde an der Quelle, die uns in der Trockenzeit mit Wasser versorgte. Nun hatten wir genug fließendes Wasser, und so konnten wir dem Gästehaus zwei Badezimmer und WCs hinzufügen. Es war ein Segen, der mich mit dem von mir so verpönten Fortschritt aussöhnte.

Bis dahin hatten wir uns mit Gruben begnügen müssen, wie sie auch in Deutschland noch heute hier und da auf dem Lande üblich sind. Den Vorschriften zufolge mußten diese Gruben wenigstens fünf Meter tief sein, aber in der kolonialen Ära drückten die weißen Inspektoren – Latrinenschnüffler nannten wir sie – beide Augen zu. Denn sie wußten, daß man in der harten Lava die vorgeschriebene Tiefe nicht erreichen konnte, und so waren sie mit der Hälfte ganz zufrieden.

Das änderte sich, als die Schnüffelei in schwarze Hände überging. Der erste schwarze Schnüffler war ein Shylock: Er bestand auf seinem Schein. »Fünf Meter und keinen Zentimeter weniger!« war seine Forderung. Ich hatte noch mit keinem der neuen Sorte zu tun gehabt und verstand daher den Wink mit dem Zaunpfahl nicht, als der Herr Inspektor meine Tischtücher bewunderte. Hätte ich ihm einige davon unter den Arm gesteckt, er wäre mit den 2,75 Metern zufrieden gewesen, die wir mit Mühe erreicht hatten. Aber er bewunderte auch die Bilder an den Wänden und andere Gegenstände. Ich befürchtete, seine Bewunderungen würden kein Ende nehmen, und hatte deshalb ein schlechtes Ohr für seine Winke und er ein noch schlechteres für mein Beteuern: tiefer ginge es nicht.

Als ich mit einem schwarzen Bergmann über meine Latrinensorgen sprach, bot er mir seine Hilfe an. »Kinderspiel!« sagte er. »Wir sprengen; zwei oder drei Ladungen genügen.« Er bohrte Löcher, steckte Dynamit hinein, es explodierte. Und der Erfolg? Ein paar kümmerliche Zentimeter per Sprengung. Nach drei harten Tagen war der Optimist bei 3,15 Metern angelangt und auch am Ende seiner Geduld.

»Fünf Meter? Unsinn! Wozu auch?« sagte er. »Mit dem Sitz drüber wird's dunkel in der Grube, dann kann man den Boden nicht mehr sehen.« Und so war es auch; wir sahen der nächsten Inspektion mit Ruhe entgegen.

Wir hatten aber nicht mit der gründlichen Ausbildung des Latrinenexperten gerechnet; er kannte alle Tricks und war sogar mit Newtons Gesetz der Gravität vertraut. Zu unserem Erstaunen ließ er einen Stein in die Grube fallen und zählte, Uhr in der Hand, die Sekunden bis zum Aufschlag. Nach langwieriger Rechnerei erklärte er triumphierend: 3,15 Meter, und es machte ihm offensichtlich Freude, uns ertappt zu haben. »Die verdammte Lava ist hart wie Stahl, tiefer geht's beim besten Willen nicht«, versicherte ich ihm. »Wenn ihr nicht tiefer kommt, geht höher!« riet er lächelnd. »Wie ihr's macht, ist eure Sache, solange es fünf Meter sind.«

Und so entstand als Wahrzeichen von Travellers Rest, auf einer Plattform von anderthalb Metern Höhe, malerisch aus Bambus und grasgedeckt, ein Häuschen, das dem müden Wanderer schon von weitem Ruhe versprach und somit den Namen des Gasthofs rechtfertigte.

5 Gastwirt und Hausfrau

Anfangs hatte ich Lampenfieber, wenn ein Auto vorfuhr, besonders um die Essenszeit. Ernest, mein schwarzer Koch, verstand es zwar meisterhaft, mit dem Büchsenöffner umzugehen, aber er war eine stockkonservative Natur und so auf englische Küche eingeschworen, daß er alle kontinentalen Gerichte, mit denen ich das eintönige Menü bereichern wollte, boykottierte.

Ivors Frau war stolz darauf gewesen, daß sie nicht kochen konnte, und Ernest hatte nach eigenem Gutdünken schalten und walten können. »Und nun kommt dieser neue Bwana, dieser Fremde, daher mit allerlei verrückten Rezepten!« dachte er wohl. »Rohgemüsesalat mit Ananas und Nüssen! Lächerlich! Wer soll das essen?«

Da die Gäste an jenem Abend unglücklicherweise den Salat kaum anrührten, zeigte Ernest mir hinterher triumphierend die fast volle Schüssel. Am nächsten Tag konnte ich ihm allerdings nach dem Lunch genauso triumphierend die leere Schüssel unter die Nase halten. Manchmal, wenn meiner Meinung nach zuviel übriggeblieben war, mußte ich meine eigenen Erzeugnisse heimlich selber essen, um Ernest den Wind aus den Segeln zu nehmen. Meine Eiskrem verachtete er ganz besonders und ließ sie vorm Servieren boshaft zerrinnen.

Bei der Weihnachtspute kam es zwischen mir und meinem Koch ernsthaft zum Krach. Mein Rezept schrieb vor, daß man die hintere Öffnung des Vogels mit einer Kartoffel zustopfe, durch die vordere die Füllung mit den Äpfeln schiebe und dann dieses Loch am Halse zunähe. Ernest sah mich fassungslos an. Da ich glaubte, er habe nicht verstanden, wiederholte ich den komplizierten Vorgang, und um alle Zweifel zu zerstreuen, hielt ich die Kartoffel in der einen und den gewissen Körperteil der Pute in der anderen Hand, aber Ernest weigerte sich hartnäckig; er hielt es für schlechtweg unanständig, wie er mir zu verstehen gab, irgend jemand irgend etwas in den Hintern zu stopfen.

Ich war nicht gerade in bester Laune, als ich, die Kartoffel noch in der Hand, aus der Küche gerufen wurde. Ein weiblicher Gast war angekommen und wollte mich durchaus persönlich sehen. Die Dame, eine Ungarin, fragte mich bei der Begrüßung in ihrem reizenden ungarischen Deutsch – oder deutschen Ungarisch –, ob ich wohl der »Praise« sei, von dem sie soviel gehört habe. »Nein!« schrie ich unbeherrscht; denn wenn ich auch an der Grenze und gerade noch in Preußen geboren bin, so ist Preußentum etwas, zu dem ich mich am Äquator und noch dazu beim Braten meiner ersten Weihnachtspute nicht bekennen wollte.

Dieser Ernest war ein Hemmschuh, den ich abstreifen mußte, und so sah ich mich heimlich nach einem Ersatzmann um. Ich hatte Glück und fand einen, der im Kongo französisch kochen gelernt hatte. Diese Perle versprach, die Stellung anzutreten, sobald ich Ernest loswerden würde. Die Gelegenheit dazu bot sich, als Ernest drei Monate Urlaub verlangte. Er hielt sich wohl für unersetzlich und hoffte, sich damit eine Gehaltserhöhung zu ergattern. Er machte ein langes Gesicht, als ich dem natürlich unbezahlten und unbegrenzten Urlaub zustimmte, er war aber zu stolz, um einen Rückzieher zu machen. Ernest kochte sein Abschiedsmahl, und wer am nächsten Tage nicht erschien, war unser französischer »Küchenchef«.

Ein Hotel ohne Koch ist wie eine Hamletaufführung ohne den Prinzen von Dänemark. Ich hatte viele Gäste an jenem Tag und war verzweifelt. Der Deus ex machina war Saga, der Tellerwäscher und geringste meiner Angestellten. Er getraue sich, etwas Eßbares aufzutischen, wenn ich ihn in Ruhe ließe und nicht in die Küche käme. Ich sah diesem Dinner mit Bangen entgegen. Nun, es war ein voller Erfolg. Saga entpuppte sich als begabter Koch, und der gute Ruf, den sich unsere Küche bald erwarb, war ohne Zweifel sein Verdienst.

Die Afrikaner sind geborene Köche, und Saga kochte sogar stets mit Liebe. Wenn man bedenkt, daß er nie selber aß, was er seinen Gästen vorsetzte, und gar nicht wußte, wie es schmecken sollte, so war der Instinkt, mit dem er ihm unbekannte Kräuter und Gewürze verwendete, ganz erstaunlich. Als dann Monsieur le chef doch noch nach vierzehn Tagen mit einer lahmen Entschuldigung erschien, wurde ihm höflich bedeutet, er könne sich von uns aus zur Hölle scheren und für den Teufel französisch kochen.

Saga war mein Renommierheide: Er hatte nämlich keine Missionsschule besucht, und in den meisten Teilen Afrikas war damals Christentum in erster Linie mit Lesen, Schreiben und dem kleinen Einmaleins identisch. Nach der Unabhängigkeitserklärung wurden aber in Uganda alle Missionsschulen von der Regierung übernommen, und dann konnte auch ein Heide Arzt, Advokat oder Minister werden.

Eines Tages bekannte Saga etwas verschämt, er ginge nun zu den Protestanten »lesen lernen« – Bibelverse natürlich – und um sich taufen zu lassen. Er fand das selbst ein bißchen komisch, denn er hob gern einen, und das war dem künftigen Protestanten nicht erlaubt.

Aus Saga wurde also Benon Erastus, aber Abstinenz war ihm wohl ein zu hoher Preis fürs Lesenlernen, denn er feierte seine Taufe mit einem »Schnellen« in der schwarzen Bar nahebei. Er vergaß die beiden Lammkeulen, die im Ofen schmorten, und das Dinner war längst vorüber, als der Täufling in die Küche schwebte. Er hatte etwas zu tief ins Glas geguckt, erinnerte sich aber noch, daß er Saga, unser Koch, war. Er steuerte schnurstracks auf den Ofen zu, um nach dem Lammbraten zu sehen: Er guckte zweimal, zum dritten Mal, schüttelte den Kopf und suchte alle Ecken und Winkel nach den beiden Keulen ab, konnte aber nur ein paar abgenagte Knochen finden, die Rex, der Hund, hatte herumliegen lassen. Da wankte Erastus Benon zu seinem Ofen, sank nieder und weinte bitterlich.

Die Küche in einem Grenzgasthof mußte international sein, und das war zuweilen schrecklich kompliziert.

Eines Abends – ich war mein einziger Gast – hatte ich mir Spaghetti à la Milanaise bestellt, also mit einer Rindfleischsauce. Dann kam ein Sikh – einer der bärtigen, beturbanten Krieger aus dem Pandschab –, der vom unreinen Schwein, aber nicht von der heiligen Kuh essen durfte. Ich ging in die Küche und bestellte Spaghetti mit Schinken. Schließlich erschien ein Hindu, für den alles Getötete tabu war. Ich ließ mich zum dritten Mal in der Küche sehen und bestellte Spaghetti mit Butter und Käse. Saga sah mich an, als hätte ich den Verstand verloren.

»Und das nächste Mal?« fragte er. »Spaghetti mit Kuhmist vielleicht?«

Alle Wünsche wurden erfüllt, nur für den Wirt, der Spaghetti in jeder Weise ißt, war nichts übriggeblieben.

Welches Personal benötigte so ein kleiner Gasthof wie Travellers Rest? Ivor liebte Betriebsamkeit und hatte bei meiner Ankunft ein ganzes Heer von Schwarzen um sich herum; ich fand aber bald heraus, daß eine ständige Belegschaft von zehn oder zwölf Mann genügte, die ich, wenn Bau- oder Gartenarbeit es erforderte, vorübergehend verstärkte. Nur männliche Arbeitskräfte? Afrikanische Frauen – wenigstens bei uns auf dem Lande – sind im allgemeinen voll und ganz mit Feldarbeit und Kinderkriegen beschäftigt und haben weder Lust noch Interesse, im Haushalt oder im Hotel zu arbeiten. Das ist Sache ihrer Männer. Die wenigen Emanzipierten waren als Lehrerinnen, Krankenschwestern und in ähnlichen Berufen tätig und nahmen es mit der Liebe nicht so genau. So eine verwöhnte schwarze Lady als Barmaid oder Kellnerin hätte aus Travellers Rest über Nacht ein Freudenhaus gemacht, und ich war nicht nach Afrika gekommen, um hier die Rolle eines Zuhälters zu spielen.

Mancher Leser wird Anstoß daran nehmen, daß von Afrikanern, ob jung oder alt, oft als »Boy« gesprochen wird. Kein taktvoller Weißer hätte einen gebildeten Schwarzen mit »Boy« angeredet; in Uganda jedenfalls war das selbst in kolonialen Zeiten nicht Brauch. Selbst Ruben, mein Führer, einfach und ungebildet wie er war, hatte so viel Würde, da es niemand eingefallen wäre, ihn anders als mit Ruben oder sogar mit Mister Ruben anzureden. Ich persönlich vermied das Wort, so gut es ging. Wenn ich aber irgendeinen meiner zwölf Angestellten haben wollte, rief ich ohne Zaudern nach »einem der Boys«. Sie nannten mich ihren Vater, warum sollten sie mir mein »Boy« übelnehmen?

Mag das Wort auch hochmütig klingen, es ist, wie das französische garçon, in den Sprachgebrauch übergegangen, und man sollte es nicht auf die Goldwaage legen. Die neuen schwarzen Bwanas haben es nur zu gern übernommen und rufen ungeniert nach dem »Boy«, nicht nach dem »Herrn Ober«, wenn sie noch ein Bier bestellen wollen.

Wie also soll man Afrikaner anreden? Wenn man ihn weiß, mit seinem Namen selbstverständlich. Das ist aber leichter gesagt als getan. Afrikanische Namen sind lang und schwer zu merken, eine ganze Geschichte steckt gewöhnlich dahinter. Wer möchte beispielsweise den Kellner mit Mr. Surwumwumwe, mit: »Der Tod wartet auf uns alle«, oder den Barman mit Mr. Ntikebereza, das heißt: »Die Leute haben kein Gehirn«, anreden? Die meisten Afrikaner, mit denen man zu tun hat, sind Gott sei Dank getauft, und das vereinfacht die Geschichte. Die Priester und Pastoren hatten freilich, wie mir schien, ein besonderes Talent, ungewöhnliche Namen in der Bibel zu entdecken, sogar die Apokryphen mußten dazu herhalten; denn nur in ihnen wird der Schächer zur Rechten bei seinem Namen »Dismus« genannt, der einem meiner Boys in der Taufe angeheftet worden war.

Afrikaner haben keine Familiennamen, was seine Vor- und Nachteile hat. Auf diese Weise kann man sie nicht mit den Untaten ihres Vaters oder Onkels in Verbindung bringen, auf der anderen kann aber auch keiner einen Nutzen aus den Verdiensten und dem guten Namen der Familie ziehen.

Afrikaner wechseln ihre Namen oft und gern und zeigen dabei einen Sinn fürs Absurde. So änderte mein Barboy seinen Namen in »Johnnie Walker«, um, was ihm für seine Tätigkeit geeigneter schien als »Kimonye«, die »Kleine weiße Ameise«, wie sein Vater ihn genannt hatte. Ein anderer erklärte, er heiße von heute an »Cassius Clay«, und als er sich um einen Posten beim Zoll bewarb, lautete die Antwort, man suche nach künftigen Zöllnern, nicht nach Boxern.

Ein Freund wurde auf der Landstraße von einem Schwarzen angehalten und gebeten, ihn und seine hochschwangere Frau ins Hospital nach Kabale mitzunehmen. Es war höchste Zeit, und das Baby wurde dann auch in meines Freundes Chevrolet geboren. Wie nannten sie das kleine Mädchen? »Chevroletta« natürlich; was konnte hübscher und sinnvoller sein!

Um auf das leidige »Boy« zurückzukommen: Es ist immer der Ton, der die Musik macht; und hätte der Ton der weißen Bwanas den schwarzen Bedienten nicht gefallen, sie wären nicht so viele Jahre bei ihrer Herrschaft geblieben und hätten sich nicht so zur Familie gehörig gefühlt.

Als nach der Unabhängigkeitserklärung eine große Zahl von Engländern das Land verließ, waren die Zeitungen voller Anzeigen, in denen Weiße Stellungen für ihre guten, alterprobten Boys suchten. Einer der neuen Minister hatte Freunde von mir gebeten, ihm bei Weggang ihren Koch zu überlassen; er, der Herr Minister, wollte nun europäisch essen. Der Koch war aber nicht zu bewegen, die besser bezahlte Stellung anzunehmen. Nein, lieber wolle er sich daheim auf seiner *Shamba*, seinem Gütchen, abrackern als für einen schwarzen Bwana kochen.

Es gehörte zu den Annehmlichkeiten des täglichen Lebens, daß man sich in Afrika noch Dienerschaft leisten konnte, wie es auch heute noch in vielen Ländern der Dritten Welt üblich ist. Ich hatte nie moralische Bedenken, mich bedienen zu lassen. Ich fand es sogar beglückend, wenn mein sanfter Cosmas mir früh den Kaffee ans Bett brachte und fragte, ob ich gut geschlafen hätte. Das gab meinem Leben einen Stil, den ich in Europa vermisse.

Sklaverei und Ausbeutung? Man sollte vorsichtig mit solchen Schlagwörtern sein: Schwarze Arbeit war keineswegs so billig, wie es dem uneingeweihten Europäer scheinen mag.

Man braucht immer mehr Angestellte, als wirklich nötig sind, denn der Afrikaner ist sehr auf sein Prestige bedacht. Der Koch darf beispielsweise seine Töpfe nicht selber saubermachen, und wenn man vom Küchenboy verlangt, er solle Unkraut jäten, so kann das zu Kompetenzstreitigkeiten führen. Alle Arbeiten, die als »unrein« gelten, sind dem *Sweeper*, dem Kehrer, überlassen, der beinahe wie ein Paria in Indien einer niederen Kaste angehört. Meine Boys aber lernten von mir, daß man alles tun kann, ohne seine Würde zu verlieren, und in unserem Haushalt verwischten sich die strengen Abgrenzungen bald.

Bedenkt man ferner, was achtlose schwarze Hände alles zerbrechen, verludern und kaputtmachen, so ist die Löhnung durchaus angemessen. Strenge Herren zogen den verursachten Schaden vom Lohn ab, aber mich rührte es immer, wenn so ein Boy zerknirscht vor mich trat und ehrlich die Scherbe präsentierte.

Boys, frisch vom Busch, waren wie rohe Diamanten und mußten erst mit Geduld und Humor für ihre neue Lebenshaltung zurechtgeschliffen werden. Ein Pflanzer in Ruanda erzählte mir von seinem neuen Boy, für den Türklinken ein unlösbares Problem seien. Nachdem es ihm oft genug erklärt und demonstriert worden war, rief der verzweifelte Pflanzer nach Claire, seiner Ziege. »Claire«, sagte er, »zeige dem neuen Boy, wie man die Türe aufmacht!« Claire war seine Lieblingsziege, sie lebte im Hause und konnte alle Türen öffnen. Komisch? Aber kein Grund zur Überlegenheit. Man hat mir erzählt, daß in vielen russischen Hotels die Türklinken nicht funktionieren, weil die Leute vom Lande, die nach der Revolution in solchen Räumlichkeiten übernachteten, in ihren Hütten daheim keine Klinken an den Türen hatten und daher mit dem Mechanismus nicht vertraut waren.

Wohlmeinende Fremde warnten uns, die wir im Lande lebten, wir würden eines Tages schwer für das büßen müssen, was wir jetzt unseren schwarzen Brüdern antäten. Nun, ich war bereit, meinen Kopf zu riskieren. Keiner dieser Propheten hatte je eine Hütte mit einem Afrikaner geteilt, mit ihnen am Lagerfeuer gesessen, mit ihnen gegessen und getrunken; keiner von ihnen hatte ihre Wunden behandelt, ihre Frauen zur Entbindung ins Hospital gebracht, ihre Kinder zur Schule oder Universität geschickt. Und ich war nicht der einzige Weiße, der väterlich für seine Leute sorgte.

6 Gorillas als Gäste

Viele Monate hatte ich nun die Warnung des Game Warden, des höchsten Wildschutzwartes, respektiert und war nicht im Walde oben gewesen. Je mehr aber mein Hotelbetrieb sich einpendelte, desto sehnsüchtiger sah ich zu den Bergen hinauf. Besonders in der Frühe, wenn ich im taufrischen Garten Blumen schnitt und die drei Gipfel sich so scharf gegen den blauen Morgenhimmel abzeichneten, daß alle mir vertrauten Stellen überdeutlich in Erscheinung traten, mußte ich an die Gorillas denken. Ob sie wohl ebenfalls schon auf waren und sich ihr erstes Frühstück einsammelten? Oder rekelten sie sich noch in ihren Nestern, bis die Sonnenstrahlen das Blätterdach durchdrangen und den feuchtkalten Wald erwärmten? Ob die Lobelien, die ich nur als kahle Stangen kannte, nun in Blüte waren? Und die Orchideen, die ich mir für meinen Garten holen wollte? Auch Ruben vermißte ich sehr, und es war überhaupt gegen meine Natur, tagein, tagaus in meinem Gasthof zu werkeln, während draußen vor der Tür das große Abenteuer auf mich wartete.

Der Besuch des *Game Ranger*, des zweithöchsten Wildschutzbeamten aus Mbarara, zu dessen *Range* oder Revier auch unser *Sanctuary*, unser Gorillareservat, gehörte, war also eine willkommene Gelegenheit, vorsichtig meine Fühler auszustrecken, und ich konnte ihn auch überzeugen, daß an meiner Idee, die Gorillas Besuchern zugänglich zu machen, eigentlich etwas Gutes sei. Je mehr über diese seltene und in ihrem Bestand gefährdete Art bekannt werde, erklärte ich, desto größer sei meiner Ansicht nach die Chance für deren Erhaltung.

Afrika wandelte sich zusehends. Uganda ging mit Riesenschritten seiner Unabhängigkeit entgegen, und ich befürchtete, daß in einem »Afrika für die Afrikaner« kein Platz mehr für die Tiere der Wildnis sein würde. Unter den Engländern in Uganda und den Belgiern in Ruanda und im Kongo waren die Gorillas streng geschützt. Die Afrikaner dagegen sind Realisten; sie fanden es absurd, daß weite Landstrecken für wilde Tiere reserviert wurden. Guter Ackerboden wurde immer knapper, und die Schwarzen wiesen mit Recht darauf hin, daß in Europa und Amerika ja auch die Tiere ein Opfer der Zivilisation werden mußten. Wie recht sie hatten! Die Prärien wimmelten einst von Millionen von Bisons, den nordamerikanischen Büffeln, die bis auf wenige in kurzer Zeit ausgerottet wurden und die, nunmehr streng geschützt, erst jetzt anfangen, sich wieder langsam zu vermehren.

So wurde die noch uneinnehmbar scheinende Bergfeste der Gorillas bereits von landhungrigen Bauern belagert, und der Gouverneur, Sir Andrew Cohen, hatte ihnen einen breiten Streifen des ursprünglichen Gorillawaldes zuerkennen müssen. Der Wald, der noch vor kurzem bis zum Fuße der Berge hinunterreichte, hatte schon Hütten, Weizen- und Kartoffeläckern Platz machen müssen, und die Axt schlug sich erbarmungslos höher und höher hinauf. Die Gorillas liebten aber den unteren Wald und ließen sich nur widerstrebend aus ihrem Lebensraum verdrängen. Sie kamen immer wieder zurück und bauten ihre Nester oft nur wenige Meter von den neuen Hütten entfernt. Es war wohl ihr Los wie das aller Minderheiten, dem Druck des Stärkeren nachzugeben und der schon rein zahlenmäßig überlegenen Masse Mensch zu weichen. Dennoch sollten wir Weißen wenigstens versuchen – das hielt ich für wesentlich –, im

Afrikaner Verständnis und Achtung für das einzigartige Vermächtnis zu erwecken, das ihm in seiner Tierwelt anvertraut worden war.

Es war daher im Interesse der Gorillas, die Erhaltung ihrer Art zu einer internationalen Forderung zu machen, die jede Regierung, auch eine schwarze, respektieren mußte. Und da eine persönliche Bekanntschaft mit Schützlingen jeder Art immer wirkungsvoller ist als Propaganda in Wort und Schrift, versprach der Game Ranger, in diesem Sinne bei seinem Vorgesetzten in Entebbe anzuklopfen.

Und tatsächlich wurde mir unter gewissen Einschränkungen erlaubt, mich um die Gorillas zu kümmern und sogar Besucher in den Wald hinaufzuführen. Der Zorn des Game Warden über unsere Gorilla-»Jagden« hatte sich inzwischen gelegt. Er selbst schlug vor, daß ich als Versuch an geeigneten Stellen dem Gorillageschmack entsprechende Nahrungspflanzen anbauen sollte, in der Hoffnung, die Tiere würden sich an diese Futterplätze gewöhnen und sich dort leichter beobachten lassen.

Dieser Vorschlag erwies sich jedoch als unausführbar. Erstens hätten die Bergbauern protestiert, wenn ein Weißer dort oben Land bebaute, das ihnen verweigert worden war. Und zweitens hätten wir gar nicht genug pflanzen können, um den Gorillas, die als Vegetarier ungeheure Mengen von Grünzeug vertilgen, einen ständigen Anreiz zu bieten, ganz abgesehen davon, daß Elefanten und Büffel die Früchte unserer Arbeit im Nu auffressen und zerstören würden.

Hier soll nun von der Bewirtung der Affen berichtet werden, wie anfangs angekündigt wurde.

Anstatt Nahrungspflanzen anzubauen, hielt ich es für ratsamer, den Gorillas geeignete Leckerbissen in den Weg zu legen und zu versuchen, sie auf diese Weise auf Lichtungen zu locken, wo dann getarnte Beobachtungsposten errichtet werden sollten.

Mein Ködermenü fing mit Zuckerrohr an, aber die wählerischen Affen ließen es unbeachtet liegen. Ruben sah nur einmal ein paar Jugendliche damit spielen. Es ähnelt wohl dem Bambus, sieht aber weniger appetitlich aus. Hätten sie es einmal probiert, sie wären wahrscheinlich auf den Geschmack gekommen. Hunde und Pferde und viele andere Tiere mögen Süßigkeiten, warum nicht die dem Menschen so ähnlichen Gorillas?

Als zweiten und dritten Gang tischten wir ihnen Bataten, auch süße Kartoffeln genannt, und Bananen auf, beides ihnen unbekannte Früchte – doch was der Bauer nicht kennt, frißt er nicht. In Gegenden, wo Bananen in der Nähe eines Gorillawaldes wachsen, sind sie sehr begehrt, zwar nicht die eigentlichen Früchte, sondern die Stauden, deren Mark eine Delikatesse zu sein scheint. Es dauert in tropischen Ländern etwa zwei Jahre, bis eine Bananenstaude trägt, und wenn so eine Gorillahorde einen ganzen Bananenhain quasi mit Strunk und Stiel auffrißt, kann sie ein Dorf in ernsthafte Nahrungsknappheit stürzen. Ich servierte die Bananen büschelweise, hängte sie einzeln wie Zapfen an einem Weihnachtsbaum im Walde auf, aber die Gorillas wollten partout nicht anbeißen.

Dann setzte ich große Hoffnungen auf Mais. Die Bergbauern hatten mir nämlich erzählt, daß früher, als sie Mais anbauten, die Gorillas über die Felder herzufallen pflegten, die Überfälle aber aufhörten, als die Bauern sich auf Kartoffeln umstellten. Die Gorillas schienen sich aber der guten alten Maistage nicht mehr zu erinnern, denn wie geschickt wir die Kolben auch plazierten, sie blieben unberührt.

Salz, sagte ich mir nun, ist in ganz Afrika begehrt. Überall legen die Tiere große Entfernungen zurück, um an ihnen bekannten Stellen Salz zu lecken, und die Eingeborenen liefen sich in früheren Jahren die Füße wund, um einen Elefantenzahn, ein Löwenfell oder Gold gegen ein paar Handvoll Salz einzutauschen.

Wir trugen also versuchsweise ein paar Säcke Steinsalz den Berg hinauf und legten verschiedene Salzlecken an. Zu meiner Freude entdeckte ich eines Tages an einer Stelle, wo Feuchtigkeit die Kristalle aufgelöst und die Hufe der Büffel sie zu schwarzem Brei zertrampelt hatten, deutliche Fuß- und Handknöchelabdrücke, die nur von Gorillas herrühren konnten. In der Nähe fanden sich auch ihre Nester. »Endlich der richtige Köder!« jubilierte ich. Wir trugen eine ganze Tonne Salz hinauf, ein Geschenk des begeisterten Game Warden. Für die Büffel war das ein gefundenes Fressen, die unberechenbaren Gorillas hingegen kehrten nie wieder zu der Lecke zurück. Ihre vielfältige Pflanzenkost enthält wahrscheinlich alle Mineralien, die sie benötigen.

Eine Firma in Kampala bot mir ihre kondensierten Milchprodukte als Kost für die Gorillas an, Produkte, die bei Schimpansen sehr beliebt seien. Ich schrieb zurück, daß es denn doch wohl einen kleinen Unterschied mache, ob man ein paar Schimpansen in einem Zirkus oder Zoo zu versorgen habe – denen man gelegentlich sogar einen Löffel Kaviar vorsetzen könne – oder einen ganzen Wald voll Gorillas, die bis zwei Meter groß werden und bis zu fünf Zentnern wiegen würden.

Das Experiment mit der Köderbewirtung war ein Fehlschlag, denn es erwies sich, daß unsere Gorillas allem Neuen gegenüber mißtrauisch waren; sie verschmähten alle Leckerbissen, nach denen sich die Affen in den Zoos der ganzen Welt alle zehn Finger ablecken würden und die zehn Zehen noch dazu.

Trotzdem waren Zeit und Mühe nicht vergebens gewesen, denn die Fütterung hatte uns täglich in nahe Berührung mit den Tieren gebracht, und wir konnten eine Pirschtechnik entwickeln, die es uns dann ermöglichte, unseren Besuchern das einzigartige Erlebnis zu bieten, dem Gorilla auf freier Wildbahn zu begegnen. Obendrein hatte der Game Warden Vertrauen zu mir gefaßt und mich zum *honorary Game Ranger* des Gebietes gemacht, was ein deutscher Journalist lapidar mit »Ehren-Wildschutz-Beauftragter der Regierung« übersetzte.

Die Fütterung hatte mich jedoch mehr Zeit und Energie gekostet, als für meinen Gasthof gut war. Um mich um Gäste und Gorillas zu kümmern, brauchte ich eine Hilfe, jemand, dem es Spaß machen würde, sich mit mir unten im Hotel und oben in den Bergen abzuwechseln. Freie Kost und Wohnung war allerdings alles, was ich bieten konnte. Ich bat deshalb Dr. L. S. B. Leakey, den berühmten ostafrikanischen Anthropologen in Nairobi, mir einen geeigneten Assistenten zu empfehlen, der hier wertvolles Material für eine Arbeit über Gorillaverhalten sammeln könne. »Wenn ich jung und frei wäre«, schrieb mir der Doktor, »griffe ich selbst mit beiden Händen zu.« Er versprach, sich nach einem geeigneten Enthusiasten umzusehen.

7 Hat Afrika keine mutigen Männer mehr?

»Ich habe eine geeignete Person für Sie gefunden«, schrieb Dr. Leakey ein paar Wochen später. »Vorausgesetzt, daß es nicht durchaus ein Mann sein muß.« Es sei zwar ein ausgesprochener Job für Männer, schrieb ich zurück, aber ich hätte grundsätzlich nichts gegen eine Frau einzuwenden, und eine vom richtigen Schlag sei mir willkommen.

Der »Schlag«, der sich bald darauf präsentierte, war Rosalie Osborn, eine junge Schottin, die bisher als Dr. Leakeys Sekretärin im Coryndon-Museum in Nairobi gearbeitet hatte.

Rosalie war wissenschaftlich ungeschult, aber mit einer natürlichen Beobachtungsgabe und für ihre zweiundzwanzig Jahre mit recht energischen Ellbogen ausgestattet. Kurz vor ihrer Ankunft in Kisoro hatte sie in Dr. Leakeys Auftrag auf der Lusingainsel im Viktoriasee das untere Miozän, eine geologische Formation, erfolgreich nach Fossilien abgesucht. Dort hatten Dr. Leakey und seine Frau Mary in den vierziger Jahren erst den Kiefer und dann den vollständigen Schädel eines für die Abstammungslehre aufschlußreichen menschenähnlichen Affen entdeckt. Es handelte sich um den sogenannten »Prokonsul«, ein als Dryopithecus klassifiziertes Geschöpf, das vor etwa 25 Millionen Jahren um den Viktoriasee herum lebte und lange als Hominid und somit als unser Vorfahr galt. Heute muß er sich mit einem Platz auf der Ahnentafel der Menschenaffen, der Gorillas und Schimpansen, begnügen.

Mit solch ungewöhnlichen Unternehmungen vertraut, schreckte Rosalie auch vor dem Gorillaabenteuer nicht zurück. Für Haus, Hof und Garten hatte sie kein Interesse: Lieber wolle sie Zement mischen als mir im Haushalt behilflich sein, erklärte sie rundweg. Die junge Dame war aber nicht zimperlich, und an Mut fehlte es ihr auch nicht. Es machte ihr gar nichts aus, nur von Ruben und seinen Helfern begleitet und von Gorillas, Büffeln und Elefanten umgeben, tagein, tagaus in meinem damals noch recht primitiven Berglager zu kampieren.

Zu jenen Zeiten »bewirteten« wir noch die Gorillas, und die Verteilung der Lockspeisen über das weite, zerklüftete Terrain war harte Arbeit, aber nie kam ein Wort der Klage über Rosalies Lippen.

Sie hatte anfangs Pech und sah die Tiere, die zu beobachten sie gekommen war, nur selten. Eines Mittags jedoch, als sie allein im Schatten eines Baumes ihre Brote verzehrte, hatte sie das unbehagliche Gefühl, heimlich beobachtet zu werden. Ringsum war alles still, niemand schien in der Nähe zu sein. Da bemerkte sie in der Gabel eines Baumes ihr gegenüber einen jungen Gorillamann. Mit gekreuzten Armen, den Rücken bequem gegen den Stamm gelehnt, saß er dort, lässig wie in einem Klubsessel und sah mit blasierter Miene auf sie nieder. Ihre Augen trafen sich, er zuckte nicht mit der Wimper. Rosalie war fasziniert, aß aber, um ihr Gegenüber nicht zu beunruhigen, ungestört weiter. Der junge Herr war keineswegs verlegen, im Gegenteil: Er kratzte sich ungeniert am ganzen Körper, was sich in Gegenwart einer Dame eigentlich nicht schickt. Dann glitt er von seinem Sitz herunter und stolzierte, ohne sie eines Blickes zu würdigen, ins Gebüsch hinein.

Gerade als die Gorillas sich öfter sehen ließen und Rosalie interessante Beobachtungen machen konnte, kam ein Brief von ihrer Mutter aus Schottland, der sich gewaschen hatte. Rosalie hatte nämlich die alte Dame über ihren Aufenthalt bei mir und die seltsame Tätigkeit im dunkeln gelassen, dennoch stand in dem Brief, daß das »Füttern der Paviane« – wie Mutter es nannte – sofort aufzuhören habe und Rosalie sich nach einer soliden Stellung in anständiger englischer Gesellschaft umsehen solle. »Woher weiß Mutter nur?« wunderte sich Rosalie. »Ich habe doch mit ihr immer nur über Nairobi korrespondiert . . .«

Die »anständige englische Gesellschaft« ging gegen mich, und ich war tief getroffen! Die Mutter hatte natürlich völlig recht. Wie konnte auch ein Mädchen aus gutem Haus bei einem Junggesellen – einem kontinentalen noch dazu – in einem Gasthof im innersten Afrika leben! Unerhört! Was dachte sich das Kind? Die Mutter drohte mit dem nächsten Flugzeug zu kommen, um die Tochter aus Blaubarts Händen zu befreien. »Wenn Mutter sieht, wie es hier zugeht, wird sie sicher einverstanden sein«, schlug Rosalie vor, ich aber wollte keine Mütter um mich haben. Und wenn sich Rosalie auch unter uns Schwarzen und »Pavianen« sicherer fühlte als in den Straßen Londons, so gehorchte sie doch und nahm eine Stellung im Sinne der Mutter an, als sich ihr eine solche bei Carr-Hartley, der bekannten Tierfarm, in Kenia bot. Die »anständige englische Gesellschaft« dort bestand neben ungehobelten Tierfängern aus Löwen, einem zahmen Nashorn, Jagdleoparden und anderen nicht gerade englischen

Geschöpfen, auch aus einem weiblichen Pavian, der Rosalie zur Begrüßung kräftig in die Hand biß. So seltsam sind des Schicksals Launen!

Rosalie ging später nach England und studierte in Cambridge Zoologie. Und dann? Menschen wie sie können natürlich nur in Ostafrika leben, und so kehrte sie nach beendetem Studium als Lehrerin nach Kenia zurück.

Als ihre Mutter sie einmal besuchte, kamen beide nach Kisoro, um die Weihnachtsferien in Travellers Rest zu verleben. Rosalie ging für ein paar Tage zu den Gorillas in die Berge hinauf, während Mama bei uns im Gasthof blieb. Als ich sie etwas besser kannte, warf ich ihr scherzhaft »die anständige englische Gesellschaft« vor, womit sie uns – die Gorillas und mich – damals recht gekränkt habe. »Das tut mir leid«, sagte sie, »aber stellen Sie sich meinen Schock vor, als ich in einer Zeitung daheim in Edinburgh dickgedruckt las:

JUNGE SCHOTTIN HAT LUNCH MIT GORILLAMANN

und dann feststellen mußte, daß die junge Schottin Rosalie, meine eigene Tochter war, die ich sicher und wohlbehütet hinter Dr. Leakeys Schreibmaschine in Nairobi wähnte. »Ja, die Presse bringt manches an den Tag!«

Rosalie mußte ersetzt werden, und so annoncierte ich im East *African Standard* in Nairobi:

> »*Drei Monate kostenfreier Ferienaufenthalt*
> in schöner Gegend für Naturfreund
> mit besonderem Interesse für Leben
> und Verhalten des Gorillas in der Natur...«

Diese Anzeige brachte Jill Donisthorpe nach Travellers Rest. Ich hatte Jill – und die Briefe klangen auch danach – für einen männlichen Namen gehalten und war einigermaßen schockiert, als wieder etwas Weibliches aus einem alten, mit Draht und Bindfaden zusammengehaltenen Auto stieg. »Mein Gott, hat denn Afrika keine mutigen Männer mehr!« waren meine Begrüßungsworte. Aber Jill, kein Backfisch mehr, erwies sich als zäh und unverwüstlich.

Zeitungsanzeigen spielten eine merkwürdige Rolle in Jills Leben. Als junges Mädchen war ihr in England eine in die Hand gekommen, in der eine »Wissenschaftlerin zum Studium von Gorillas in Afrika« gesucht wurde. Diese mysteriöse Anzeige – vielleicht der Trick eines Mädchenhändlers, denn Gorillas wurden damals noch von niemandem studiert – hatte einen so tiefen Eindruck auf die junge Jill gemacht, daß sie sich gegen den Wunsch der Eltern entschloß, Zoologie zu studieren. »Was kann eine Frau schon mit Zoologie anfangen!« entsetzte sich die Mutter. »Lehrerin! Und das ist wohl das letzte, woran der liebe Gott dachte, als er dich erschuf.« Die Mutter kannte ihr Kind, denn Jill ist ein Wandervogel, den die Sehnsucht immer wieder in die fernsten Fernen treibt. Und nun hatte eine zweite Anzeige – meine – den Ring geschlossen und Jill tatsächlich ins Land der Gorillas gebracht, und da ich mir am Tage ihrer Ankunft das Bein brach, hatte sie die Tiere für die nächsten acht Monate ganz für sich allein.

Sie hatte vom ersten Tag an Glück: Sie sah die Gorillas fast täglich und kam immer mit einem triumphierenden Lächeln zurück. Ruben konnte das gar nicht fassen, mit Rosalie hatte es nicht so gut geklappt. So fragte er Jill eines Tages nach ihrer Religion, denn es mußte ein wunderbarer Gott sein, dachte er sich, der ihr die Gorillas so mühelos über den Weg schickte.

Ruben war eine tiefreligiöse Natur und hielt sogar im Lager oben jeden Abend einen Gottesdienst ab. Er betete im Singsang vor und seine Helfer sangen im Chor nach. Ich konnte in meiner Hütte nebenan jedes Wort dieser seltsamen Litanei verstehen. Das ging etwa so:

»Gott der Allmächtige, unser Vater im Himmel! Wir danken Dir für den Posho und die Bohnen, die Du uns heute abend bescheret hast: Schicke uns morgen mehr davon. Was mich angeht, Du weißt doch, daß ich einen schwachen Magen habe und Posho und Bohnen nicht vertragen kann. Erinnere also bitte den Bwana daran, daß er mir wieder von seinem Reis und Corned beef anbietet, wie es heute geschehen ist. Laß die Sonne scheinen, denn es ist verdammt kalt auf diesem Berge, wenn es regnet. Laß auch die Geister des Muhavura, Mgahinga und Sabinio wohlwollend auf uns herabschauen, und wenn wir wieder den Gorillas begegnen sollten, laß sie uns freundlich gesinnt sein. Herr, wir loben Dich! Amen!«

Dieser überzeugte Christ vergaß aber nie, auch die Geister der Berge anzurufen; denn man kann nie wissen! Rückversicherung kann nie schaden. So furchtlos Ruben den Gorillas gegenüber war, die Berge waren ihm zuweilen unheimlich. So kam er eines Tages ganz verstört mit der Nachricht, daß auf halber Muhavura-Höhe »heiße Erde« aus einer Spalte käme, und, ganz ohne Zweifel, es rauchte wirklich dort oben.

Es war in den Tagen der täglichen Erdbeben, und ein Ausbruch in der Flanke des Muhavura war durchaus im Bereich des Möglichen.

Jill wollte der Sache auf den Grund gehen, aber Ruben riet ihr dringend ab, und als sie darauf bestand, verlangte er eine schriftliche Erklärung, daß er gewarnt habe und für dieses riskante Unternehmen nicht verantwortlich zu machen sei. Als sie sich dann der Stelle näherten, flehte Ruben Jill an, doch um Gottes willen keinen Schritt weiterzugehen, und als sie sich nicht irremachen ließ, sank Ruben mit erhobenen Armen laut betend und singend in die Knie. Jill, nervös geworden, schrie ihn an: »Halt's Maul!«, denn sie fühlte sich mit dem »Propheten« neben sich selbst nicht mehr ganz sicher auf dem Vulkan. Dennoch ging sie näher: Die angebliche Lava erwies sich als ein harmloser Erdrutsch und der daraus aufsteigende Dampf als Staub.

Ruben ein Hasenfuß? Beileibe nicht! Den Büffeln und Elefanten ging er zwar am liebsten aus dem Wege, aber den Gorillas gegenüber zeigte er sich stets als Ritter ohne Furcht und Tadel, ja, manchmal wäre mir weniger Kühnheit lieber gewesen.

8 Die Geburt eines Vulkans

Die Birunga-Vulkane haben die einstmals eintönige Ebene mit ihren endlosen Regenwäldern zu einem der schönsten und interessantesten Gebiete Afrikas gemacht. Der vulkanischen Tätigkeit sind, abgesehen von den acht eigentlichen Gipfeln, die vielen Hügel, Flüsse und Seen zu verdanken und vor allem auch die außerordentliche Fruchtbarkeit der Gegend.

Manche Geographen behaupten, die Birunga-Vulkane – und nicht das nördlich gelegene Ruwenzorigebirge – seien die eigentlichen »Mondberge«, die der Ägypter Ptolemäus im zweiten Jahrhundert unserer Zeitrechnung auf seiner Karte des Nils mit ziemlicher Genauigkeit eingezeichnet hat. Die Birungakette zieht sich wie eine Mauer quer durch den westlichen Grabenbruch und scheidet die Wässer der beiden größten Flüsse Afrikas: Im Norden fließen sie dem Nil zu, im Süden speisen sie den Kongo.

Es beeindruckte meine Gäste immer, wenn ich ein Streichholz in den kleinen unseren Mutandasee durchfließenden Kakufluß warf und ihnen von der weiten Reise erzählte, die es damit antrat. Der Kakufluß, so erklärte ich, fließe in den Rutschurufluß und dieser in den Edwardsee; der Semliki bringe es dann in den Albertsee, es verlasse ihn bei Pakwach und schwimme dann im Weißen Nil durch den südlichen Sudan nach Khartum; dann ginge es an Abu Simbel, Assuan und Luxor vorbei nach Kairo, um schließlich im Delta bei Alexandria das Mittelmeer zu erreichen.

Vor einer halben Million Jahren regten sich im heutigen Birungagebiet gewaltige vulkanische Kräfte, und die ausströmende Lava baute zunächst den Mikeno und den Sabinio auf. 500 000 Jahre sind kein Alter für Vulkane, aber sie genügten, um die Krater der beiden zu zerstören und ihre Gestalt völlig zu verändern; der heutige schroffe Felsen des Mikeno, des »Kahlen« (4350 Meter), ist nur der innere Kern des ursprünglichen Riesenkraters, und vom alten Kratermund des Sabinio, des »Vaters mit den Zähnen« (3650 Meter), sind nur noch fünf verwitterte Gipfelzacken übrig.

Nach langer Pause regten sich vor 100 000 Jahren die vulkanischen

Energien aufs neue, und gigantische Explosionen zwangen vier weitere Lavapyramiden empor, die noch heute wie Vulkane aussehen und deren Krater, wenn auch verstopft, unverkennbar sind. Damals entstanden der höchste Gipfel der Kette, der oft schneegekrönte, über 4400 Meter hohe Karisimbi, und, ihm vorgelagert, der flache Vishoke mit einem großen Kratersee. Auch der alte Sabinio erhielt zwei Gefährten: unseren 4100 Meter hohen Muhavura und den wesentlich niedrigeren Mgahinga, um dessen Kraterrand sich ein Kranz baumhoher Erika windet. Der Muhavura, dem Fudschijama ähnelnd, verdient seinen Namen: Er ist tatsächlich »Der Führer«, der, von weitem sichtbar, immer den richtigen Weg weist.

Nach einer zweiten Ruhepause wurden vor etwa 20 000 Jahren die beiden jüngsten Kinder der vulkanischen Familie, der Nyamulagira und der Nyiragongo, geboren. Jeder über 3000 Meter hoch und im Kongo – im heutigen Zaire – gelegen, sind sie die einzigen der acht, die noch tätig sind.

Der Krater des Nyamulagira hat einen Durchmesser von zweieinhalb Kilometern und ist etwa 150 Meter tief: Er hat nach Süden eine Öffnung, durch die sich bei den meisten Ausbrüchen der Lavastrom hinunter in den Kivusee ergießt. Der Krater des Nyiragongo mißt nur einen Kilometer im Durchmesser, ist aber dafür erheblich tiefer als der seines Bruders. Mit seinen steilen Wänden gleicht er einem Riesenkessel, in dessen Tiefe von rund 400 Metern ein See von Lava dampft und brodelt, von dem ein Schlund in tiefste Tiefen führt.

Der bereits erwähnte Earl Denman, der alle acht Vulkane barfuß und ohne Hemd bestieg, wagte sich, bar jeder Vernunft, allein in diesen Krater hinein. Er ließ sich an zwei zusammengeknüpften Seilen, von unerfahrenen schwarzen Händen am Kraterrand gehalten, 120 Meter zu einem Sims hinab und stieg, als das Seil zu Ende war, ohne jede Sicherung tiefer, bis ihn plötzlich ein Gefühl unsäglicher Angst ergriff: Der Gedanke, daß der Wind sich drehen und die Gase und Dämpfe ihn vergiften könnten, trieb ihn eiligst nach oben zurück. Die Schwarzen waren erleichtert, als sein Kopf über dem Kraterrand erschien. Für sie war es reiner Wahnsinn, in eine Hölle hinabzusteigen, wo die Seelen der Verstorbenen bis in alle Ewigkeit ihre Sünden abbüßten. Die Eingeborenen der Gegend haben überhaupt eine ererbte, an Hysterie grenzende Furcht vor allem, was da raucht und wie Lava aussieht, wie Rubens merkwürdiges Verhalten mit Jill am Muhavura zeigte.

Der amerikanische Zoologe George B. Schaller, von dem noch die Rede sein wird, war von der Schönheit und Gewalt des Phänomens im Kessel des Nyiragongo tief ergriffen, als er es eines Nachts vom Kraterrand aus allein für lange Zeit beobachtete. Er hatte ein leises Gefühl der Scham dabei, als belausche er die Natur und versuche, sie eines Geheimnisses zu berauben, das dem Menschen verborgen bleiben sollte.

Der Nyiragongo und der Nyamulagira – von Gipfel zu Gipfel nur fünfzehn Kilometer getrennt – haben in diesem Jahrhundert, sich brüderlich abwechselnd, gewaltige Lava- oder Magmamassen ausgeworfen und sich bemüht, den Kivusee damit anzufüllen. Die letzten beiden großen Ausbrüche hatten sich in den Jahren 1938 und 1948 ereignet, und da bekanntlich aller guten Dinge drei sind, so war, wie man sagte, nach weiteren zehn Jahren, also 1958, natürlich wieder ein großer Ausbruch fällig.

Nur selten füllt die Lava den Hauptkrater bis zum Überfließen an, meistens erzwingt sie sich in der Flanke oder am Fuß eine Öffnung, ehe es zum Überlaufen des eigentlichen »Kochtopfes« kommt. Aus einem solchen Nebenkrater oder Satelliten fließt dann ein neun bis zwölf Kilometer langer und etwa ein Kilometer breiter Strom von glühender Lava, alles in seinem Lauf vernichtend, mit verheerender Geschwindigkeit der Bucht von Saké am Kivusee zu. Diese Lavaströme haben den kleinen Hafen fast gänzlich vom See abgeschnitten, so daß der Dampfer dort nicht mehr anlegen kann. Auch bringen sie das Wasser der Bucht jedesmal zum Sieden, und dann schwimmen die Fische, bereits fertig gekocht, an der Oberfläche.

Die Landschaft um Saké herum ist infernalisch: Wie schwarze, verschlungene Gedärme winden sich die erkalteten Lavaströme zum See hinunter und machen die Bucht zu einem Ort des Unheils. Doch die Natur erholt sich schnell. Bald sprießen vereinzelte Halme, Farne und Moose aus der verwitternden Kruste, die älteren Flüsse bedeckt bereits ein grüner Teppich, aus dem hier ein Strauch, dort ein Bäumchen tapfer nach oben streben. An dieser Vegetation sind die verschiedenen Lavajahrgänge deutlich zu erkennen, ist die ganze Geschichte der Eruptionen abzulesen.

Die Lava muß auf ihrem Weg zum See die von Goma südwärts führende Hauptstraße überfließen und sperrt dann für einige Zeit den Verkehr. Die Lavaflüsse erkalten aber schnell und lassen sich bei trocknem Wetter auf der erhärteten Kruste gefahrlos überqueren. Bei Regen soll man es lieber bleibenlassen: Dann durchdringt das Wasser die poröse Oberfläche, und aus den Ritzen steigen giftige Dämpfe auf. Es gibt aber immer Eingeborene, die sich auch bei Regenwetter auf die Lavaflüsse wagen und das andere Ufer nie erreichen.

Ich war bereits im Lande, als 1958 der Nyamulagira sich wieder einmal regte. Wie immer schuf er sich einen Satelliten. Diesmal war es der »Kitsimbanyi«, der »Unerwartete«, und ich konnte seine Geburt, wenn auch nur aus der Ferne, miterleben. Es fing mit heftigen Erdbeben an. Wie in einem Boot auf bewegter See schlitterten Tische und Stühle plötzlich durch die Räume, und die Getränke auf der Theke schwappten über. Nachts wurde man im Schlaf gestört: Eine unsichtbare Hand schaukelte das Bett wie eine Wiege, es war unheimlich. Man hörte die Erdbeben näher kommen wie einen Zug in der U-Bahn. Man fühlte die Paroxysmen im Inneren der Erde, wurde sich des gewaltigen Druckes bewußt, wie er ihre Kruste nach einer schwachen, nachgiebigen Stelle abtastete, um schließlich einen Durchbruch zu erzwingen. Im Hauptkrater sinkt dann der Lavaspiegel und entleert sich nach dem Prinzip der kommunizierenden Röhren durch den neuen Nebenkrater.

Auf diese Weise sind die vielen stumpfkegeligen Hügel entstanden, die der Landschaft ihr mondartiges Gepräge geben. So wild sich diese Satelliten auch gebärden, ihr Leben ist nur kurz: Sie werden höchstens zweihundert Meter hoch und erlöschen dann für immer. Der Kitsimbanyi starb bereits nach vier kurzen, aber lebhaften Monaten und brachte es nur auf achtzig Meter.

Wie entsteht so ein neuer Krater? Ist es je beobachtet worden? Beim Kitsimbanyi liegen Aussagen von Eingeborenen vor, die, in seiner Nähe lebend, bei seiner Geburt Zeuge waren. Ihr Bericht ist glaubwürdig genug, um hier gebracht zu werden.

Erst habe die Erde in ihrer Gegend gezittert wie nie zuvor, berichteten sie. Dann hätten sie, weit weg vom »Großen Rauch«, verdächtige Dämpfe aufsteigen sehen, von einer Stelle des Waldes, wo es nie vorher geraucht oder gebrannt hätte. Beim Näherkommen sei es heißer und heißer geworden, und sie hätten sich, der sengenden Hitze wegen, auf einen nahen Hügel retten müssen. Dann habe die Erde fürchterlich gezittert, und schließlich sei zu ihren Füßen, Dampf und Feuer speiend, die Erde aufgeplatzt, und ein weißer Brei sei wie Posho (Maisbrei) beim Überkochen aus der Spalte gequollen. Da hätten sie Angst bekommen und seien davongerannt.

Und die Tiere? Stimmt es, daß Gorillas, Büffel und Elefanten, wie behauptet wird, »Lunte riechen« und sich vor solchen Naturereignissen rechtzeitig in Sicherheit bringen? Dem Gorilla kann ein solches Vorahnungsvermögen nicht zugebilligt werden, schon deshalb nicht, weil in dem Gebiet der tätigen Vulkane keine Gorillas leben. Nyamulagira und Nyiragongo sind nämlich die einzigen der acht, die von den Gorillas gemieden werden. Warum wohl, da doch die Lebensbedingungen dort ganz ähnlich sind wie im Gebiet der übrigen sechs? Ist es vielleicht eine alte, im Unterbewußtsein warnende Erinnerung an frühere Katastrophen, die sie den für sie so geeigneten Lebensraum meiden läßt?

Den Elefanten will ich die Fähigkeit, Wahrzeichen der Natur zu deuten, nicht ohne weiteres absprechen. Die Erdbeben, die die Geburt des Kitsimbanyi ankündigten, wurden ja auch von uns Menschen wahrgenommen: Wir fühlten deutlich, daß etwas Ungewöhnliches sich vorbereitete. Warum sollten dann die Tiere der Wildnis, die unmittelbar am Boden lebten, nicht jede Regung der Natur früher und stärker empfinden als wir, nicht die leiseste Veränderung wittern, die in der Luft liegt?

Elefanten überschritten Wochen vor dem Ausbruch des Kitsimbanyi die Straße von Goma nach Rutschuru, wo sonst nur gelegentlich ein Einzelgänger gesehen wird, in größerer Zahl. Es schien, als wechselten sie bewußt vom gefährdeten Gebiet auf der einen zum sicheren der erloschenen Vulkane auf der anderen Seite hinüber. Es mag Zufall gewesen sein, denn bei früheren Ausbrüchen sollen Elefanten überrascht worden und eines jämmerlichen Todes gestorben sein. Kleinere Tierarten wie Nagetiere, Reptilien und Vögel verlassen die Gefahrenzone nie und kommen dann in großen Mengen um.

Der belgische Zoologe Dr. Jacques Verschuren kennt den Albert-Park wie kein anderer, auf seinen vielen Fußsafaris drang er in die unzugänglichsten Regionen ein, wo vor ihm nie jemand gewesen war. So kam er eines Tages an eine Stelle, die ihm wie einer der sagenhaften Friedhöfe der Elefanten erschien. Ihre Schädel und Gerippe lagen in großen Mengen umher, und auch die anderen Tierarten waren reichlich vertreten. Er konnte sich die phantastische Ansammlung toter Tiere zunächst nicht erklären, bis er der Dämpfe gewahr wurde, die, kaum merkbar, aus den Ritzen der Erde aufstiegen und zweifellos dieses grausige Massensterben verursachten. Er hielt es für ratsam, dort nicht lange zu verweilen.

Wenn der Kitsimbanyi auch nicht mit den pyrotechnischen Leistungen seiner Vorgänger konkurrieren konnte, so lockte er doch viele Besucher an. Sie strömten nach Goma, am Nordufer des Kivusees, von wo aus Reiseagenten sie in Taxis, so nahe es ging, an den neuen Krater heranfuhren. Ich weiß nicht, ob man fremden Wissenschaftlern, nicht belgischen meine ich, ebenso entgegenkam. Bei früheren Ausbrüchen durften Geologen und Vulkanologen aus Entebbe, der Schweiz und Südafrika das Phänomen, das sie studieren wollten, nur aus der Ferne beobachten, während jeder Hinz und Kunz das »grand spectacle« wie aus einer Proszeniumsloge genießen konnte. Die Belgier wollten wohl die wissenschaftliche Ernte, die das seltene Ereignis bot, allein einheimsen.

Ich konnte die Enttäuschung der fremden Fachleute begreifen, denn mir ging es mit dem Kitsimbanyi ähnlich. Ich konnte zwar für meinen gebrochenen Arm, der die Safari verhinderte, nicht die Belgier verantwortlich machen, der Unfall hatte sich in einer Höhle am Muhavura, also in Uganda, zugetragen. Unglücklicherweise war mein Arm gerade in einem Gipsverband senkrecht nach oben gestreckt, und keiner meiner Freunde wollte mir zuliebe ein Loch in das Dach seines Wagens schneiden.

Ich mußte deshalb an der Geburt des Kitsimbanyi ebenfalls aus der Ferne teilnehmen. Allabendlich stiegen wir auf einen nahen Hügel, und trotz der dreißig Kilometer, die uns trennten, war das flammende Furioso des jungen Kitsimbanyi ein erregendes und eindrucksvolles Erlebnis.

Zum Glück spielte sich das Schauspiel diesmal auf unserer Seite ab; die Lava floß nicht wie üblich zum Kivusee hinunter, sondern dem uns benachbarten Rutschuru zu. Ein rotglühender Feuerlauf brannte sich flakkernd durch Wald und Busch und wurde weiter unten zu einem gelbglühenden Lavastrom. Wie von einem Riesenblasebalg im Innern der Erde angefacht, sprangen gigantische Feuerfontänen aus dem Krater empor, und glühendes Gestein schoß wie Raketen in den schwarzen Himmel, um dann hoch oben zu bersten und in Myriaden gelb- und rotglühender Fragmente herabzuhageln. Dann eine kurze unheimliche, fast menschliche Atempause, und schon entlud sich der Höllenschlund von neuem. Es war eine mitreißende, aber auch tief beunruhigende Erfahrung, die entfesselten Kräfte der Natur sich in blinder Wut austoben zu sehen.

Menschen reagieren verschieden: Ich gehöre zu den unverbesserlichen Romantikern, die sich von einem Wunder der Natur noch beeindrucken lassen. Nicht so der Gast, den ich eines Abends mit zum Hügel hinaufnahm. »Ganz hübsch und interessant«, meinte er, »aber doch nicht der Mühe wert, deswegen nachts auf einen steilen Berg zu steigen. Mit dem Rauchpilz einer Atombombe über einem Atoll in der Südsee läßt sich ein solcher Vulkan doch nicht vergleichen.« »Besonders nicht, wenn man den Rauchpilz vom bequemen Sitz eines Kinos aus bewundern kann«, sagte ich.

9 Von Elefanten

In der dichtbevölkerten Kisoro-Ebene, in der Travellers Rest lag, gab es keinen Platz mehr für wilde Tiere: Trotzdem spürte man das ungezähmte Afrika auf Schritt und Tritt.

Bussarde, Habichte und gelegentlich ein Adler durchsegelten die Lüfte und schossen pfeilgeschwind auf wehrlose Küken, junge Enten und Kaninchen nieder, die wir mit Mühe aufgepäppelt hatten. Der schlimmste Räuber aber war der Zorilla, ein afrikanischer Skunks, der wie sein amerikanischer Vetter den Gegner zielsicher mit einer öligen, übelriechenden Flüssigkeit zu bespritzen wußte. Diese Stinktiere gehören zur Familie der Marder, sie sind blutrünstige Jäger und töten mehr, als sie fressen können. So brachte ein Zorilla eines Nachts auf einen Schlag elf unserer Entlein um. Sie hatten uns viel Spaß gemacht, wenn sie im Gänsemarsch hinter ihrer stolzen Mama herwatschelten, und dann lagen sie zerrissen im Gras umher.

Wir schworen blutige Rache. Meine Boys wußten, daß solche Räuber wiederkehren, um sich weitere Beute zu verschaffen, und so lauerten wir wohlbewaffnet in der nächsten Nacht auf den Übeltäter. Er kam tatsächlich und pirschte sich an den Hühnerstall heran. Ein Hagel von Pfeilen und Speeren empfing ihn, es war aufregend wie eine Löwenjagd. Meine

Schwarzen, lauter geborene Jäger, gerieten in Ekstase; der wirkliche Held war aber Rex, unser Riesenhund: Er biß dem frechen Mörder die Kehle durch, leider nicht ohne gehörig »parfümiert« zu werden. Rex stank wie die Pest und war für Tage trotz seiner Heldentat recht unbeliebt.

Zuweilen geschah es auch, daß ein Elefant sich aus den Wäldern oben in die Ebene verirrte und großen Schaden anrichtete; denn wo so ein Dickhäuter hintritt, wächst nicht nur kein Gras, sondern auch kein Mais und keine Hirse mehr. Die Bauern versuchten dann immer, so einen unwillkommenen Besucher in den Wald zurückzutreiben, aber zweimal jagten sie in ihrer Aufregung so ein verwirrtes Tier mit Stein- und Speerwürfen in die falsche Richtung, nämlich zu mir, der ich ebenfalls Garten und Felder zu beschützen hatte.

Unser schwarzer Polizeiinspektor brachte zwar in beiden Fällen den gefährlichen Koloß zur Strecke. Er hatte nie zuvor Elefanten gejagt, und so war es ihm nicht zu verargen, daß er beim ersten, um sicher zu sein, zweiundzwanzig Salven in den Bananenhain feuerte, wohin der Verfolgte sich geflüchtet hatte. Beim zweiten Elefanten gelang es dem nun schon erfahrenen Großwildjäger, seine Beute mit nur neun Kugeln zu erledigen. Der Zufall wollte es, daß bei beiden Gelegenheiten ein alter Elefantenjäger bei uns zu Gast war, der vor Scham errötet wäre, hätte er mehr als einen Schuß pro Elefant verschwendet.

Elefanten machen einen gutmütigen Eindruck, aber Ruben – im Gegensatz zu Julius Cäsar – traute den Wohlbeleibten nicht. Für ihn war der Elefant der Erzbösewicht des Waldes, dem man am besten aus dem Wege ging. Ich hingegen liebte Elefanten. Es war eine alte Liebe, sie stammte aus der Spielzeugschachtel meiner Kindheit. Ruben wußte natürlich nichts von »Jumbo«, der Hauptattraktion meines »Humpty Dumpty Circus«, der auf einem Bein stehen und den Rüssel in alle Richtungen drehen konnte. Warum also sollte Ruben Elefanten lieben? Nun – ich lernte allerdings bald, daß man die Tiere der Wildnis lieber nicht aus der Kinderstubenperspektive beurteilen soll.

Anfangs war ich aber sträflich leichtsinnig, ich mußte erst lernen, daß Furchtlosigkeit Unerfahrenheit ist. Ich wollte als Wildwart natürlich alle Bewohner meines Reviers kennenlernen, ganz besonders aber meine Lieblinge, die Elefanten, die mein guter Ruben mir mit List und Tücke bis dahin vorenthalten hatte. So ging ich eines Tages – Ruben hielt im Lager sein Mittagsschläfchen – allein in den Wald zurück, wo wir kurz vorher im Dickicht das mir vertraute Magenknurren und Darmrollen gehört hatten, das die Verdauung dieser Dickhäuter so geräuschvoll begleitet. Ruben hatte sich entschieden geweigert, in den Busch einzudringen, aus dem es für mich so verlockend rumpelte.

Die Witterung des Elefanten ist bewundernswert, er riecht die Gefahr schon von weitem. Dagegen ist sein Sehvermögen gering, und als wolle die

Natur ihn für diesen Mangel entschädigen, hat sie ihn mit dem langen Rüssel ausgestattet. Man muß also ganz besonders auf den Wind achten, wenn man sich an Elefanten heranpirschen will. Doch im dichten Wald, wo kein Lüftchen weht, versagt die übliche Methode, nach der man die Windrichtung mit Hilfe des angefeuchteten erhobenen Zeigefingers bestimmt. Ich kroch also aufs Geratewohl vorwärts, und der Wind mußte wohl aus der richtigen Richtung kommen, denn ich kam unbemerkt so nahe an die Tiere heran, daß ich das Rumoren ihrer Mägen peinlich deutlich hörte. Sehen konnte ich aus der Deckung meines Busches nichts. So geräuschlos wie möglich schlich ich zu einem nahen Baum, ergriff im Sprung einen Ast und zog mich im Klimmzug hinauf.

Welch ein Anblick! Aber ach, die Sensation, drei massige, graue Elefantenhintern in freier Natur aus unmittelbarer Nähe zu bewundern, war von kurzer Dauer. Der Ast knackte, knirschte, brach, ich mußte mich durch Absprung retten, und das war mit Geräusch verbunden. Da – ein Trompetensignal! Der ganze Wald um mich herum geriet in Bewegung, ich wußte nicht, wohin ich mich wenden sollte, jeder Ausweg schien abgeschnitten. Zum Glück war mir die Gegend vertraut. Links in die Schlucht hinunter, sagte ich mir, das ist meine einzige Rettung. Es war ein jäher Absturz, Ruben hatte ihn stets vermieden, mir blieb aber keine andere Wahl, und es ist erstaunlich, was ein Mensch in seiner Todesangst nicht alles fertigbringt.

Ruben wollte später wissen, wo ich mich denn so scheußlich zerschunden hätte, und auch meine zerrissene Hose schien ihm verdächtig, aber ich lenkte die Unterhaltung mit List und Tücke auf ein anderes Thema.

Nachdem die Elefanten zweimal in unser Lager eingedrungen waren und die Hütten niedergetrampelt hatten, fing meine alte Spielzeugschachtelliebe an sich abzukühlen. Ruben hielt es sogar für persönliche Schikane, daß sie dabei seine frisch eingesammelte Laubmatratze aufgefressen hatten: Das sei ungehörig, meine »Jumbos« seien Rüpel, meinte er, wohingegen ich in ihren zerstörerischen Streichen noch immer einen schalkhaften Humor erkennen wollte.

Aber auch meine Gutmütigkeit hatte ihre Grenzen: Ich liebte es nicht, mitten in der Nacht im Schlaf gestört zu werden, nur weil es einem Elefanten einfällt, sich seine juckende Dickhaut an meiner Aluminiumhütte zu scheuern, wo es doch so viele geeignete Bäume im Walde gab. Die Hütte – neu und noch nicht eingebettet – hob und senkte sich und krachte in allen Fugen wie bei einem Erdbeben. Draußen schien die Hölle los. Geschrei, Blechgerassel – und als ich vorsichtig die Tür öffnete, bums! flog mir eine leere Konservenbüchse an den Kopf. »Tembo! Tembo! Elefanten!« schrie es von allen Seiten, und ein Hagel von Töpfen, Pfannen und was sich sonst noch als Wurfgeschoß verwenden ließ, prasselte auf das Dach meiner Hütte nieder. Was sah ich dicht vor mir im Schein meiner Taschen-

Der Verfasser mit dem echten Saza Chief, dem Mutwale Paulo, neben seinem Wirtshausschild.
(Foto National Geographic Society, Washington)

Travellers Rest, »Wanderers Ruh«, mit seinen Rundhütten, den sogenannten Rondavels. Rechts der alte Sawa Sawa mit der Inanga im Arm – einer Art Zither –, ein Batwa, der als unser Hofnarr die Gäste entzückte. Die Batwa, eine zwergenhafte Rasse, waren als Ureinwohner einst große Jäger. Sie sind heute zum Jahrmarktsvolk herabgesunken, von den anderen Stämmen zwar verächtlich, doch gutmütig geduldet.
(Foto Verfasser)

Typisch für den Distrikt Kigezi, in dem Kisoro liegt, sind die terrassierten, kultivierten Hügel mit Eukalyptusbäumen und den Rundhütten der Eingeborenen, wie sie die folgende Doppelseite zeigt.
(Foto Jay H. Matternes)

Rechts der weltberühmte Gorillafährtensucher Ruben Rwanzagire mit Panga und seinem geliebten Käppi.

Der Verfasser in nachdenklicher Betrachtung eines Gorillaschädels.
Tat twan asi – »das bist du« – besagt der tibetanische Spruch unter der Gorilla-Totenmaske.
(Foto Verfasser)

»Ruben junior«, den Ruben an den toten Vater geschmiegt im Wald fand.
(Foto Verfasser)

lampe? Elefanten! Viele! Und wieder von hinten. Aber diesmal liefen sie vor mir davon.

Warum störten diese Tiere unseren Lagerfrieden? Nur so zum Spaß, aus dreister Neugier? Oder aus bewußter Feindseligkeit? Hatten wir in unserer Ahnungslosigkeit etwa die Hütten mitten auf einen Elefantenpfad gesetzt, auf dem sie seit Urzeiten zwischen den Wäldern hin und her wechselten? Ein menschlicher Eingriff, der bestraft werden muß?

Ich, der unbezahlte »Ehren-Wildhüter«, und meine afrikanischen Helfer mußten unsere Runden im Revier unbewaffnet machen; um unser Ansehen zu stärken und besonders um die Wilddiebe einzuschüchtern, wurden uns gelegentlich zwei schwarze uniformierte und bewaffnete Wildwarte zugeteilt. Sie trugen zwar ihre Schießprügel meistens ungeladen im Walde herum, waren aber dafür mit Donnerblitzen ausgerüstet: Das sind mit Feuerwerk geladene Papphülsen, die, mit einem Streichholz angezündet, dem Gegner – Tier oder Mensch – entgegengeschleudert werden und dann mit wirkungsvollem Donner und Blitz explodieren.

Einer dieser Wildhüter traf eines Tages auf einer Schneise mit einem Elefanten zusammen. Ehe er sich von seiner Überraschung erholen und das Tier mit dem üblichen »Schu! Schu!« in den Wald zurückjagen konnte – ein Trick, der meistens die erhoffte Wirkung zeigte –, hatte der Dickrüssel dem Verblüfften bereits das Gewehr aus der Hand gerissen und es in weitem Bogen in den Wald geschleudert. Der Wildhüter blieb wie angenagelt stehen und wäre wahrscheinlich auf die gleiche Weise in den Wald befördert worden, hätte nicht sein Kamerad, Donnerblitz und Streichholz zur Hand, geistesgegenwärtig dem Angreifer eine »Handgranate« zwischen die Beine geworfen. Nun war die Verdutztheit auf der Gegenseite: Statt aber zur Bildsäule zu erstarren, sprang dieser Jumbo wie eine Balletteuse in die Luft und verschwand nach einer eleganten Kapriole in der Waldkulisse. Und das Gewehr? Die beiden Kameraden suchten lange den Wald ab, bis sie es endlich in einem Nesselbusch fanden.

Dieser Einzelgänger wurde uns allmählich unbequem. Wir begegneten ihm oft auf engen Pfaden, wo an ein Ausweichen nicht zu denken war. Nach kurzer Zeit hatte er sich so an unsere »Handgranaten« gewöhnt, daß er sich nicht mehr von der Stelle rührte: Wir mußten warten, bis er uns den Weg freigab.

Ob gutmütig oder gefährlich, in Uganda haben die Elefanten Wegerechte. Es empfiehlt sich deshalb, rechtzeitig zu bremsen, wenn man einen Dickhäuter oder gar eine ganze Herde die Straße überqueren sieht, und in der Dunkelheit soll man in Elefantengebieten langsam fahren.

Ein mir befreundeter Grieche, der damals im Kongo lebte, beachtete die Regel nicht. Er hatte seinen Bruder diesseits der Grenze, in Uganda, besucht und eigentlich bei ihm übernachten wollen, aber die beiden waren in Streit geraten. Der Uganda-Grieche war in Wut ausgebrochen und hatte dem Bruder empfohlen, sich zum Teufel zu scheren. Der Kongo-Grieche sprang in seinen neuen Ford und fuhr zornentbrannt dem Kongo zu. In Gedanken noch immer mit seinem Bruder streitend, sah er den Elefanten nicht, der da in der Dämmerung mitten auf der Straße stand. Da Elefanten nicht mit einem roten Schlußlicht ausgestattet sind, fuhr mein Freund der grauen Masse mit Höchstgeschwindigkeit von hinten in die gewaltige Karosserie.

Mit welchem Resultat? Erstaunlicherweise hatte der Zusammenprall keine ernsthaften Folgen: Alle drei – Ford, Elefant und Grieche – überlebten den Unfall. Der funkelnagelneue Ford war allerdings auf der Steuerbordseite erheblich eingedrückt, und die Türen hingen lose in den Angeln, aber der Wagen ließ sich noch achtzig Kilometer zu der nächsten Werkstatt fahren. Der Grieche war völlig unverletzt. Und der Elefant? Auch er war kaum beschädigt und humpelte aus eigener Kraft in den Busch zurück. Er war zu verdutzt, um an sofortige Revanche zu denken.

Ein anderer meiner Freunde fuhr einmal auf derselben Straße und ebenfalls in der Dämmerung mit Höchstgeschwindigkeit einer Elefantenkuh in den Allerwertesten. Die Dame verlor die Balance, ließ sich niedersinken und machte es sich auf dem Kühler bequem. Diesem Gewicht war der Morris Minor – an sich kein übler kleiner Wagen – denn doch nicht gewachsen: Er knickte wie eine zertretene Streichholzschachtel in sich zusammen. Beide Türen waren eingeklemmt, und die »Mammie« blieb seelenruhig sitzen, als mein Freund versuchte, sich aus dem Blechgewirr herauszuwinden. Irgendwie gelang es ihm, dem Zerquetschtwerden zu entgehen. Er war fast unverletzt, der kleine Morris aber war ein trauriger Anblick und mußte als totaler Verlust abgeschrieben werden.

Es gab aber auch Elefanten in Uganda, denen ein enger Kontakt mit der Zivilisation offenbar erstrebenswert schien.

In Katwe, am Edwardsee, versuchte ein ältlicher Elefant allabendlich sich Eintritt ins Hotel zu verschaffen, ließ sich aber stets von einem frechen Dackel in die Flucht kläffen. Er sah zwar immer mit unendlicher Verachtung auf das Krummbein herab, seine Ohren richteten sich drohend auf, und der Rüssel fuchtelte gereizt in der Gegend herum – und doch machte er sich jedesmal aus dem Staube. Aus sicherer Entfernung sah er sich dann noch einmal betroffen nach dem Kläffer um, und so etwas wie »Dazu mußte es kommen?« lag in seinem Blick. War es Feigheit? Das wäre mit menschlichem Maß gemessen. Wahrscheinlich war es der erste Dackel, der diesen Dickhäuter ankläffte, und mit einem unbekannten Gegner, so klein er auch sein mag, soll man lieber nicht anbinden.

Man darf aber aus dieser Geschichte nicht etwa schließen, daß alle Elefanten Angst vor kleinen Hunden haben und davonlaufen. Aus anderem Holz geschnitzt war der sogenannte »Lord Mayor«, der »Herr Oberbürgermeister«, im Murchison-Nationalpark am Viktoria-Nil. Dieser einst weltberühmte junge Elefant war der größte Übeltäter unter allen ostafrikanischen Elefanten, aber auch die Sensation der Paraa Lodge, des Hotels dieses Parks. Scheinbar harmlos, lief er dort zwischen den Hütten der Besucher umher und ließ sich füttern, aber nicht von der Hand in den Rüssel wie im Zoo; eine solche Nähe duldete er nicht. Mit Elefantenschläue hatte er bald herausgefunden, woher die Bananen und Leckerbissen kamen, und so bediente er sich selbst, wenn er ein unbewachtes Auto entdeckte. Ließen verschlossene Türen sich nicht öffnen, schlug er die Fenster mit dem Rüssel ein, und als ihm das einmal bei einem Volkswagen nicht gelang, hob er wie ein Kran das Ding kurzerhand in die Höhe und ließ es zu Boden plumpsen. Der Trick gelang, denn eine solche Behandlung läßt sich selbst ein Volkswagen nicht gefallen.

Als eine Gruppe von Indern mit Kind und Kegel den nun schon recht verwöhnten »Herrn Oberbürgermeister« nicht zu ihrem Picknick einluden, fackelte er nicht lange. Ein Trompetenstoß und gespreizte Ohren ließen keinen Zweifel über seine Absichten aufkommen, und die nicht gerade mutigen Inder hielten es für besser, ihm das ganze, schon auf den Boden ausgebreitete Mahl zu überlassen. Elefanten sind wie Hindus Vegetarier, und so fraß der ungebetene Gast all die scharfgewürzten *chapatis* und *sambusas* mit großem Appetit auf. Zu seiner Ehre muß betont werden, daß er mit dem berüchtigten Elefanten im Porzellanladen nicht verglichen werden darf: Teller und Schüsseln waren zwar leer, aber Scherben ließ er nicht zurück.

Nachts kam er oft zum Hotel, um seinen Durst aus den Wassertanks zu stillen. Er drehte mit dem Rüssel die Hähne auf, dachte aber nicht daran, sie wieder zuzudrehen, und da Wasser dort kostbar war, brachte man schließlich starke Stahlschlösser an. Das erboste den Durstigen dermaßen, daß er die ganze Installation samt Hähnen, Röhren und Schlössern aus der Betonierung riß, statt die paar hundert Meter zum Nil hinunterzugehen, wo es genug Wasser gab.

Er ließ sich bereitwillig fotografieren, solange es aus angemessener Entfernung geschah. Aber wehe dem Fotografen, der sich zu nahe heranwagte! Er wurde wie ein Huhn von einem Hund, aller menschlichen Würde entblößt, zum Gaudium der Zuschauer durch die Gegend gejagt. Wäre er der Schelm geblieben, dessen Streiche den Besucher anfangs belustigten, er könnte noch heute im Park die Vorrechte des beliebten Stars genießen, aber seine Art von Humor überschritt schließlich alle Grenzen, der Oberbürgermeister wurde zur Gefahr. Als er eines Tages einen schweren Traktor angriff und die Bemannung ernsthaft bedrohte, entschloß sich die Parkverwaltung schweren Herzens, diesen einst harmlosen Spaßmacher zu erschießen.

Sind Elefanten auch mit Menschen so vorsichtig wie der Oberbürgermeister mit dem Porzellan der Inder? Nun, manchmal passen sie auch beim Menschen genau auf, wohin sie ihre Füße setzen und schonen ihre Opfer.

Auf dem Campingplatz im Murchison-Park stolperte nachts ein Elefant einmal über die Leine eines Zeltes, in dem ein junges Paar schlief. Das Zelt krachte zusammen und begrub die beiden Schläfer unter sich. Der Elefant schritt mit solcher Vorsicht darüber hin, daß er auf die Haare des Mädchens trat, ohne ihr Gesicht oder ihren Körper zu berühren. Glück oder Absicht?

Ein ganz klarer Fall von bewußter Sorgfalt und Schonung scheint mir der folgende zu sein. Im Queen-Elizabeth-Park war ein deutscher Kameramann, alle Vorschriften mißachtend, aus dem Wagen gestiegen, um einige Elefanten aus der Nähe zu filmen. So vertieft war er in seine Aufnahme, daß er den Elefanten nicht bemerkte, der sich ihm von der Seite näherte. Er bemerkte ihn erst, als er sich auf einmal samt Kamera in der Luft schwebend fand und dann unsanft in einem Dornenbusch landete. Es war unbequem und schmerzhaft, aber der Rüssel hob ihn bald wieder heraus, hob ihn zum zweiten Male in die Höhe und ließ ihn dann – diesmal etwas bequemer – auf den flachen Boden fallen. Der Kameramann sah sich bereits zu Brei zertrampelt, aber der Elefant schien des grausamen Spiels müde zu sein: Die vier Säulen seiner Beine stapften mit fast abgezirkelter Akkuratesse, den Körper um Zentimeter verfehlend – oder vermeidend? –, über sein Opfer hin.

Demnach sind die »Wohlbeleibten« so gutmütig und harmlos wie sie aussehen? Das wäre übertrieben; ich weiß aber nur von einem Fall, in dem ein erfahrener Beobachter wilder Tiere tatsächlich von einem Elefanten getötet wurde.

Es geschah allerdings nicht in Afrika, sondern in Indien: Das Opfer war der deutsche Tiermaler Fritz Krampe. Er lebte in Windhuk, in Südwest-Afrika, und kam fast jedes Jahr in seinem alten Volkswagen, »Nurmi« genannt, auf abenteuerlichen Wegen durch Angola und den Kongo nach Kisoro, um die Gorillas und mich zu besuchen. Er hatte sich als junger Maler mit Bobby, dem berühmten Gorilla des Berliner Zoos, angefreundet, ihm bei jedem Besuch eine Flasche Bier mitgebracht und ihn so genau studiert, daß er Gorillas mit geschlossenen Augen naturgetreu zeichnen konnte. Fritz interessierte sich besonders für die Bewegungen der Tiere, der wilden wie der zahmen, und wurde nicht müde, sie zu beobachten und zu skizzieren.

»Nurmi ist reif fürs Altersheim«, sagte Fritz bei seinem vierten Besuch. »Ich will ihn in Tansania bei Freunden lassen, denn ich werde so bald nicht wieder nach Ostafrika kommen. Ich will von jetzt an jedes Jahr nach Indien hinüber, um mich mit den Tieren des Dschungels zu befassen.«

Sein erster Besuch in Indien sollte auch sein letzter sein. Die Berichte über seinen Tod widersprechen sich. Den Zeitungen zufolge wurde er in einem Reservat in Madras, Südindien, von einem Elefanten zu Tode getrampelt. Ein englischer Freund, der kurz darauf dasselbe Reservat besuchte, erzählte mir aber, der Elefant habe Fritz mit seinen Stoßzähnen aufgespießt. Fritz hatte wohl nicht daran gedacht, daß der indische Elefantenbulle, im Gegensatz zum afrikanischen, periodisch durch Absonderung einer aus den Augen in die Mundwinkel rinnenden Flüssigkeit in einen Zustand der Raserei, »Must« genannt, gerät, der selbst die zahmen Arbeitselefanten gefährlich macht. Als man den Leichnam am nächsten Morgen fand, so erzählte mir mein Freund, habe der Killer seltsamerweise neben seinem Opfer gestanden, und sein Verhalten schien Bedauern über die Untat auszudrücken.

Als ich mit Alan Root, dem bekannten Tierfotografen und Mitarbeiter Dr. Grzimeks, über Fritz Krampes trauriges Ende sprach, sagte er: »Was ist so traurig daran? War's nicht der ideale Tod für einen Tiernarren? Einmal erwischt's uns alle. Glaubst du, daß ich im Bett sterben möchte?«

»Welch ein prophetisches Gemüt!« dachte ich, als ich kurz darauf hörte, daß es ihn beinahe »erwischt« hätte. Beim »Melken« einer Puffotter, einer der giftigsten Schlangen Afrikas, biß diese ihn in den Finger, und da er, wie sich zeigte, gegen das Serum allergisch war, wäre er »im Bett gestorben«, wenn nicht ein Schlangenexperte aus Südafrika rechtzeitig gekommen wäre und ihn gerettet hätte.

Ein altes Sprichwort sagt: »Man soll den Teufel nicht an die Wand malen!«

10 Mein »Habitat«

Kisoro ist ein kleiner Marktflecken, der seine Existenz seiner geographischen Lage verdankt. Am Treffpunkt dreier Länder gelegen, ist es ein wichtiger Zoll- und Grenzposten. Die Uganda-Zollschranke befand sich zu meiner Zeit an der Stelle, wo sich die aus Kampala, also von Kenia und der Küste kommende Straße teilt, in eine, die links zur sieben Kilometer entfernten Ruandagrenze, und in eine, die geradeaus zur zehn Kilometer entfernten Kongogrenze führt. Der Uganda-Posten bediente damals beide Länder, den Kongo und Ruanda, aber das Dreieck zwischen den drei Posten, obwohl jenseits der Uganda-Schranke, gehörte natürlich noch zu Uganda. Hier, in dieser zum Schmuggeln idealen Lage, befand sich mein Gasthof. Reisende hielten unser Dreieck immer für Niemandsland oder gar für den Kongo, und so ließ ich aus Lokalpatriotismus – neben meiner eigenen Gorillafahne – den britischen Union Jack über Travellers Rest wehen, oft versehentlich verkehrt herum, was bei den Eng-

Afrika mit den heutigen Staaten

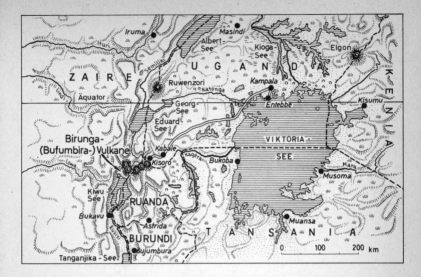

Der dunkel markierte Kartenausschnitt in vergrößertem Maßstab. Deutlich zeigt er die geographische Lage Kisoros am Schnittpunkt dreier Länder, die ihm als kleinem Marktflecken und wichtigem Zoll- und Grenzposten eine gewisse Bedeutung verlieh.

Die Uganda-Zollschranke, die in meinem Dasein eine so große Rolle spielen sollte, befand sich damals dort, wo sich die aus Kampala und von Kenia her kommende Straße gabelte. Ein Abzweigung führte nach Süden in das frühere, von den riesigen Watussi regierte Königreich Ruanda, die andere – ein typisch afrikanisches Extrem – nach Westen in das Land der kleinsten Menschen Afrikas, der Pygmäen: ins frühere Belgisch-Kongo, das heutige Zaïre.

ländern als SOS, als Notruf, gilt. Später wurde der Union Jack natürlich durch die neue Ugandaflagge ersetzt.

Das Kisoro-Gelände ist hier so ausführlich beschrieben worden, weil eine genaue Ortskenntnis zum Verständnis späterer Geschehnisse erforderlich ist.

Das eigentliche Kisoro, auf der Ugandaseite der Schranke, bestand aus einer Reihe von etwa zwanzig Dukas, den indischen Läden, die typisch für ganz Ostafrika sind. Sie gleichen einander, verkaufen mehr oder weniger die gleichen Waren, und vor jeder sitzen schwarze Schneider emsig an ihren Singer-Nähmaschinen und produzieren die gleiche Art von Kleidungsstücken.

Seit der heutige Präsident Idi Amin, der schwarze Hitler Ugandas, alle Asiaten aus dem Land gejagt hat, muß von den Indern in der Vergangenheitsform gesprochen werden. Die meisten dieser Dukas hatten ein reichhaltiges Lager, und was sich auch gegen die Inder einwenden läßt, ohne sie hätte man nicht einen Nagel, eine Rolle Zwirn oder ein Pfund Salz in Kisoro kaufen können.

Die älteste dieser Dukas war die der Familie Lalji. Es war ein erstaunliches Unternehmen, in dem so ziemlich alles zu haben war – »von der Nähnadel bis zum Zeppelin«, wie man früher zu sagen pflegte. Lalji senior war, was man in Afrika einen »Pionier« nennt. Er war zu Anfang der dreißiger Jahre mit einer Kolonne schwarzer Träger von Kabale nach Kisoro gelaufen, um dort die erste Duka anzufangen. Sie war nun zum Wahrzeichen Kisoros geworden, die Leute kamen von weither, von Ruanda und vom Kongo, um bei Lalji einzukaufen. Auch für mich waren sie ein Segen: Sie waren nicht nur meine Lieferanten, sie waren meine Freunde, und wenn ich in Not war, klopfte ich nie vergeblich bei ihnen an.

Die wichtigste Person in Kisoro war der Mutwale Paulo, unser *Saza Chief*, der Häuptling des Bezirks. Es war keine erbliche Würde: Diese *Chiefs* wurden vom *District Council*, einem Eingeborenenparlament, gewählt und mußten vom *District Commissioner,* also vom Vertreter der Kolonialregierung, bestätigt werden. *Mutwale* ist eine höfliche Form der Anrede, wie etwa unser altmodisches »Ihro Gnaden«, und Paulo war eine Persönlichkeit, der ein solcher Respekt gebührte.

Seine Karriere war erstaunlich für einen Mann, der nicht lesen und kaum seinen Namen schreiben konnte: Im Ersten Weltkrieg hatte er als Korporal in der britischen Kolonialarmee solche Führerqualitäten gezeigt, daß die Engländer ihn nach dem Krieg zum Häuptling machten. Natürlich mußte er von ganz unten anfangen, aber kraft seiner Persönlichkeit und Initiative stieg er von Stufe zu Stufe bis zum hohen Amt des Saza Chiefs empor. Paulo war zum Herrschen geboren: Er hatte mehr als hunderttausend Seelen unter sich und war bei der Bevölkerung gefürchtet, geachtet und wurde geliebt. Auch die weißen Beamten schätzten ihn, denn ohne seine Autorität wäre es ihnen nie gelungen, Neuerungen einzuführen oder auszuprobieren, gegen die die reaktionären Eingeborenen sich sträubten. Ich hatte meine Freude an der Vitalität und dem Humor dieses Mannes, und wir wurden gute Freunde.

Paulo war ein Häuptling von altem Schrot und Korn: Er zog den Gebrauch der *Kiboko*, der traditionellen Nilpferdpeitsche, den demokratischen Methoden vor, die mit den Engländern ins Land gekommen waren. Die Peitsche verstünden seine Leute besser, meinte er, und eine wohlverdiente Tracht Prügel sei ihnen lieber als Geldstrafen, Gefängnis oder Zwangsarbeit.

Ich beobachtete einmal, wie »Ihro Gnaden«, als ein betrunkener Radfahrer ihm fast in den Wagen fuhr, stoppte, ausstieg und seinem Askari befahl, dem Trunkenbold an Ort und Stelle sechs »Gesalzene« aufzubrennen. Der Missetäter sah wohl ein, daß er die Strafe verdient hatte, und steckte die Hiebe ohne Murren ein. Das wäre heute kaum noch möglich, und doch bleibe dahingestellt, ob die Art, mit der Uganda jetzt regiert wird, menschenwürdiger ist.

Paulo war bereits in den Sechzigern, als wir uns kennenlernten. Er war in prächtiger Verfassung und bei den Frauen sehr beliebt. Er war ein Pascha, und niemand wußte, wie viele Frauen er sein eigen nannte: Es waren schätzungsweise um die zwanzig herum, und die Zahl der Kinder blieb eine unbekannte Größe. Wenn die Reize einer Frau im Schwinden waren, wurde sie mit einer Abfindung zu ihrem Vater zurückgeschickt, oder er gab ihr ein Stück Land mit einer Hütte, einer Kuh und ein paar Ziegen.

Paulo war ein passionierter Jäger; die Behörde hatte jedoch sein Gewehr beschlagnahmt, weil er ohne Lizenz in einem verbotenen Gebiet gejagt hatte. Als Wildwart konnte ich den Game Warden überreden, dem wildernden Häuptling das Gewehr freizugeben, wofür Paulo sich mir verpflichtet fühlte.

Natürlich lebten auch Eingeborene im Dorf, aber die meisten Hütten waren im weiten Umkreis verstreut. Auf unserer Seite der Schranke befanden sich die Residenz des Saza Chiefs, das Bezirksamt, der Gemeindesaal, das Gefängnis und allerlei kleinere Behörden.

Meine nächsten weißen Nachbarn waren die »Weißen Väter«, katholische Missionare, deren Station sich auf einem Hügel, Mutolere genannt, einige Kilometer außerhalb Kisoros, befand. Dort hatten sie verschiedene Schulen und eine große Kirche gebaut. Sie trugen Kutte und Rosenkranz wie andere Mönche, aber ihr Orden verschonte sie mit dem Gelübde der Armut, so daß sie behaglich leben konnten. Unsere Weißen Väter waren besonders praktische, unternehmungslustige Männer, die ihre vielfältige, weitreichende Tätigkeit aus eigenen Mitteln finanzierten, nämlich durch den Abbau von Wolfram, einem wertvollen Mineral, woran ihr Hügel reich war. Obendrein betrieben sie eine kleine Zigarrenfabrik, wo aus in der Gegend angebautem Tabak eine Art von Manilastumpen hergestellt wurde.

Zehn Kilometer von mir entfernt thronte auf einem anderen Wolframhügel mein zweiter weißer Nachbar, der Zypriot Mr. Kikkides. Er bewohnte mit seiner Familie ein Haus auf der Spitze eines Hügels, von wo aus man einen grandiosen Blick auf alle acht Vulkane und auf die hügelreiche Ebene mit den Seen hinunter hatte. Ich fuhr oft mit meinen Gästen hinauf, und jeder Besuch bei diesen gastfreien Zyprioten war ein unvergeßliches Erlebnis.

Wolfram, ein seltenes Mineral, wird zum Härten von Stahl, besonders für Panzerstahl, benötigt und daher im Kriege hoch bezahlt. Mr. Kikkides' Mine war ein lukratives Unternehmen und er ein reicher Mann, als ich nach Kisoro kam. Es war kurz nach dem Koreakrieg, und Wolfram hatte für einige Jahre Höchstpreise erzielt. Dann überschwemmten die Chinesen plötzlich den Markt mit enormen Quantitäten und zu Preisen, mit denen kein anderer Produzent konkurrieren konnte. »Das kann nicht lange dauern«, sagte sich Mr. Kikkides und fuhr fort zu produzieren. Es dauerte aber länger, als er es sich leisten konnte, und als seine Mittel erschöpft waren, mußte er den Abbau einstellen. Er hatte zwar viele Tonnen zum Verschiffen bereits in Mombasa lagern, hätte aber am Verkauf ein Vermögen eingebüßt. Er schickte seine Familie nach Zypern zurück und wartete auf seinem Hügel allein und verarmt, aber mit bewundernswerter Zähigkeit, auf bessere Zeiten. Die Lage schien hoffnungslos, aber Mr. Kikkides ließ sich nicht irremachen: Er wartete. Seine Geduld wurde schließlich belohnt. Der Wolframpreis schnellte tatsächlich in die Höhe, und als ich 1969 Kisoro verließ, war Mr. Kikkides wieder ein recht wohlhabender Mann.

Gegen Ende der fünfziger Jahre bekam ich neue weiße Nachbarn: Holländische Franziskanerinnen eröffneten das bereits erwähnte Hospital in Mutolere, wo die Weißen Väter waren. Es war eine Wohltat für den ganzen Distrikt. Obwohl die Patienten etwas zahlen mußten, zogen sie das Hospital der Nonnen dem der Regierung in Kabale vor, wo sie umsonst behandelt wurden.

Ich bewunderte die Tüchtigkeit und Hingabe, mit der die immer heiteren Nonnen ihrer Aufgabe gerecht wurden. Sie hatten jeweils nur einen Doktor, einen deutschen oder Schweizer Katholiken, der sich aus christlichen Motiven an dieses afrikanische Hospital verpflichtete. Er verdiente weniger als seine schwarzen, eben erst promovierten Kollegen, von denen übrigens keiner einen Posten an einem Buschhospital angenommen hätte.

So ein »Buschdoktor« mußte Krankheiten behandeln und Operationen ausführen, die in Europa Sache der Spezialisten sind; und schon um der Erfahrung willen lohnte es sich für einen jungen Arzt, ein paar Jahre seiner Laufbahn einem solchen Hospital zu widmen.

Wer aber waren unsere Gäste? Von den paar weißen Nachbarn, den wenigen Indern, konnte doch kein Gasthof existieren. Unsere Eingeborenen waren aber noch zu rückständig und scheu, um das »weiße Hotel« zu besuchen, sie hätten sich dort auch fehl am Platz gefühlt. In Uganda gab es zwar keine offizielle »Colour Bar«, keine »Apartheid«, es war nicht so sehr die Rasse, sondern die Klasse – oder besser gesagt, die Bildung und Erziehung –, die den Trennungsstrich zog; es war eine Diskriminierung, die sich von selbst ergab. Die wenigen gebildeten Schwarzen unserer Gegend lebten in den Städten, aber die Chiefs, Beamten, Lehrer, Politiker und Studenten – ob ansässig oder nur besuchsweise in Kisoro – kamen selbstverständlich zu uns und wurden wie jeder andere Gast behandelt.

Der weitaus größte Teil unserer Gäste waren jedoch Weiße: Feriengäste, Touristen und Wissenschaftler, die der Berge und der Gorillas wegen kamen, oder Beamte und Experten der Regierung auf Dienstreisen, von denen manche längere Zeit bei uns blieben. Auch die Durchreisenden von und nach Ruanda und dem Kongo, die Pflanzer, Beamten, Kaufleute und Missionare, die zum Einkaufen von dort nach Kisoro kamen, belebten unser Geschäft.

Von ihnen, meinen Gästen, soll nun in den folgenden Kapiteln berichtet werden.

11 Prominente und weniger Prominente

»Über Langeweile kann man sich bei Ihnen nicht beklagen«, sagte einmal ein weiblicher Gast zu mir. »Ihr Gasthaus bietet was fürs Geld: erst einen trommelnden Gorilla, dann einen feuerspeienden Berg, und heute habe ich gar einem König die Hand geschüttelt.«

In der Tat, wir hatten schon so manches königliche Haupt bewirtet. An jenem Tage war es Sir Edward Frederick Mutesa, der *Kabaka* oder König von Buganda, das zusammen mit den Königreichen Bunyoro, Toro und Ankole und mit einigen königlosen Distrikten das als Uganda bekannte britische Protektorat bildete. Der Kabaka war gerade aus dem Exil in Europa zurückgekehrt, welches Sir Andrew Cohen, der britische Gouverneur, wegen politischer Unstimmigkeiten über ihn verhängt hatte. »King Freddy«, wie er in England genannt wurde, war ein afrikanischer Potentat von einiger Bedeutung, er wurde sogar der erste Präsident des unabhängigen Uganda.

»King Freddy« erschien also eines Nachmittags unerwartet mit Gefolge. Er war auf einer Staatsvisite zum *Mwami* der Watussi, dem König von Ruanda, und die Gesellschaft war in großer Eile. Hoher Besuch konnte uns nicht so leicht aus der Fassung bringen, aber auf ein königliches Bankett für zwanzig Personen innerhalb einer halben Stunde waren wir nicht vorbereitet. Ich schlug als Ersatz ein kaltes Buffet vor. Der Kabaka – jung, charmant und leichtlebig – zeigte Verständnis für die Situation: »Ausgezeichnet! Ein Picknick!« sagte er. Aber die Schar der Höflinge war nicht so leicht zu befriedigen. »Warum nicht schnell ein Steak wie überall in Europa?« schlug einer der Herren vor. »Weil nur ein Zauberer einen afrikanischen Ochsen in einer halben Stunde weichklopfen kann«, gab ich zur Antwort.

Das kalte Buffet, womit man sich schließlich abfand, mußte in zwei verschiedenen Räumen serviert werden, denn am Hofe Mutesas, eines Herrschers von Gottes Gnaden, ging es noch byzantinisch zu. Nur die Prinzen und europäischen Gäste durften an der königlichen Tafel speisen, die Untertanen hätten in der erlauchten Gegenwart ihr Mahl am Boden hockend einnehmen müssen: deshalb die getrennten Zimmer. Ich hatte nicht den Eindruck, daß der moderne, in England erzogene Kabaka persönlich großen Wert auf solche Formalitäten legte, aber an seinem Hofe verlangte nun einmal die Tradition, daß man sich dem Thron auf dem Bauche kriechend nähern mußte.

Einige Zeit später fuhr eines Abends ein Fahrzeug vor:

KÖNIGREICH BUGANDA
Postschließfach 92
KAMPALA

stand darauf zu lesen. Es sah nicht wie von Gottes Gnaden, sondern wie der Lieferwagen eines Bäckers oder Fleischers aus. Ihm folgte ein Opel Kapitän, dem des Kabakas kleine Tochter entstieg. Dann arbeiteten sich mit einiger Mühe zwei schwarze Hofdamen durch die Wagentür, während der Lieferwagen den Haushofmeister und was sonst noch zum Gefolge einer Prinzessin gehört, entlud. Die kleine Prinzessin litt an Kinderlähmung, und da die Ärzte in England ihr nicht hatten helfen können, wollte man einen Medizinmann in Ruanda aufsuchen. Der Chauffeur hatte aber den geplanten Weg verpaßt, und so kam es, daß Kisoro auf den hohen Besuch nicht vorbereitet und der Saza Chief zum Empfang nicht anwesend war.

Der Haushofmeister und die eine Hofdame fanden privat ein Unterkommen, wohl der Reisespesen wegen, aber für das Fürstenkind und die andere Hofdame kam aus Prestigegründen natürlich nur das »Hotel« in Frage. Ehe der hohe Beamte das Gepäck abladen ließ, erkundigte er sich vorsichtshalber nach meinem »Tarif«; er fand die Preise viel zu hoch. Schüchternheit ist nicht meine Tugend, und als der Herr handeln wollte, fragte ich ihn geradeheraus: »Wie viele Rolls Royce hat der Kabaka?« Er war verdutzt und sagte, glaube ich, zwei.

»Hören Sie, ich kann mir keinen Volkswagen, noch nicht einmal ein Fahrrad leisten«, sagte ich, »ich muß es mir von meinem Koch pumpen, wenn ich mal eines brauche. Und da soll ich es für einen König, der zwei Rolls Royce besitzt, billiger machen?«

Ein Zimmer mit Bad im Haus? Nein, das war unerschwinglich. Der Knicker entschied sich für eine Hütte ohne Verpflegung, was bei uns nicht üblich war. Später kam er wieder und erkundigte sich höflich nach den Preisen fürs Dinner. Ein Gedeck, wieviel? Ist es bei zweien billiger? Natürlich schien ihm unser »Tarif« wieder viel zu hoch.

Nun verlor ich die Geduld: »In diesem Lande gibt es keine Rassenunterschiede«, sagte ich, »ob Schwarz oder Weiß derselbe Preis, dieselbe Behandlung.« Wenn mein Dinner zu teuer sei, dann müsse die königliche Hoheit mit ihren Untertanen *Matike,* Bananenbrei, essen, den das im Freien schlafende Gefolge gerade am Lagerfeuer zubereitete. Das wäre gegen die Etikette, meinte der Haushofmeister und bestellte ein Gedeck – aber in der Hütte servieren –, und davon mußten beide, Prinzessin und Hofdame, sattwerden.

Ein andermal besuchte der *Omugabe,* der König von Ankole, unseren Distrikt, und die afrikanische Behörde hatte Travellers Rest für ihn und sein Gefolge reserviert, aber nicht ohne unseren Gasthof vorher eingehend zu inspizieren; sogar der schwarze Viehdoktor und der Latrinenschnüffler mußten ihren Senf dazugeben. Das Königspaar war reizend, aber der hohe Besuch brachte mich in arge Verlegenheit. Etwas Schreckliches geschah: In der ersten Nacht bereits krachte das Bett unter der Königin zusammen! Die herrschende Klasse in Ankole, die Bahima, sind ein hamitischer Stamm, dessen Männer gern wohlbeleibte Frauen um sich haben. Die jungen Mädchen wurden deshalb wie früher bei uns die Gänse gemästet, indem man ihnen die Milch buchtäblich literweise eintrichterte, bis sie sich nicht mehr rühren konnten. Diese greuliche Sitte hat sich gottlob überlebt, aber die Königin – nicht mehr die jüngste – gehörte noch der pummeligen Generation an, und für ihr Format waren unsere Betten nicht gemacht.

Da ich gerade mit meinen hohen Gästen renommiere, soll auch der Besuch des damaligen Gouverneurs, Sir Andrew Cohens, nicht unerwähnt bleiben. Ursprünglich sollte er, auf seiner Abschiedssafari vom Kongo kommend, mit seinem ganzen, aber kleinen Gefolge in Travellers Rest übernachten: eine Ehre und großartige Propaganda für mein winziges »Hotel«. Dann wurde das Programm geändert: Ein kurzer Aufenthalt mit Lunch in Travellers Rest, damit mußte Kisoro zufrieden sein. Am Ende sprang nur eine Tasse Kaffee dabei heraus, aber eine, die mich in Verlegenheit brachte.

Man hatte mich gewarnt, daß Sir Andrew ein ungeduldiger Mensch sei, und mir versprochen, mich rechtzeitig von seiner Ankunft beim Saza Chief zu benachrichtigen, damit der Kaffee bei seinem Erscheinen im Hotel auf dem Tisch stünde.

Ich hatte drei Kessel auf dem Feuer, als unerwartet Lady Cohen auftauchte und um Wasser zum Händewaschen bat. Kurz darauf erschien, genauso überraschend, der Gouverneur mit seinen Gästen, und als ich in die Küche eilte, um den Kaffee aufzubrühen, war das Wasser, das eben erst noch gekocht hatte, eiskalt. Saga hatte wohl gedacht, daß Lady Cohen sich auch die Füße waschen wolle, und hatte alle drei Kessel in das tiefste Waschbecken geleert, das er finden konnte. So mußte Sir Andrew, ein Riese von Gestalt, wie ein Löwe im Käfig auf und ab laufend, zwanzig Minuten auf eine Tasse Kaffee warten. Wahrlich, ein kümmerliches Ruhmesblatt in den Annalen von Travellers Rest!

Doch der Gastwirt kann nicht wie der Dichter immer nur mit Königen wandeln, er muß nach solchen Höhenflügen wieder in die Mittelmäßigkeit seines Alltags hinuntersteigen.

So kam einmal ein schwarzer Lehrer aus unserer Nachbarschaft zu uns und verlangte am späten Nachmittag ein warmes Mittagessen. Nun – wenn Reisende, von weither kommend, wegen einer Panne oder weil ihr Wagen im Matsch steckenblieb, verspätet eintrafen, setzte ihnen Saga zu jeder Tages- oder Nachtzeit ein warmes Mahl vor. Aber unser Dorfschulmeister? Da hätte Saga gestreikt. Dieser Gast aber machte auch mir das Neinsagen leicht, indem er ankündigte: »Geld habe ich aber nicht.« So etwas hört ein Gastwirt nicht gern.

»Kein Geld – kein Essen!« entschied ich kurz.

»Kochen Sie nur ruhig«, schlug der Herr Lehrer vor. »Ich will das Essen kosten, und wenn's mir schmeckt, laufe ich schnell nach Haus und hole Geld.«

»Und wenn es Ihnen nicht schmeckt – darf ich Ihnen dann den verschmähten heißen Fraß ins – nun ja –, ins Gesicht schleudern?«

Dieses Risiko wollte der Schulmeister nicht eingehen, und so gab er sich mit einer Flasche Bier zufrieden.

Ja, Gastwirt sein war manchmal schwer!

Wenn ich anfangs die amerikanischen Touristen in Geleitzügen vorüberfahren sah, war ich immer neidisch auf die Hotels in Kabale oder am Kivusee, denen dieser Dollarsegen zufloß. Auf einmal entdeckten die Führer und Chauffeure dieser Reisegesellschaften Travellers Rest und machten jedesmal halt. Um sich einen zu genehmigen, um einen Imbiß einzunehmen oder gar um bei uns zu übernachten? O nein, o nein! Nur um Travellers Rest als – nun ja, Sie wissen schon – zu benutzen. Nicht einmal den üblichen Groschen, nicht einmal ein Dankeschön gab's dafür.

Nun sind beileibe nicht alle Amerikaner Millionäre; viele haben sich das Geld für eine solche Reise ihr ganzes Leben lang zusammengespart. Das erklärt wohl auch die Tatsache, daß es meistens ältere Menschen, meistens verwitwete Frauen sind, deren Männer sich vorzeitig zu Tode geschafft haben.

So hatten wir oft rein weibliche Gesellschaften, alte Damen von über sechzig, ja, manche, wie Taschenmesser zusammengeknickt, mußten an die Neunzig heran sein. Meine Boys staunten sich oft die Augen aus dem Kopf. »Warum sind die alten Hennen nach Afrika gekommen?« fragte Lula, der jüngste und frechste. »Um hier Coca-Cola zu trinken oder um zu sterben? Das können sie doch billiger und bequemer daheim in Amerika tun.«

Die alten Damen waren wißbegierig, ihr besonderes Interesse galt den Gorillas. Sie waren natürlich zu alt und viel zu sehr in Eile, um »Afrika in vierzehn Tagen zu machen«, und so konnten sie nicht selber in den Wald hinaufsteigen. Dafür stellten sie aber komische Fragen, die sich nur komisch beantworten ließen, und welchen Unsinn ich auch verzapfte, nicht einmal einen Lacher brachte er mir ein. Im Gegenteil: Die alten »Hennen« holten Notizbuch und Bleistift aus der Tasche und schrieben die Dummheiten auf, die mir gerade einfielen.

Ob die Gorillas sich verlobten, wollte eine der Damen wissen. »Natürlich«, sagte ich, »das Aufgebot muß drei Wochen vor der Hochzeit beim Gorillachief aushängen.« Ob die Gorillas wie menschliche Ehemänner ihre Frauen schlagen, fragte eine andere. Üblich sei es nicht, erklärte ich, aber ich hätte einmal einen Gorillamann beobachtet, wie er seine Frau gehörig mit einem Bambusstock durchwalkte. »Das beantwortet auch die Frage der anderen Dame«, fügte ich hinzu, »die wissen wollte, ob Gorillas intelligent seien.«

Es ist billig, sich über die Amerikaner lustig zu machen, sie waren anfangs die einzigen Touristen, die in Massen über Afrika herfielen. Die Reisegesellschaften aus anderen Ländern, die dann Ostafrika entdeckten, waren ganz ähnlich, und wenn sie auch Geld ins Land brachten, hübscher war's ohne sie.

Ich erinnere mich eines älteren deutschen Ehepaares, das einmal mit einer Reisegesellschaft bei uns war. Die beiden trugen blaue, goldbestickte Dreiecke auf den Ärmeln ihrer Safarihemden.

»Sind Sie Pfadfinder?« fragte ich.

»Warum?«

»Wegen des Abzeichens auf Ihrem Arm.«

»Lesen Sie«, sagte der Mann und hielt mir den Arm hin.

Ich setzte mir die Brille auf und las, in Gold auf blauem Grund: DEUTSCHLAND–GERMANY.

»Nanu, wozu denn das?« fragte ich verwundert.

»Wir haben gehört, daß die Engländer überall in Afrika unbeliebt sind«, erklärte der Mann. »Um nicht mit ihnen verwechselt und schlecht behandelt zu werden, hielten wir es für ratsam, deutlich zu zeigen, daß wir Deutsche sind.«

»Die Mühe hätten Sie sich sparen können«, sagte ich, »Ihnen sieht man's schon von weitem an, wo Ihre Wiege gestanden hat.«

Ja, es ist oft nicht leicht, die beiden auseinanderzuhalten, die Affen und die Menschen, meine ich.

Unvergeßlich ist mir auch die junge New Yorkerin geblieben, die gekommen war, um Gorillas zu sehen. Sie war so hübsch und charmant, daß sich mein altes Junggesellenherz bei ihrem Anblick erwärmte. Sie hatte es schlecht getroffen, denn die Gorillas waren in Ruanda drüben und hatten sich schon wochenlang nicht mehr bei uns sehen lassen. Ich sagte ihr offen, wie gering ihre Chancen seien, aber sie war nun einmal da und wollte es wenigstens probieren.

Abends bei einem Drink sagte ich ihr im Scherz: »Die Gorillas verderben mir das Geschäft; wenn sie nicht bald wiederkommen, muß etwas geschehen. Ich habe schon daran gedacht, einen meiner Boys im unteren Wald mit einem Ziegenfell zu verstecken. Wenn Ruben dann von einer erfolglosen Pirsch wiederkommt, muß er ihm heimlich signalisieren, der Boy wird sich das Fell überwerfen und hinter einem Gebüsch den wilden Gorilla spielen. Er wird bellen, schreien, trommeln und Zweige niederreißen, der Gast wird begeistert sein, und mein Geschäft wird sich wieder heben.«

Am nächsten Morgen ging die hübsche junge Frau mit Ruben und seinen Helfern in den Wald hinauf, kehrte aber bereits zum Lunch zurück. Das bedeutete, daß sie die Exkursion aufgegeben oder die Tiere ungewöhnlich früh gesehen hatte. Um zu erfahren, ob die Gorillas zurück seien, stürzte ich zum Auto und fragte: »Haben Sie sie gesehen?« Keine Antwort. Ich folgte dem Wagen zum Haus und wiederholte meine Frage, als sie ausstieg. Sie musterte mich mit unendlicher Verachtung und sagte: »Ja, ich habe ihn gesehen, Ihren Boy, in einem Baum, wie er den Gorilla markierte. Noch nicht einmal die Mühe zu bellen und zu trommeln hat er sich gegeben! Eine solche Frechheit ist mir noch nicht vorgekommen!« Ich hielt es erst für einen Scherz, aber sie meinte jedes Wort so, wie sie es sagte. »Halten Sie mich für so blöd, Ihnen meine Tricks vorher zu verraten?« fragte ich gekränkt. Sie war nicht zu überzeugen. Sie wollte sich in Afrika nicht »hochnehmen« lassen, bezahlte ihre Rechnung und fuhr verärgert ab.

Es war an einem Sonntag, und Ruben kam erst am Montag, um mir zu berichten. Sie hatten auf der gegenüberliegenden Seite einer engen Schlucht eine neunköpfige Gorillafamilie sich tummeln sehen, darunter eine Mutter mit einem Säugling an der Brust und in einem Baum oben einen Alten mit einem Silberrücken. Aber die Augen der New Yorkerin waren wohl von dem Anblick der Wolkenkratzer Manhattans so verdorben, daß sie den Wald vor lauter Bäumen nicht gesehen hatte.

Mit Bewunderung denke ich noch heute an eine andere Amerikanerin zurück, die ebenfalls der Gorillas wegen zu uns kam. Sie kam aus Boston und war nicht so jung und hübsch wie die New Yorkerin. Sie war hoch in den Sechzigern, aber sosehr ich auch die Strapazen einer Gorillapirsch übertrieb, sie bestand darauf, zu den Affen hinaufgeführt zu werden. Sie kam gerade von einer Großwildjagd in Kenia und schreckte nun vor nichts mehr zurück. Man soll Menschen nicht nach ihrem Äußeren beurteilen, besonders ältere Frauen nicht; sie haben oft erstaunliche geistige Reserven, wenn die physischen ermatten, und dazu einen Ehrgeiz, der sie alle Hindernisse überwinden läßt. Ruben machte ein bedenkliches Gesicht, als ich ihm die weißhaarige Dame zeigte, aber ich überredete ihn, es wenigstens zu versuchen. »Sie macht bald schlapp, es ist leichtverdientes Geld«, ermunterte ich ihn.

Gerade an jenem Morgen waren die Gorillas nach oben gewandert, und die Pirsch war noch strapaziöser, als ich sie geschildert hatte; aber nichts war der alten Dame zuviel, sie kletterte wie eine Gemse. Jedesmal wenn Ruben zum Verschnaufen anhalten wollte, stieß sie ihn mit dem Bambusstock, den er ihr geschnitten hatte, in die Rippen und sagte: »Worauf wartest du denn? Vorwärts, vorwärts, junger Mann!« Auf und ab ging es durch schwieriges Terrain, aber die alte »Mayflower« aus Boston war unermüdlich, und von Schlappmachen konnte nicht die Rede sein.

Als aber der erste Gorillaschrei ertönte, stoppte sie jäh: In unverhohlenem Schrecken packte sie Rubens Arm und stand wie versteinert. Das war der Augenblick, auf den Ruben gewartet hatte, auch für ihn war Rache süß. Die Memsahib wollte Gorillas sehen, Gorillas sollte sie haben, sagte er sich, und stieß sie sanft mit seinem Stock in die Rippen. »Worauf wartest du denn? Vorwärts, vorwärts, junge Frau!« sagte er und schob sie näher und näher an das unheimlich trommelnde Ungeheuer heran. Aber so wild sich der Gorilla auch gebärdete, die Memsahib erholte sich schnell von dem Schrecken, sie wich und wankte nicht.

12 Ohne Geld um die Welt

Eine zuweilen ganz interessante, sich aber wie die Karnickel vermehrende und für den Gastwirt unergiebige Spezies von Reisenden waren die damals aufkommenden »Hitchhikers«, die, meistens mittellos, bald auch auf afrikanischen Straßen anzutreffen waren. Ich bewunderte ihren Mut, sich über alle bürgerlichen Vorurteile hinwegzusetzen, und doch wollte mir ihre Philosophie des Sichdurchnassauerns nicht behagen. Sie verließen sich gar zu sehr auf die Gutmütigkeit ihrer Mitmenschen; sie hielten sich für etwas Besonderes und meinten, die Welt sei ihnen Hilfe schuldig. Gelegentlich war so ein nichtzahlender Weltenbummler ganz amüsant, aber Travellers Rest glich zuweilen einem Asyl für Obdachlose.

Was trieb diese Menschen auf die Autostraße? Langweile, Abenteuerlust, Wissensdrang, Liebeskummer oder andere unerfüllte Sehnsüchte und Frustrationen? Glaubten sie dem Wort des deutschen Philosophen, der da meinte, der kürzeste Weg zu sich selbst führe um die Welt? Die meisten wollten wohl nur vor sich selbst davonlaufen, um am Ende zu erkennen, daß man, wohin man auch immer gehen mag, sich selber mitnimmt.

Meine Erfahrung mit der Gattung der Hippies und Gammler möchte ich auf einige Exemplare beschränken. So tauchte einer gegen Ende meiner Kisoro-Tage bei mir auf. Er gehörte der sanften, gewaltlosen Untergattung an. Seine langen, blonden, ungewaschenen Haare fielen ihm bis auf die Schultern, er sah wie ein Hermaphrodit aus. Die Eingeborenen schüttelten die Köpfe: War es ein Männchen oder Weibchen, wollten sie wissen.

Seine Kleidung bestand aus Sandalen, zerfransten Blue jeans, einem Stück Stoff mit einem Kopfschlitz wie ein Poncho, einem Ledergürtel mit einem Täschchen daran. Was da wohl drin war? Eine Zahnbürste? Ein paar Groschen für den Notfall? Oder Haschisch etwa? Weder Rucksack noch Schlafsack hatte dieser Jüngling; er wanderte ohne weltliche Güter wie ein budhistischer Mönch von Ort zu Ort. Wanderte? Nun ja, wie man's nimmt. Er hatte prinzipiell nichts gegen Autos einzuwenden. Wenn eines für ihn stoppte, stieg er ein. Ich war zu bürgerlich, um an seinem Kostüm und seiner Maske Gefallen zu finden: Es war mir peinlich, ihm ins Antlitz zu sehen. Er kam aber nicht, um bei uns zu »nassauern«, er wollte nur den Weg zu zwei jungen Deutschen wissen, die vorübergehend auf der Mine der Weißen Väter arbeiteten.

Die beiden Junggesellen empfingen den Gast mit offenen Armen; er war nämlich Koch von Beruf und übernahm sofort die Küche. Er, der »Gewaltlose«, schlachtete sogar ein Schwein, und als gebürtiger Flame verstand er Würste und Sülzen zu bereiten. Eines Tages erklärte er, daß er nun weiter müsse, nach Katmandu in Nepal, dem damaligen Eldorado aller Hippies. Der eine Deutsche nahm ihn im Auto nach Kampala mit. Irgendwo in der Stadt sagte er: »Halt! Vielen Dank! Leb wohl und alles Gute!« Ein kurzer Händedruck, die einsame, absurde Gestalt schritt von dannen und verlor sich unbekümmert in der bunten Menge.

Um auf die bartlosen, kurzhaarigen, respektierlichen Schrittmacher der heutigen Gammler zurückzukommen, soll hier von dem jungen Holländer berichtet werden, den Gäste eines Tages bei mir absetzten. Er war ein verhinderter Menuhin. Als er nach Jahren des Studiums in Amsterdam erkannte, daß er nie ein großer Geiger werden und bestenfalls im Concertgebouw-Orchester am letzten Pult sitzen würde, verkaufte er seine Fiedel und ging auf die Walze. Er war nun schon einige Jahre unterwegs und in Indien, Pakistan und Syrien gewesen. Weit hinten in der Türkei hatte man ihn eingelocht, wobei sein Gepäck abhanden kam. In Athen hatten Studenten ihn neu ausstaffiert und ihm die Überfahrt nach Alexandria spendiert. Dort finanzierten ägyptische Studenten seine Weiterreise nilaufwärts durch den Sudan. In Uganda angekommen, mußte er mit schwerer Malaria ins Hospital.

Mittellose Ausländer will man überall schnell loswerden. Der junge Mann hatte ein Visum für den Kongo, und so gab man ihm vierzehn Tage Zeit, aus Uganda zu verschwinden. Er schickte seinen Rucksack mit einem Fernfahrer voraus. Nur mit einer Papiertüte und einem Moskitonetz unterm Arm wankte er mit Blasen an den Füßen dem Kongo zu, als meine Gäste die traurige Gestalt auf der Bergstraße zwischen Kabale und Kisoro auflasen. Die Papiertüte enthielt gekochte Bataten, Wegzehrung von den Eingeborenen, in deren Hütte er sich ein paar Tage ausgeruht hatte.

So adrett und sauber sah dieser glorifizierte Landstreicher aus, daß ich ihn für den Sohn dieser Gäste hielt, aber beim Bezahlen der Zeche legte einer von ihnen eine Extrasumme auf den Tisch. »Für den verhungerten Jüngling«, sagte er. »Füttern Sie ihn für das Geld, so gut und lange Sie können.«

Mich interessierten die Reisemethoden des jungen Mannes. »Wie kommt man beispielsweise ohne Geld in ein fremdes Land?« wollte ich wissen.

»Ich habe schon etwas Geld«, verriet er mir, »jugoslawische Dinare und ähnliche Währungen. Niemand kennt sie, wert sind sie nichts, aber sie sehen nach viel aus.«

»Und von Damaskus nach Bagdad, durch die Wüste? Wie wird das ohne Geld gemacht?«

»Im Bus, natürlich.«

»Ohne Fahrschein?«

»Nun ja, durch ein Mißverständnis. Manchmal ist es gut, wenn man die Landessprache nicht kennt.«

Er war von Damaskus einfach mit dem Rucksack auf dem Buckel in Richtung Bagdad in die Wüste gelaufen. In der ersten Oase fiel er selbstverständlich sofort der Polizei auf. Man glaubte, er habe den Bus verpaßt, denn auf die Idee, daß ein Europäer zu Fuß nach Bagdad laufen wollte, kam der syrische Polizist natürlich nicht. Der Holländer versuchte, ihm seine Lage zu erklären, aber die Unterhaltung beschränkte sich nur auf drei Wörter: Damaskus, Bagdad und *Kahawa* (Kaffee), der ihm in unzähligen Täßchen vorgesetzt wurde. Trotzdem hatte der Holländer den Eindruck, der Mann habe kapiert.

Endlich kam der Bus. Der Polizist sprach mit dem Konducteur, der nickte sein Einverständnis. Der Holländer stieg ein, und fort ging's im Riesenluxusbus in die Wüste hinein. Alles schien in bester Ordnung, bis nach vielen Stunden auf einmal der Fahrschein präsentiert werden sollte.

Den Unseligen mitten in der Wüste aussetzen ging natürlich nicht, ihn aber ohne Fahrschein nach Bagdad mitnehmen ging noch weniger. Alle Passagiere hätten dann ihr Fahrgeld zurückverlangt. Der Bus hielt an, erregtes Palaver, die Reisenden wollten weiter, der Kondukteur wollte nicht – schließlich veranstaltete man eine Kollekte, und dabei kam sogar ein Überschuß heraus.

»Und in Luxor? Wie sieht man sich ohne Geld das Tal der Könige und den Tempel von Karnak an?« Ich war gespannt, wie er das wohl gedeichselt hatte.

»Hab' ich gar nicht versucht«, sagte er. Es sei doch unwichtig, wie die Menschen vor drei- oder fünftausend Jahren gelebt und gebetet hätten. Wie sie es heute täten, darauf käme es ihm an, und deshalb schlafe er auch immer in den Hütten der Eingeborenen. Die seien meistens stolz, einen Weißen zu beherbergen, aber hin und wieder müsse er schon einmal ein Hemd oder eine Hose opfern. Deshalb habe er nur noch, was er am Körper trage, und das würde ihm kein Schwarzer abnehmen.

Einmal geriet er in ein Festgelage, und in vorgerückter Stimmung hätten ihn seine Gastgeber beinahe umgebracht.

Im Dunkel konnte er gerade noch entwischen, und da es Löwen in der Gegend gab, mußte er den Rest der Nacht auf einem Baum zubringen.

Wohlgenährt und ohne Blasen an den Füßen setzte der schrullige Jüngling nach einiger Zeit seine Reise fort. Er hat mir nie geschrieben, wie er versprochen hatte, und es sollte mich nicht wundern, wenn seine Studien der Sitten und Gebräuche im Afrika des zwanzigsten Jahrhunderts im Kongo oder weiter westwärts gewaltsam endeten – durch Aufgefressenwerden, und nicht von Löwen, meine ich.

Eine ähnliche, nicht ganz so aus den Fugen geratene Erscheinung war der Konditorjüngling aus Kopenhagen. Er war ebenfalls auf dem Weg zum Kongo, auch er sah sauber und adrett aus. Als besondere Pointe trug er die dänische Flagge über den Rucksack gespannt durch Afrika.

Auch er war ein Verhinderter, sein Ehrgeiz war es nämlich, Anthropologie zu studieren. Der Vater hatte ihn aber überredet, Konditor oder Koch zu werden. Der Junge sollte später das gutgehende elterliche Restaurant übernehmen. »Sieh dir deinen Bruder, den Doktor, an; was verdient der schon!« hatte der Vater gesagt. »Und du gar, mit deiner Anthropologie, wirst dir die Margarine aufs Brot kratzen müssen.« So war der Junge also Konditor geworden, und schon als Geselle hatte er mehr verdient als sein Bruder, der Arzt. Aber die Torten und Windbeutel befriedigten ihn nicht.

Eines Tages hielt er es in der Backstube nicht mehr aus; er kaufte sich ein Motorrad und fuhr durch Deutschland, Österreich und den Balkan in die Türkei, dann weiter nach Syrien und in den Libanon hinein, durch Palästina und die Wüste Sinai nach Ägypten. Das Motorrad hatte im Wüstensand so gelitten, daß er es in Kairo zurücklassen mußte, und er entschloß sich, mit dem Rest seiner Barschaft, so gut und so weit es ging, ins innerste Afrika vorzudringen.

Das hieß allerdings auf der Eisenbahn vierter Klasse! Wer nie in Ägypten gewesen ist, kann sich kein Bild davon machen, was es heißt, auf der Eisenbahn durch die Nubische Wüste zwischen spuckenden und sich die Nase mit den Fingern schneuzenden Wüstensöhnen eingeklemmt zu sitzen. »Ach, wär' ich doch in Kopenhagen in meiner Backstube geblieben!« sagte sich da der junge Däne.

Es sollte noch schlimmer kommen. Zwölf oder vierzehn Tage auf dem Nildampfer dritter Klasse stromaufwärts durch die Papyrussümpfe des südlichen Sudans sind für landesfremde Reisende unvorstellbar.

Die dritte Klasse besteht aus überdeckten Barken, die der eigentliche Dampfer vor sich herschiebt. Sie sind mit schwarzer, splitternackter Menschheit vollgestopft, keine Sekunde kann man der lärmenden, stinkenden Masse entrinnen. Alles schläft, kocht, ißt an Deck! Hühner und Ziegen werden dort geschlachtet! Blut, Eingeweide, zum Trocknen aufgehängte Häute ziehen Milliarden von Fliegen an. Für Völkerkundler oder Sozialwissenschaftler mag so etwas lehrreich sein, der junge Däne faßte aber in jenen Tagen den Entschluß, bei seinen Kuchenblechen zu bleiben. Und damit war der Zweck seiner Reise erfüllt, denn im Grunde genommen war er nur ausgezogen, um sich entweder für die Anthropologie oder für die einträglichere Zuckerbäckerei zu entscheiden.

Ein Fall für sich war die »Bohnenstange«, die eines Abends knatternd und puffend am Schlagbaum drüben haltmachte; es klang, als wäre ein ganzer Geleitzug von Diesellastwagen vorgefahren. Der schwarze Zollbeamte, der gerade seine Langeweile bei mir verplauderte, war nicht gerade erbaut von der unerwarteten Störung; als der Krach aber gar nicht aufhören wollte, ging er hinüber, um wenigstens herauszufinden, worum es sich handelte. Auch ich war neugierig und folgte, auf späte Gäste hoffend, mit der Taschenlampe. Die Landstraße schien völlig leer, und erst nach gründlichem Ableuchten löste sich ein gar seltsames Gefährt aus dem nächtlichen Dunkel. Es war kaum zu glauben, daß ein solches Ding einen derartigen Lärm machen konnte. Drei Räder hatte es und sah wie ein Kinderflugzeug ohne Flügel aus. Daneben stand eine spindeldürre Gestalt mit einem langen Bart und hielt dem Zöllner den Reisepaß unter die Nase. Ob er denn das Ding da nicht abstellen könne, brüllte der Zöllner nervös die Bohnenstange an. »Nein, ich bin froh, daß es läuft«, kam es genauso lautstark, aber mit unverkennbar deutschem Akzent zurück.

Um dem Geknatter zu entgehen, nahmen wir die groteske Erscheinung in meine Bar mit, und als der Dürre hörte, daß ich Deutscher sei, stellte er sich mit Hackenschlagen und einem »Gestatten« als Soundso vor. Das Krachding war ein Messerschmitt-Kabinenroller, der auf dem Weg von

Kapstadt auf den schlechten Kongostraßen das Auspuffrohr verloren hatte. Ob er denn nicht übernachten oder wenigstens zu Abend essen möchte, fragte ich. »Danke, das geht leider nicht«, lehnte er ab, ich muß auf schnellstem Weg nach Berlin, wo eine gute Stellung auf mich wartet.« Und das klang, als wäre er bei uns bereits in Jüterbog.

Einige Tage später brachte der *Uganda Argus* das Bild des Spindeldürren neben seinem Roller, und die Unterschrift dazu besagte, daß der Fahrer eine Reisegefährtin suche. Allerdings kämen nur dünne Damen in Frage, und für mehr als ein Handköfferchen sei kein Platz in der Kabine.

So dünne, abenteuerliche Damen mußte es wohl in Kampala nicht gegeben haben, denn ein paar Wochen später suchte der Rollerpilot durch eine Zeitung in Nairobi noch immer nach einer geeigneten Gefährtin, und niemand anders als Jill Donisthorpe zeigte Interesse für das Angebot.

Es kam sogar zur Probefahrt, für die Jill versuchsweise ihr Köfferchen packen und sich zwischen Bohnenstange, Zelt und Gepäck quetschen mußte. Jill – eine Erzabenteurerin – hatte schon auf manche Weise Afrika bereist, aber nach wenigen Kilometern im Kabinenroller bekam sie doch Bedenken, ob sie darin die Fahrt durch Äthiopien und die Türkei zu den Ufern der Spree überstehen würde.

Wie es denn um seine Finanzen stünde, erkundigte sich Jill. Geld habe er natürlich nicht, gab er offen zu, aber das brauche er auch nicht. Mit wenigen Litern Benzin könne man in so einem Roller von Nairobi bis Addis Abeba kommen, und da er, dünn und lang mit dem absurden Bart, überall große Heiterkeit errege, fülle man ihm den Tank jedesmal kostenlos bis zum Überlaufen. Und schlafen, essen? Er habe ja das Zelt, und obendrein würde so ein armer Irrer zur Abwechslung gern zum Essen eingeladen und sie als seine Freundin ebenfalls.

Obwohl Jill einen Hang zum Ungewöhnlichen hatte, diesem Messerschmitt-Zigeuner wollte sie sich doch nicht auf Leben und Tod verschreiben. Ich hörte später, daß der Roller irgendwo in Äthiopien endgültig steckenblieb. Die Bohnenstange mußte die Reise zu Fuß fortsetzen, und ich hätte gern gewußt, ob er noch rechtzeitig zum Antritt der neuen Stellung an den Ufern der Spree angekommen war.

Ein anderer Deutscher – einer ohne besondere Merkmale – reiste noch billiger als der »Kabinenroller«: Er radelte durch Afrika. Drei Jahre wollte er für dieses Abenteuer opfern. Er kam aus dem Textilgewerbe, hatte sich etwas Geld gespart, das seine Mutter ihm in kleinen Raten schickte. Er hatte alles bei sich, was man braucht: Zelt, Schlafsack, Essen, er war nicht auf die Hilfe seiner Mitmenschen angewiesen.

Beim Radfahren muß man auf den Weg achten, besonders in wilden Gegenden in Afrika. Heinz, wie der junge Deutsche hieß, fuhr durch eine Steppe in Tansania und hielt, wie man soll, seine Augen auf den holprigen Pfad geheftet, als er über sich ein Fauchen hörte. Er sah auf, verlor dabei die Balance und fiel vom Rad. Genau in diesem Augenblick sprang ein Leopard von einer Akazie auf ihn herunter; er hatte aber auf den Mann im Sattel gezielt und nun zum Glück nur die Wade und Schulter des am Boden Liegenden erwischt. Heinz griff automatisch nach dem Messer, das er am Gürtel trug, und stach blindlings auf den Leoparden ein. Er mußte gut getroffen haben, denn sein Angreifer ließ sofort von ihm ab und zog sich, eine Blutspur hinterlassend, zurück. In seinem eigenen Blut und in dem des Leoparden gebadet, kroch Heinz in den Schatten der Akazie. Um den Lauf des Blutes zu stoppen, band er sich mit dem Taschentuch die Wade ab, an die arg zerfetzte Schulter konnte er natürlich nicht heran. Abwechselnd rauchend und in Ohnmacht fallend, zu schwach, um weiterzufahren, lag er viele Stunden unter dem Baum, bis ihn endlich zwei Eingeborene fanden. Sie setzten ihn, das Bein auf der Lenkstange ruhend, aufs Rad und schoben ihn einen langen Weg ins nächste Missionshospital. Es dauerte fünf Wochen, bis er geheilt entlassen werden konnte.

In Kampala erwartete Heinz ein neues Mißgeschick. Es geschah auf dem Kanubi Hill, der Begräbnisstätte der Kabaka, der Könige von Buganda. Er fiel dort in die Hände der Klageweiber, und die seien weit schlimmer gewesen als der Leopard, meinte Heinz, da er sich ihrer nicht mit dem Messer in der Hand erwehren konnte.

Die königlichen Gräber befinden sich in einer riesigen, kunstvoll aus Ried geflochtenen Rundhütte: Es ist ein eindrucksvolles, echt afrikanisches Mausoleum. Es durfte nur mit besonderer Erlaubnis betreten werden, und da Heinz keine hatte, geriet er in Schwierigkeiten mit den Wächtern der heiligen Stätte. Noch unfreundlicher aber gebärdeten sich die klagenden Witwen, die die Gräber der verstorbenen Kabaka mit fanatischem Eifer schützten. Die echten Witwen waren wohl schon längst ihren Herren und Gebietern ins Jenseits gefolgt und hatten das Metier des Klagens anderen Weibern der königlichen Sippe vererbt. Aber ob echte oder unechte Witwen, Heinz und seine Leica hatten ihren Unwillen erregt: Sie fielen beißend und kratzend über ihn her. Die Wächter fesselten ihn dann, stießen ihn in ein Auto und fuhren davon.

An einer Tankstelle gelang es Heinz, die Aufmerksamkeit eines schwarzen Herrn auf sich zu lenken, indem er seine gefesselten Hände durchs Wagenfenster zeigte. Der Herr, ein königlicher Prinz, wie sich erwies, befreite ihn und fuhr ihn zu seinem Bruder in den königlichen Palast in Mengo. Der bereits erwähnte »King Freddy« entschuldigte sich für das schlechte Benehmen der klagenden Damen und schickte ihn mit einem Minister zum Mausoleum zurück, wo er ungestört fotografieren durfte.

»Wahrlich, eine königliche Geste!« sagte Heinz, aber sie wäre noch königlicher gewesen, meinte er, wenn der Kabaka ihm ein neues Hemd für das von den Megären zerrissene und eine Armbanduhr spendiert hätte für die, die ihm im Handgemenge abhanden gekommen war.

Der Nestor aller Weltenbummler, den ein faustischer Drang immer wieder in die Ferne trieb, war natürlich ebenfalls ein Deutscher. Mit dem Rucksack auf dem Rücken, seine Klassiker im Kopf, in der einen Hand die Schreibmaschine, in der anderen eine Holzschachtel mit Chamäleons und Eidechsen, so schweifte der damals sechzigjährige Jüngling Karl Martens aus Kiel durch Afrika.

Er kannte die Welt vom Nordkap bis zum Kap der Guten Hoffnung hinunter, von Chile bis China, von Mexiko bis in die Mandschurei hinein. Unterschriften in seinem Reisebuch – dick wie eine Gutenbergbibel – zeugten von Besuchen auf Bali und Borneo, auf Hawaii, Mauritius und Kuba, nur das englische Inselreich, so nahe seiner Heimat, hatte sein Fuß nie betreten.

Karl Martens gehörte nicht zur Kategorie der Nassauer: Er bezahlte wenig, aber er bezahlte. Schlafsack und Zeltplane machten ihn unabhängig, und das bißchen, was er zum Leben brauchte, verdiente er sich durch den Verkauf schöner Fotos seiner Reisen. Seine Tage in Travellers Rest waren für alle ein Vergnügen, und seine Erzählungen machten den heruntergesetzten Preis wett.

Er feierte damals gerade sein fünfunddreißigjähriges Reisejubiläum, denn seine ungewöhnliche Laufbahn begann bereits im Jahre 1923. Ein Gast bemerkte, daß Weltenbummelei doch kein Beruf sei für einen ausgewachsenen Mann. »Gewiß nicht«, antwortete Martens, »aber ich suche nun schon fünfunddreißig Jahre nach dem richtigen und habe ihn bis heute noch nicht finden können.« Nun, vielleicht findet er ihn eines Tages auf dem Mond.

13 Im Gorillawald

Die beiden Amerikanerinnen, von denen ich erzählte, waren natürlich nicht die ersten und einzigen Besucher, die wir zu den Gorillas führten. Seit die Wildschutzbehörde ihren Segen dazu gegeben hatte, waren »Safaris ins Gorillaland« zu einer ständigen Einrichtung meines Unternehmens geworden.

Wie sah es im Lebensgebiet dieser Tiere aus, und wie ging es auf einer solchen Safari zu? Für den wahren Liebhaber der Natur war ein Tag im Gorillawald ein unvergleichliches Erlebnis, selbst wenn er seinen Bewohnern nicht begegnen sollte.

Man brach nach einem zeitigen Frühstück auf und fuhr durch Felder und Weiden den Bergen zu. Die Eingeborenen waren – und sind es gewiß heute noch – liebenswürdige Menschen, von Natur freundlich, ohne unterwürfig zu sein. Nur selten traf man einen mit einem mürrischen Gesicht, der dem Fremden nicht ein gutgelauntes »Muláho! Muláho!« zurief, das der Kenner des komplizierten Grußzeremoniells unfehlbar mit einem »Mulahonéza!« beantwortete. Dann folgte ein melodisches »Namáhoro!«, das mit einem genauso melodischen »Namahoronéza!« erwidert wurde.

Manche weiße Bwanas waren allerdings zu selbstherrlich – und die neuen schwarzen guckten es ihnen leider ab –, um für jeden Gruß zu danken; und so war die alte Sitte, den Fremdling zu grüßen, bereits im Erlöschen, als ich die Gegend verließ. Schlechte Manieren sind, wie mir scheint, nicht ein Merkmal der Rasse oder der mangelhaften Erziehung, sondern ein angemaßtes Vorrecht der Klasse und des Wohlstands. Zugegeben, auf dem schlechten Weg war es ratsam, beide Hände am Steuer zu halten, aber wer wollte, konnte schon eine Hand frei machen, um jeden Gruß mit Wort und Hand zu erwidern. Ich kam mir dann, nach allen Seiten winkend, immer wie ein Monarch auf der Fahrt durch die Straßen seiner Residenz vor.

Wenn sich in den letzten Jahren auch so manches in Uganda verändert und der Fortschritt das Land ereilt hat, so will ich diese Safari doch lieber in der Gegenwartsform schildern, als ob alles noch so wäre, wie es war.

In dieser grünen, unverschandelten Landschaft steht jeder Baum, jede Hütte genau am richtigen Platz. Auch die Menschen sind, als hätte der Herr sie aus ihrer eigenen schwarzen Lavaerde geschaffen, bodenständige Bauern, noch nicht von der Halbbildung der heutigen weißen Zivilisation angefault. Meistens sind es die Frauen – Mütter mit den Säuglingen auf dem Rücken –, die man in den Hirse-, Mais- und Erbsenfeldern arbeiten sieht.

Charakteristisch für die Gegend sind die terrassierten Hügel, die vielen Kratersatelliten, die bis oben hinauf mit Süßkartoffeln, Bohnen, Fingerhirse und anderen Früchten des Feldes bebaut sind. So steil sind die Hänge, daß die Frauen dort im Stehen hacken können, was, besonders für die Säuglinge auf ihrem Rücken, ein Segen ist. Die Terrassenfelder sind so angelegt, daß der Regen den Boden nicht wegwaschen kann. Erosion war jedenfalls zu meiner Zeit kein ernstes Problem wie in anderen Teilen Afrikas, wo sie zu einer drohenden Gefahr geworden ist.

Der Boden ist fruchtbar und bringt gute Ernten für afrikanische Verhältnisse. In der porösen Lavaerde versickert aber die Feuchtigkeit allzu schnell, und wenn es nicht neun Monate im Jahr regnete, wären die Felder längst verdorrt. In der Regenzeit regnet es natürlich nicht jeden und nicht den ganzen Tag; gewöhnlich fällt ein heftiger Schauer am frühen Nachmittag, und dann scheint wieder die Sonne, nur selten bleibt der Himmel lange grau und bedeckt wie in Europa. In den drei regenlosen Monaten fällt nicht ein Tropfen, und wenn der neue Regen nicht rechtzeitig einsetzt, kann es schon einmal eine kurze Hungerzeit geben.

Es ist ein Land der Kleinbauern, die in erster Linie sich selbst versorgen. Ihre Methoden mögen altmodisch sein, aber wahrscheinlich ist die *Jembe*, die traditionelle Hacke, für die mit Lavagestein gespickten Felder und für die dünne Humusschicht viel geeigneter und billiger als moderne Traktoren. Die hohe Bevölkerungsdichte erlaubt den Bauern nicht, die Felder lange brachliegen zu lassen, aber sie verstehen den Boden zu schonen und sind mit der Rotation, der Fruchtfolge, wohlvertraut.

Nun aber endlich weiter nach Nyarusiza, wo Ruben auf uns wartet. Doch eine Bande von Schulbuben, ordentlich mit Khakishorts und erstaunlich weißen Hemden bekleidet, versperrt uns frech und übermütig den Weg. Sie lassen uns ganz nahe kommen und stieben erst im letzten Augenblick, berstend vor Lebenslust, mit großem Hallo auseinander. Andere Buben, in groben, unkleidsamen Ziegenhäuten steckend, treiben, ausgerechnet wenn wir kommen, eine Herde langhörniger, so gefährlich aussehender und doch so sanfter Ankolerinder über die Straße. Da sitzen wir nun fest und müssen geduldig warten, bis die sture Masse uns weiterfahren läßt. Männer und Frauen, von der Wasserstelle kommend, schreiten mit Kalebassen auf den Köpfen in königlicher Haltung ihren Hütten zu.

Leider hat hier und da das malerische, aus einem Kürbis hergestellte Gefäß bereits den häßlichen Petroleumkanistern weichen müssen, und Blech gehört nicht in dieses sonst vollkommene ländliche Bild.

Nun geht die Straße in einen steil ansteigenden Pfad über, der den Kühler gewöhnlich zum Kochen bringt. Nach einem heftigen Regenguß bleibt man hier unweigerlich im Matsch stecken, aber es fehlt nie an helfenden Händen, und unter Lärm und Lachen wird der Wagen schnell wieder flottgemacht. Vor seiner Hütte am Wege wartet Ruben, die Panga wie ein Gewehr geschultert, salutiert, steigt ein, und nach wenigen Minuten ist man am Fuß der Berge angekommen. Eine große Tafel, vom Game Warden unterzeichnet, warnt den Besucher. Gorillas seien gefährlich, heißt es da. Man soll sie nicht reizen und ihnen nicht zu nahe kommen. Ruben, befragt, lächelt überlegen, der ängstliche Besucher faßt Vertrauen, und das große Abenteuer beginnt.

Der enge Pfad schlängelt sich anfangs durch steile Äcker, auf denen Erbsen, Bohnen, europäische Kartoffeln und sogar Weizen wachsen, zu einem künstlichen Wasserlauf hin, der, aus den Sattelsümpfen kommend, dort oben von unzähligen Gräben gespeist wird.

Nun geht es in den Hageniawald hinein. Die meisten Besucher waren so von der Flora dieser hohen vulkanischen Berge beeindruckt, daß sie über jede Pflanze Bescheid wissen wollten, und deshalb seien hier wenigstens die wichtigsten genannt.

Typisch für diesen zwischen 2500 und 2800 Meter Höhe gelegenen Bergwald sind Augaria Hagenia und Myrica salicifolia, zwei zehn bis zwölf Meter hohe Baumarten, die übervoll mit Schling- und Kletterpflanzen geschmückt sind. Das Unterholz ist buschig und dicht, und unter den vielen Sträuchern fällt vor allem Vernonia durch ihre malvenfarbenen Blüten auf.

Dieser untere Wald ist der Gemüse- und Kräutergarten der Gorillas, wo Ampfer, Bracken, Disteln und wilder Sellerie, ein wesentlicher Bestandteil ihrer Kost, ins Riesenhafte wachsen. Auch Brombeeren gibt es hier – wie daheim. Kein Wunder, daß die Gorillas eine solche Üppigkeit nur ungern den Bauern überlassen wollen und an den Teilen, die die Axt bisher verschont hat, festhalten, solange es nur irgend geht. So findet man oft schon nach kurzer Zeit ihre ersten Nester, und Ruben kann immer mit Sicherheit sagen, wann die Tiere darin geschlafen haben. Rühren die Nester von der letzten Nacht her, dann wird der Spur gefolgt, und an günstigen Tagen geschieht es wohl, daß man den Tieren schon nach wenigen Minuten auf den Fersen ist.

Aber ganz so einfach machen es einem die Gorillas meistens nicht, und je mehr der untere Wald gerodet und beackert wird, desto öfter muß man ihnen in die reine Bambuszone folgen, die sich bis zu 3200 Meter hinaufzieht. Zwischen beiden Zonen läuft ein abgeholzter Gürtel rings um das ganze Bergmassiv, der freie Streifen nämlich, wo der Elefant dem Wildhüter das Gewehr entriß. Deshalb war ich immer besonders vorsichtig, wenn wir aus dem dichten Wald auf diesen Streifen hinaustraten.

In der Bambuszone wächst eine farnartige Petersilie, und in den Lichtungen leuchten die prächtigen, zu den Liliengewächsen gehörenden Kniphofien auf. Beide werden vom Gorilla gegessen, aber sein täglich Brot sind offenbar die jungen, zarten Bambusschößlinge, die das ganze Jahr über in spitzen Pyramiden aus dem Boden sprießen. Ein Fachmann belehrte mich einmal, daß die jungen Rohre anfangs täglich dreißig bis vierzig Zentimeter emporschössen und in wenigen Monaten ihre volle Höhe von fünfundzwanzig oder dreißig Metern erreichten. So schnell ginge es, meinte er, daß selbst der Dümmste den Bambus wachsen sehen könne. Nun, sosehr ich mich auch bemühte, ich habe in all den Jahren den Bambus nicht einen Zentimeter wachsen sehen. Der Fachmann hatte wohl die in Kambodscha wachsende langrohrige Art beobachtet, denn unser arundinaria alpina wächst nicht so hoch und so schnell, aber dafür so dicht, daß man in seinem Stangengewirr nur mühsam vorwärtskommt. Auf felsigen Stellen findet sich viola abyssinica, ein kleines Veilchen. Die Nesseln sind dort aber so unverschämt, daß ich mich hüte, die Flora der Bambuszone genauer zu erforschen.

Das Gelände ist noch steiler geworden, der Busch so dicht, daß die Panga ununterbrochen am Werk sein muß. Der Besucher fühlt die ungewohnte Höhenlage und muß oft verschnaufen. Geht es gar zu lange auf und ab und im Kreis herum, bekommt so mancher im Bambus ein Gefühl der Raumangst. Ich jedenfalls fühlte mich immer eingeschlossen und atmete jedesmal auf, wenn endlich das offene Sumpfland des Sattels erreicht war.

In dieser parkähnlichen, zwischen Muhavura und Mgahinga eingebetteten Landschaft befindet sich mein Lager mit den Hütten, hier ruhen wir uns ein wenig aus. Der Blick hinunter auf das weite, von fernen Höhenzügen eingeschlossene Land ist immer wieder neu und bezaubernd. Es lohnt sich, hier oben ein paar Tage auszuspannen. Nur tausend Meter über der dichtbevölkerten Ebene ist man hier zwischen den erloschenen Vulkanen wie auf einem anderen Stern. Hin und wieder dringt aus der Ferne unten Hundegebell oder das Muhen einer Kuh in die urweltliche Höhe herauf, und durchs Fernglas sieht man winzige Autos wichtigtuerisch über die Adern des modernen Verkehrs durch Afrika rasen. Warum die Eile, fragt man sich; denn man hat mit seinen Sorgen auch Hast und Geschäftigkeit bei den Menschen unten gelassen. Nachts kann man auch die Lichter von Travellers Rest deutlich erkennen, aber ich machte mir nie Gedanken, ob sie dort auch ohne mich fertig würden.

Hier unter den Tieren der Wildnis ist gut sein. Man vergißt, auf die Uhr zu schauen, ißt, wenn man Hunger hat, steht auf, wenn es hell, und legt sich nieder, wenn es dunkel wird. Bäche rauschen durch sumpfiges Weideland, hier lebt der Büffel und der Elefant. Der Sattel ist wie ein Garten, in dem Alchemilla, Cardamine und gelbe und zartviolette Bodenorchideen wachsen. Mit seiner Vielfalt von Moosen, Schilfgräsern und interessanten Sumpfgewächsen ist er für den Naturkundigen ein Paradies.

Von Wind und Wetter überrascht, eilt man natürlich dem Schutz des Lagers zu, bei schönem Wetter aber verweilt man, um das technische Wunder eines Schilfhalms, die komplizierten Formen einer Orchidee zu bestaunen. Oder man liegt auf dem Rücken, tut nichts, denkt nichts, träumt, losgelöst von aller Schwere, in die phantastische Welt der Wolken hinein.

Romantisch sind auch die Bambushütten, von Ruben und den Boys ausschließlich aus Material gebaut, das die umgebende Natur dem Menschen liefert, der sie zu nutzen weiß. Weder Nagel noch Schraube sind verwendet worden, und selbst die Stricke, mit denen die Bambusstangen des Daches und der Wände kunstvoll verflochten sind, wurden aus mit den Zähnen biegsam gemachten Bambusfasern gedreht. Die Panga war das einzige Werkzeug, und doch waren die Hütten warm, wind- und wasserdicht und fügten sich harmonisch in die Landschaft ein. Ästhetisch ein Schandfleck war anfangs die runde Aluminiumhütte, die uns die Regierung spendiert hatte. Der praktische Wert dieses für tropisches Klima konstruierten Gebildes war zweifelhaft, denn durch die Lüftungslöcher blies der Wind von allen Seiten herein. Damit man es darin aushalten konnte, dichteten wir sie mit einem Bambuspanzer ab, das Dach wurde mit Gras getarnt, und dann unterschied sich dieses Produkt der Industrie nicht mehr von einer Eingeborenenhütte.

Wir aber können heute nicht länger hier verweilen, wir wollen weiter, durch den oberen oder Hypericumwald auf den Mgahinga hinauf. Hier wächst in erster Linie Hypericum lanceolatum, ein gelblich blühender Baum, der dieser zwischen 3200 und 3600 Meter gelegenen Zone ihren Namen gibt. Es ist eine Art von Johanniskraut. In Europa nur eine an sonnigen Waldrändern wachsende Staude, ist sie hier zu einem Baum geworden, von dem der Gorilla die Rinde und Wurzeln ißt. Besonders in Erscheinung tritt auch Laportea alates, ein schöner Name für die häßliche, allgegenwärtige, bösartige Nessel, dazu ein Vielerlei von Nahrungspflanzen, deren Früchte, Blätter, Stengel, Rinde, Mark oder Wurzeln die Küche des Gorillas wesentlich bereichern.

Jetzt verkrüppelt der Wald unter der ungeheuerlichen Wucht der Höhenwinde und geht langsam in die subalpine Zone über, in das fast ständig von dichten Nebelschwaden dampfende, bizarr-unheimliche Reich der Riesenlobelien und Riesensenecien. So eine Lobelie ist ein seltsames Gewächs. Ein kahles, etwa zwei Meter langes Stengelrohr endet oben in einem Blätterbüschel, aus dem ein zweiter, dünner und noch längerer Stengel, ringsum von stahlblauen Blüten eingepreßt, wie eine gigantische Kerze aus einem Altarleuchter in die Höhe strebt. Verblüht und ausgedorrt sehen die Lobelien im Nebelschleier gespenstisch wie schiefe Telegrafenstangen im Wüstensturm aus. Die Gorillas lieben das milchige, für uns ungenießbar bittere Stengelmark, und man kann Ruben keine größere Freude machen, als trotz seiner Warnung davon zu kosten.

Auch die Senecien oder Greiskräuter hat die Natur in einer phantastischen Laune geschaffen. Ähnlich der Lobelie endet ein langer, aber dikker, weicher Stamm in einem grünen Büschel, dessen junge, steife Blätter, aufrechtstehend, sich ständig nach oben zu erneuern, während die verwelkten braunen wie Bündel zum Trocknen aufgehängter Tabakblätter schlaff und unordentlich herunterhängen. Nur der fleischige Ansatz dieser Blätter wird vom Gorilla verzehrt.

Als dritter Riese in dieser subalpinen Pflanzenwelt muß Erica arborea, ein dem unseren ähnliches Heidekraut, genannt werden, das hier jedoch zu einem etwa sechs Meter hohen, massiven Baum geworden ist. An sonnigen Tagen ist es hübsch, im Schatten eines Erikabaumes am Kraterrand zu picknicken; wenn aber im Nebeldampf die langen, altersgrauen Bärte der Flechten an seinen knorrigen Ästen gespensterhaft im Winde wehen, ist hier oben nicht gut sein.

Um die alpine Zone, von 3800 Meter aufwärts, kennenzulernen, muß man schon auf den Muhavura hinauf. Dort oben ist man noch immer unter Lobelien und Senecien, und auch die Baumerika, immer kleiner werdend, klettert hoch hinauf. Das Lavagestein ist mit kurzem Gras und einem dikken Moosteppich bedeckt; Flechten, Sukkulenten und Immortellen – unsere Strohblumen – sind alles, was in dieser unwirtlichen Höhe noch leben kann.

Der Krater ist etwa zwanzig Meter im Durchmesser und mit Wasser gefüllt, dessen Tiefe mir nicht bekannt ist. Es ist eiskalt, aber es gibt Menschen, die, wenn sie Wasser sehen, hineinspringen müssen. Auch wir hatten öfter mal so einen Wasserfanatiker mit uns, dessen Ehrgeiz es war, in 4127 Meter Höhe im Freien gebadet zu haben.

14 Vor dem Herrn des Waldes

So eine Gorillapirsch hatte es in sich: Ein gesundes Herz und gute Lungen waren erforderlich, und auch die Beine mußten kräftig sein. Um so größer war aber der Lohn, wenn die Mühe von Erfolg gekrönt war.

Die Gorillas wurden unsere große Attraktion, aber man konnte uns nicht vorwerfen, wir hätten die Tiere kommerziell »ausgebeutet«. Ganz im Gegenteil: Besucher fanden es immer übertrieben vorsichtig, daß wir nur eine Führung am Tag veranstalteten und nie mehr als zwei, höchstens drei Personen daran teilnehmen ließen. Wir bemühten uns, alles zu vermeiden, was die Tiere hätte beunruhigen oder gar vertreiben können, und dieser Zurückhaltung war es wohl zu danken, daß sie sich mit unserer Gegenwart abfanden und nicht für immer nach Ruanda abwanderten.

Jill Donisthorpe vertrat sogar die These, die später von Verhaltensforschern in anderen Teilen der Vulkane verwirklicht wurde, daß es falsch sei, den empfindlichen Gorillas heimlich, jedes Geräusch vermeidend, nachzuspüren. Um ein Gefühl des Verfolgtwerdens von vornherein auszuschalten, sollte man sich ihnen völlig ungezwungen nähern, um der Begegnung den Charakter des Zufälligen zu geben. Aber Ruben hielt nichts von moderner Psychologie. »Wascht euch nicht so oft!« war seine Theorie. »Eure Stinkseife jagt die Tiere davon.«

Wenn auch Gehör und Geruchssinn des Gorillas nicht so entwickelt sind wie bei vielen anderen Tieren, er hört und riecht uns wahrscheinlich früher als wir ihn. Sein Auge ist schärfer als das unsere, aber im dichten Unterholz hilft ihm das nicht viel, und so konnten wir oft unbemerkt nahe an die Tiere herankommen. Peter, der Fährtensucher, trat einmal einer Gorillamutter beinahe auf die Zehen; im dichten Gebüsch kann das schon vorkommen. Sie schrie erschrocken auf, und Peter, sonst nicht so leicht aus der Fassung gebracht, war ebenfalls erschrocken und lief, genauso laut schreiend und so schnell er konnte, den Abhang hinunter. Glücklicherweise war der Alte gerade nicht in der Nähe, und als er endlich seiner Frau zu Hilfe kam, war Peter schon längst weit unten in einem Distelbusch gelandet.

Durch unsere ständige Fühlung mit den Tieren wußten wir, wo ungefähr sich eine Familie oder Gruppe gerade aufhielt. Gorillas schlafen aber jede Nacht an einer anderen Stelle. Sie ziehen zwar wochenlang im selben Gebiet umher, sind aber plötzlich auf und davon. Andere Nomaden unter den Menschen oder Tieren ziehen immer nur dann weiter, wenn die Weide abgegrast ist. Gorillas hingegen verlassen einen guten Futterplatz, obgleich es dort noch reichlich Nahrung gibt. Ist es reiner Wandertrieb, ein Drang nach Abwechslung, der sie auf einmal bis zum Gipfel des Muhavura hinauftreibt, wo nur noch kümmerliche Flechten und Moose wachsen? Oder enthalten diese Pflanzen vielleicht Nährstoffe, die der Körper des Gorillas gerade dann nötig hat? Ebenso unberechenbar wandern sie auch oft nach Ruanda hinüber, kehren aber schon am nächsten Tage, genauso unberechenbar, zurück.

Deshalb ist eine Gorillapirsch oft langwierig. Damit es die Besucher leichter hatten, schickten wir meistens schon bei Morgengrauen zwei der Fährtensucher aus, die als günstigen Ausgangspunkt eine Gruppe schlaffrischer Gorillabetten ausfindig machen mußten.

An zurückgelassenen Zeichen erkannte der mit seinen Besuchern nachfolgende Ruben die Richtung, die die Fährtensucher genommen hatten, und durch vereinbarte Signale gelang es ihm immer, auch im dichtesten Wald, die beiden irgendwo auf halbem Weg zu treffen. Sie führten dann die Partie, so gradlinig wie das Terrain es erlaubte, zu den entdeckten Betten hin, von wo aus den noch deutlichen morgendlichen Fährten verhältnismäßig leicht nachgegangen werden konnte. Die Gorillas machen nämlich unvorsichtigerweise nicht den geringsten Versuch, ihre verräterischen Spuren zu verwischen. Ihre Losung ist überreichlich, und allenthalben lassen sie die Überbleibsel ihrer Mahlzeiten zurück, unverkennbare Meilensteine am Wege, den sie gegangen sind.

Befindet man sich auf der richtigen Fährte, dann ist es kein so großes Kunststück mehr, ihr zu folgen. Sie in diesem ausgedehnten, unwegsamen Gebiet zu finden heißt aber, nach einer Nadel in einem Heuhaufen zu suchen, besonders wenn die Fühlung mit den Tieren für ein paar Tage verlorengegangen ist. Man muß dann wieder von vorn anfangen, und es war mir immer völlig unverständlich, warum Ruben und die Fährtensucher plötzlich rechts in den Wald einbogen, wo sich die Tiere vor kurzem doch noch auf der linken Seite aufgehalten hatten.

Es war tatsächlich romantisch wie in einem Buch von Karl May. Fasziniert beobachtet man Ruben, wie er, sich niederbeugend, einen Fußabdruck studiert oder die Losung prüft, deren Farbe und Temperatur verraten, wann die Tiere die Stelle passiert haben. Ein umgeknickter Grashalm, eine niedergetretene Pflanze weisen die Richtung, in der sie weitergewandert sind. Man kriecht auf dem Bauch durch einen Tunnel von nasser und reichlich mit Gorillalosung bestreuter Vegetation und hat dabei das unbehagliche Gefühl, daß einem Tarzans Pflegevater in höchsteigener Person entgegenkriechen könnte. Was tun, wenn man sich in der Mitte trifft? Das ist ein Gedanke, der einen nicht losläßt. Wilder Sellerie und wilde Petersilie, wichtige Bestandteile der Gorillakost, wachsen mannshoch und schlagen dem Vorwärtskriechenden über dem Kopf zusammen. Virulente Brennesseln, gegen die selbst die weniger empfindliche schwarze Haut nicht gefeit ist, sind unvermeidlich. In meiner Qual tröstete es mich immer, wenn Ruben und die Boys sich genauso hysterisch an Armen und Beinen kratzten wie ich. Aber es lohnte sich! Das war Afrika, das wirkliche Afrika, spannend wie die Indianerbücher meiner Jugend.

Unzählige Gorilla-, Elefanten- und Büffelpfade kreuzen und queren den Wald – und es ist unheimlich, mit welch sicherem Instinkt Ruben und seine Leute aus diesem Wirrwarr stets die richtige Spur zu finden wissen. Auf hartem Grund geht sie manchmal fast völlig verloren, und dann zeigt sich Ruben als wahrer Zauberer. Er schickt die Fährtensucher voraus, eine Variation von leisen, vogelartigen Pfiffen ertönt im Walde, und schon hat ein umgeknickter Halm, das winzige Stück eines angenagten Stengels, ein uns unsichtbarer Fußabdruck die Fährte verraten.

Die Eingeborenen sind der Natur so nahe, daß sie ein für unser Auge unbeschriebenes Blatt in ihrem Buch zu lesen und zu deuten wissen. Sie beobachten scharf, nichts entgeht ihnen. Ihr unfehlbarer Instinkt sagt ihnen, was so ein Tier in einer gegebenen Situation tut, ob und warum es wohl nach links oder rechts, nach oben oder unten weitergewandert ist. In zweifelhaften Fällen werden die verschiedenen Möglichkeiten erörtert, aber Ruben, der Meister, hat gewöhnlich recht.

Wenn die Gorillas die menschliche Gegenwart zeitig genug entdecken, verschwinden sie spurlos im Walde. Meistens denkt aber der Alte, daß die Gefahr schon zu nahe sei, um ohne Risiko Reißaus nehmen zu können. Als verantwortlicher Familienvater oder Führer der Gruppe schickt er die Seinen voraus, er aber verbirgt sich hinter einem Busch und wartet, um den Störenfrieden, sobald sie nahe genug heran sind, einen gehörigen Schrecken einzujagen.

Das Versteckenspielen ist ermüdend, wenn es zu lange dauert. Aber da fängt Ruben auf einmal an zu schnuppern, und im Nu ist man wieder wach. Er riecht nämlich die Tiere schon, wenn eine zivilisierte Nase nur den würzigen Duft der Kräuter wahrnehmen kann, doch beim Näherkommen ist die scharfe, seltsam muffige, aber nicht unangenehme Ausdünstung ihres Körpers nicht zu über»riechen«. Jetzt weiß man: Der Moment ist da, und ich fühle es noch heute, wie ich mich eines leichten Druckes in der Magengrube nicht erwehren konnte.

Da, plötzlich, die erste Warnung: ein ärgerliches Stakkato – genau vor uns aus dem Gebüsch! Ein zweites kurzes Bellen folgt, und das dritte geht in einen Schrei über, wild, furchterregend und von einer solchen Reso-

Lake Mulehe, einer der vielen in Hügel eingebetteten Seen in der Nähe von Travellers Rest. Man erkennt, wie sorgfältig die Bergrücken landwirtschaftlich genutzt werden.
(Foto Jay H. Matternes)

Onkel Bert mit seiner Familie bei der Mittagsruhe. Das Weibchen Flossie drückt ihr Neugeborenes liebevoll an sich.

Rechts oben ein junges Weibchen, das sich bei der ersten Begegnung im Wald neben dem Fotografen niederließ und ihn zärtlich streichelte. Darunter schaut Onkel Bert interessiert dem Fotografen zu, der nur wenige Meter entfernt frei und offen vor ihm steht.
(Fotos Jay H. Matternes)

Vohergehende Doppelseite:
Peanuts, ein junger Gorillamann, hat alle Scheu vor Dian Fossey verloren, die ihn und seine Gruppe schon seit Jahren beobachtet. Er setzt sich wie selbstverständlich neben sie, wenn sie sich im Walde treffen, und frißt ihr gelegentlich buchstäblich aus der Hand.
(Foto Jay H. Matternes)

Auf der letzten Seite ein braunäugiger, bärtiger Gorillajüngling von etwa 4 Jahren.
(Foto National Geographic Society, Washington)

Gorillas leben nicht auf Bäumen – steigen aber gerne hinauf, solange sie noch jung und leicht genug sind!
(Foto Tierbilder-Okapia)

Eine traurige Last: Der tote »Saza Chief« wird zu Tal getragen.
(Foto Ian McClellan)

nanz, daß weithin der Wald erdröhnt. Astwerk splittert, Zweige krachen, eine schwere Masse läßt sich zu Boden fallen, und man beginnt zu begreifen, welcher Urgewalt man hier gegenübersteht.

Wieder ein Schrei, und dann kommt der berüchtigte, unheimlich drohende Trommelwirbel. Erste Regung: davonlaufen! Aber die Beine wollen einfach nicht. Schrei und Trommelwirbel folgen aufeinander in kurzen Abständen, man duckt sich unter dem wilden Rhythmus der Schläge. Jeden Augenblick können lange, haarige Arme den Blättervorhang auseinanderreißen, kann sich das Ungetüm auf uns stürzen. Die Spannung ist unerträglich. Koste es, was es wolle, man will der Gefahr wenigstens ins Auge sehen!

Langsam richten wir uns auf und biegen vorsichtig Zweige zur Seite: Das steht er, der schwarze Koloß, die Urkreatur, die Verkörperung der brutalsten Kraft. Er wendet sein mächtiges, silbergrau umkraustes Haupt scharf nach rechts und links, und dann schaut er uns mitten ins Gesicht. Sein Auge scheint blutunterlaufen, sein Zorn maßlos. Halb Mensch, halb Tier? Ich jedenfalls hatte unter diesem Blick immer ein Gefühl der Scham, mich in das Geheimnis dieses Wesens zu drängen.

Er wirkt verblüffend menschlich, man möchte die Hand ausstrecken, sie ihm reichen und sagen: »Reg dich doch nicht so auf! Erkennst du mich denn nicht, mich, deinen Vetter?« Aber zwischen Fühlen und Handeln ist eine tiefe Kluft, und ich war nicht geneigt, sie zu überbrücken.

Ruben läßt aber keine Zeit, so schwerwiegende Entscheidungen zu erwägen, er kriecht langsam näher und winkt, ihm zu folgen. In diesem Augenblick versagen die Nerven vieler Besucher, und wer das Pech hat, von einem empfindsamen Vordermann am Weiterkriechen gehindert zu werden, dem entgeht ein wahrhaft großartiges Schauspiel. Denn da ist wenig Platz, und den Mut, aufzustehen und über das Häufchen Angst vor einem hinwegzusteigen, bringt nur der Kühnste auf. Auch ich zaudere. Das ist reiner Wahnsinn, sage ich mir, und doch krieche ich wie hypnotisiert Ruben nach. Ihm kann man vertrauen, er weiß, was man wagen kann.

Da öffnet der Alte seinen Mund, und seine riesigen, raubtierhaften Eckzähne sind gefährlich deutlich sichtbar. Wieder kommt dieser heisere und doch so gellende Schrei. Ich muß mich an etwas festklammern und packe unwillkürlich Rubens Bein. Die Berührung flößt Mut ein. Den nächsten Trommelwirbel kann ich jetzt beobachten. Immer im gleichen, exakten Rhythmus schlagen die geballten Fäuste auf den ungeheuren Brustkorb. Die Wirkung ist beängstigend, ich bin wie gebannt.

Aber der Alte übertreibt, und damit verdirbt er sich den Sieg. Man beginnt an der Echtheit seines Zorns zu zweifeln, zumal wenn man weiß, daß er nur »Fürchtenmachen« spielt, um uns aufzuhalten, damit seine Familie sich in Sicherheit bringen kann. So kriechen wir jetzt weniger zaghaft näher, und da spielt er seinen letzten großen Trumpf aus. Er richtet sich zu seiner vollen Höhe auf – über zwei Meter – streckt die unwahrscheinlich langen Arme empor, packt mit jeder Hand einen Ast und rüttelt und schüttelt ihn wie besessen. Macht auch dies keinen Eindruck, dann reißt er Zweige ab, zerbricht sie und wirft sie mit entschlossener Gebärde beiseite. Das flößt von neuem Respekt ein. Jetzt wird's ernst, denke ich, und meine Nägel krallen sich wieder in Rubens Bein. Aber nichts geschieht – Rubens Kühnheit hat dem Alten das Konzept verdorben, er hat sich ausgetobt.

Friedlich, wie der Gorilla ist, will er seine Ruhe haben, nur wenn er sich ernsthaft in die Enge getrieben fühlt, greift er an. Der Alte ist zwar ärgerlich, daß wir seinen Bluff durchschaut haben und noch immer da sind. Aber ich habe ihn im Verdacht, daß er seine große Szene selbst am meisten genossen und sich wie ein Komödiant an seinem eigenen Pathos berauscht hat. Noch immer grollend, zieht er sich schließlich, den Seinen folgend, bergauf ins Unterholz zurück.

Eine grandiose Vorstellung, und doch sind wir froh, daß sie vorüber ist.

Auf einmal wieder ein scharfes, warnendes Bellen, diesmal dicht hinter uns. Von Gorillas umzingelt? Na, das kann gut werden, denke ich.

Aber Ruben ist unbeirrt, er kennt das Manöver. Der mißtrauische Alte hat uns unbemerkt umgangen, er will uns in die falsche Richtung locken. Die Mühe hätte er sich sparen können, denn auch wir sind friedliche Naturen, wir verfolgen die Tiere nie und ziehen uns nach einer solchen Begegnung – ebenfalls erleichtert – zurück.

So war es, als ich zum ersten Mal einem alten Gorilla Aug in Auge gegenüberstand. Es war der größte und mächtigste unserer Gorillas, die Boys nannten ihn den »Saza Chief«, er war wie der richtige Mutwale Paulo eine Persönlichkeit, ein Original, ein Kerl von echtem Schrot und Korn. Ich wurde bald mit seinen Tricks vertraut, und Ruben hatte sich nicht mehr über zerkratzte Beine zu beklagen.

Die Taktik des Gorillas ist immer die gleiche: Der Vater der Familie oder der Führer der Gruppe läßt die Verfolger dicht herankommen und versucht dann, sie durch ein großangelegtes Abwehrmanöver zu vertreiben. Manchmal macht er auch einen Scheinangriff und springt bis auf wenige Meter heran. In einem solchen Augenblick werden auch Ruben und seine Helfer, die Nerven wie Hanfseile haben, etwas unsicher. Denn trauen kann man so einem Gorilla nicht – und den Besuchern noch weniger. Man muß in beiden Fällen auf alles gefaßt sein. Die Gorillas, das wissen wir, sind launisch und unberechenbar, aber ich bezweifle, daß es solche Toren unter ihnen gibt wie unter uns Menschen, denen sie sonst in vielem so ähnlich sind.

So nahmen wir einmal einen Gast in den Wald hinauf – einen Vegetarier und ausübenden Jogi –, der den schreienden, trommelnden Alten nur komisch fand und von einem hysterischen, nicht endenwollenden Lachkrampf ergriffen wurde. Der Gorilla war ohne Zweifel wütend, so etwas war ihm wohl noch nicht vorgekommen. In einem fort schlug er sich auf die Brust, schrie und tobte wie ein Irrer. Mir war nicht wohl dabei zumute, aber der Gast brach bei jedem Trommelschlag von neuem in eine hemmungslose Lachsalve aus. Nur wenige Schritte trennten uns von dem Wüterich, und ich muß gestehen, daß ich in dieser Situation keinen rechten Sinn für den Humor meines Begleiters aufbringen konnte. Gott sei Dank, der Alte war nicht übelnehmerisch, er schien sich nur über den seltsamen Zeitgenossen zu wundern und zog sich – kopfschüttelnd, wie mir schien – in seinen Busch zurück.

Ein anderer Gast hatte mir am Abend zuvor die hübsche, vermutlich erfundene Geschichte von einem Freund erzählt, der, als er im Kayonsawald einem Gorilla begegnete, ein Grasbüschel nach ihm warf. Dieser Gorilla soll, dem Freund zufolge, das Grasbüschel zurückgeworfen haben, und das sei dann wie beim Ballspiel einige Zeit hin und her gegangen.

Als wir am nächsten Tag einen Gorilla bellen hörten und dem Geräusch nachkrochen, bemerkte ich, wie dieser Gast ein Grasbüschel in der Hand hielt. Aber erst als er sich aufrichtete, wurde mir klar, was er eigentlich im Schilde führte, und ich konnte ihn gerade noch daran hindern, seinen »Ball« dem »Saza Chief« zuzuwerfen.

Hier muß auch mein Freund, der deutsche Schauspieler, erwähnt werden, der einige Monate bei mir zu Besuch war. Er war ein Afrikaenthusiast, und ich konnte ihm keine größere Freude machen, als ihn mit Ruben in den Gorillawald gehen zu lassen. Er überwachte auch den Bau meines Lagers, und dabei hatte er Gelegenheit, die Gorillas oft für längere Zeit zu beobachten. Als begabter Imitator konnte er dort oben seinen »Porträts berühmter Schauspieler« – dem Lear des Werner Krauß und dem Faust des Mathias Wieman – bald als Glanznummer »den alten Gorilla« hinzufügen. Er hatte sich dessen große Szene so genau abgeguckt, daß er sie mit allen Nuancen des Tones und der Geste wiedergeben konnte.

Bei einer gemeinsamen Pirsch hatte uns einmal so ein alter Gorilla nach dem ersten Treffen heimlich umgangen, um sich uns dann anderswo von neuem zu stellen, ein Manöver, das selbst Ruben immer zur Vorsicht zwang. Der Alte war offenbar in der schlechtesten Laune, er brüllte, trommelte, trampelte und zerbrach alles, was er an Ästen erwischen konnte. So etwas von Gorillawut hatte ich noch nicht erlebt. Er sprang einige Male auf uns zu und kam bis auf etwa fünf Meter heran. Scheinangriff? Theoretisch vielleicht. Praktisch war mir nicht wohl in meiner Haut.

Von der Größe und Wildheit dieses Zorns gebannt, klammerten wir uns an Ruben fest. Dem Schauspieler neben mir – ich fühlte es – zuckte es auf einmal in allen Gliedern. Langsam richtete er sich auf und streckte seine Arme zum Trommelschlag aus. Unsanft bog ich ihn nieder, preßte ihm meine Hand auf den Mund und konnte gerade noch seinen ersten Gorillaschrei ersticken.

Der auch nicht unbegabte Ruben hatte ebenfalls den »alten Gorilla« auf seinem Repertoire, probierte aber seine Künste nur aus sicherer Entfernung und beschränkte sich auf den Austausch freundlicher Komplimente.

Er habe der Versuchung nicht widerstehen können, seine eigene Stimmbildung mit der des Gorillas zu messen, erklärte mein Freund hinterher. Der Alte habe zwar schamlos übertrieben, seine Atemtechnik und Resonanz seien aber beispielhaft. Dieser Schauspieler ist heute Fachmann für Atemrhythmik und solche Dinge und hat auf diesem Gebiet wahrscheinlich so manches unseren Gorillas abgelauscht.

Mich schaudert noch bei dem Gedanken, was mit meinem Freund geschehen wäre, hätte ich ihn nicht an der Ausübung seines Talents gehindert. Der Gorilla hätte ihn womöglich für einen Nebenbuhler gehalten, und dann wäre in der Presse zu lesen gewesen:

»Deutscher Nachwuchs-Schauspieler in Uganda von deutschfeindlichem Gorilla umgebracht.«

Ich dankte den Geistern unserer Berge oft und ehrlich, daß die Gorillas unsere Bewirtung verschmäht hatten. Ihnen auf freier Wildbahn zu begegnen war zwar anstrengender, aber erregender, interessanter und amüsanter, als ihnen von einem festen Posten aus beim Fressen zuzusehen. Es wäre wie im Zoo gewesen.

Da trat eines Tages der Versucher in der Gestalt des Vertreters eines weltweiten Versicherungskonzerns an mich heran. Unsere Gorillasafaris seien einzigartig, sagte er. Er bot mir Kapital in jeder Höhe zum Aufbau meines Gasthofs an und versprach, Kisoro zu einem Zentrum des internationalen Tourismus zu machen. Allerdings unter gewissen Bedingungen: Ich müsse, wie das weltbekannte Treetops-Hotel in Kenia, einen Beobachtungsposten auf einem Baum im Gorillawald errichten, einen Futterplatz darunter anlegen und einen Sessellift hinauf bauen, um den Touristen auf bequeme Weise die Sensation zu bieten, dem Riesenaffen in der Wildnis zu begegnen.

Gewiß, es war verlockend. Und meine Antwort?

Der Game Warden – der Wildschutz-Papst in Entebbe – würde mich in ein Irrenhaus einsperren lassen, wenn ich ihm mit einem solchen Vorschlag käme, sagte ich. Auch seien die Gorillas Nomaden – heute hier, morgen dort –, und es müsse daher ein ausgedehntes Verkehrsnetz von Sessellifts über alle drei Vulkane gespannt werden, und obendrein könnten diese Affen auf Bäume klettern.

Nein! Lieber wollte ich bis zum Ende meiner Tage wie die Eingeborenen Posho und Bohnen essen und in einer Ziegenhaut umherlaufen, erklärte ich, als aus dem Gorillareservat einen Jahrmarktsrummel machen.

Der Agent zog sein Angebot zurück.

15 Gorillasammler

Der Gorilla ist schon seit dem fünften Jahrhundert vor Christus bekannt, seit Hanno, ein karthagischer Admiral, die afrikanische Westküste entlangsegelte und mit seiner Mannschaft, wahrscheinlich im heutigen Sierra Leone, an Land ging. Sie trafen dort, so berichtet Hanno, einen Stamm nackter Wilder an, hauptsächlich aus Frauen bestehend, die sich bestialisch beißend und kratzend zur Wehr setzten, als die Matrosen sich mit ihnen amüsieren wollten. Um sich zu verteidigen, schlugen die Matrosen kurzerhand ein paar dieser Furien mit der Keule tot, zogen ihnen die Felle ab, die später als Trophäen im Tempel der Astarte in Karthago aufgehängt wurden. Wenn es tatsächlich Gorillas waren, so handelt es sich um den Tieflandgorilla. Man mag über Hanno und seine Leute denken, wie man will, ihm gebührt Lob für den schönklingenden Namen, den er diesen Affen gegeben hat, indem er das Wort, so wie er es von seinem Dolmetscher hörte, phonetisch niederschrieb.

Unser Berglandgorilla wurde erst im Jahre 1902 von Oskar von Beringe, einem Hauptmann der deutschen Schutztruppe, entdeckt, als er mit einigen Kameraden den noch unbestiegenen Gipfel des Sabinio erklettern wollte. Es war auf der Ruandaseite, die damals zu Deutsch-Ostafrika gehörte. Von Beringe und seine Freunde hatten, da sie ohne Seil waren, den Versuch aufgeben müssen und lagerten auf einem schmalen Felsband in etwa dreitausend Meter Höhe, als sie über sich eine Herde schwarzer Riesenaffen bemerkten, die ebenfalls und mit mehr Erfolg, wie es schien, dem Gipfel zustrebten. Von Beringe schoß zwei dieser Tiere, sie fielen in eine tiefe Kluft, wo nur eines gefunden und mit Mühe nach oben gebracht werden konnte. Es war ein junges Männchen, etwa 1,50 Meter groß und zwei Zentner schwer: bescheidene Maße für einen Gorilla, doch zu groß und schwer für einen Schimpansen. Von Beringe schickte Skelett, Schädel und Fell an die Berliner Universität, wo Professor Matschie, ein Fachmann auf dem Gebiet der Klassifizierung, diesen Affen als Gorilla erkannte.

Als ein Jahr vorher das Okapi in den nördlichen Wäldern im Kongo entdeckt worden war, hatte man nicht geglaubt, daß der dunkle Erdteil noch weitere große Säugetiere zu enthüllen hätte. Man hatte wohl vergessen, daß die Eingeborenen dem englischen Forschungsreisenden Speke, als er 1862 auf seiner Suche nach den Quellen des Nils nordwärts zog, von den wilden, menschenähnlichen Ungeheuern erzählt hatten, die in den Wäldern der hohen Berge leben sollten, deren seltsame, kegelförmige Gipfel er am westlichen Horizont erblicken konnte.

Das waren natürlich unsere »Kochtöpfe«, aber Speke hatte damals nichts anderes als den Nil im Sinn und wollte wohl keinen Umweg machen, um den Erzählungen seiner Träger auf den Grund zu gehen.

Es war ein zoologisches Ereignis, so spät noch eine neue Gorillarasse zu entdecken. Gorillas, das wußte man, lebten in der Gewächshaustemperatur der äquatorialen Wälder im Westen, und nun tauchte auf einmal – mit zweitausend affenlosen Kilometern dazwischen – hier im Osten dieser pechschwarze, plumpere, in hohen Bergen lebende Geselle auf, der sich nicht so recht in das bestehende System einordnen ließ. Da die Zoologen damals, mit Professor Matschie an der Spitze, in der kleinsten Abweichung eine eigene Spezies sahen, wurde dieser unbequeme neue Affe als Gorilla beringei matschie klassifiziert. Diese pedantische Methode des Klassifizierens verursachte eine heillose Verwirrung, die aber inzwischen von der vergleichenden Anatomie durch Messungen vereinfacht worden ist. Sie stellte fest, daß es sich bei den verschiedenen Gorillas um ein und dieselbe Spezies handelt, die in zwei Subspezies oder Untergattungen unterteilt wird: in den Tiefland- oder Westgorilla und in den Berg- oder Ostgorilla. Die Unterschiede sind lokal bedingt und unwesentlich: Die beiden Arten können sich paaren, und nur der Fachmann kann sie unfehlbar auseinanderhalten.

Früher »sammelte« die Wissenschaft nur – die Verhaltensforschung gab es noch nicht –, und das zusammengetragene Material ist ohne Zweifel von großem Wert. In den zwanziger Jahren dieses Jahrhunderts wurde der Berggorilla ein beliebtes Objekt dieser »Sammler«: Jäger, Tierfänger und Naturforscher drangen in die heimatlichen Gebiete dieser seltenen Riesenaffen ein und »sammelten« erbarmungslos; allein in den Birunga-Vulkanen wurden in jenen Jahren rund vierzig Gorillas abgeschossen oder gefangen, wobei eine unbekannte Zahl ihrer Familienmitglieder ums Leben kam.

Hier sollen nur die zwei bedeutendsten dieser Sammler genannt werden: als erster Prinz Wilhelm von Schweden, ein wahrer Gorillaschlächter, der auf seiner zentralafrikanischen Expedition in den Jahren 1920/21 vierzehn dieser Tiere »sammelte«. Vielleicht sollte man aber ihn und seine Genossen nicht gar so streng beurteilen, denn damals bemühte sich noch niemand um Schutz und Erhaltung wilder Tiere. Gorillas gehörten zum Großwild, und es war geradezu ein Sport, sie wie Löwen, Elefanten und Büffel zu jagen und kaltblütig zu erlegen.

Eines Tages wollte ein mir unbekannter Besucher allerlei über unsere Gorillas wissen, und seine treffenden Fragen überraschten mich. Ich war natürlich neugierig, wer dieser wohlunterrichtete, weißhaarige, jugendliche Siebziger war. »Sie scheinen etwas von Gorillas zu verstehen?« tippte ich vorsichtig an. »Und ob ich was von ihnen verstehe!« sagte er etwas gekränkt. »Ich habe schließlich nicht umsonst vierzehn Gorillas geschossen.«

»Was? Vierzehn Gorillas? Um Himmels willen! Wann und wo?« fragte ich entsetzt.

»Nun ja, vor vielen Jahren schon und drüben im Kongo«, gestand er etwas beschämt. »Ich bin Kenneth Carr; ich begleitete den Prinzen von

Schweden als Jäger. Sie werden meinen Namen in seinem Buch gelesen haben. Ich war damals jung, die Expedition war ein tolles Abenteuer, und der Prinz zahlte gut. Heute würde ich auf keinen Gorilla schießen, aber damals dachte man sich nichts dabei.«

Der Prinz hatte mit seinen Leuten an der Stelle gezeltet, an der ich später mein eigenes Lager baute. »Es gab viele Gorillas dort oben«, fuhr Mr. Carr fort, »aber sie waren zu schlau für mich, sie ließen mich nie zu einem sicheren Schuß kommen. Im Kongo drüben, wo der Wald weniger dicht ist, war es einfacher.«

Ich vergab ihm die vierzehn Gorillas, und Kenneth und ich wurden gute Freunde. Er lebte in Ruanda am Hange des Karisimbi und kam oft bei mir vorbei. Bei seinem nächsten Besuch drückte er mir augenzwinkernd eine Flasche Burgunder in die Hand. »Für jeden Gorilla eine«, sagte er und brachte es bis auf acht. Als Ruanda unabhängig wurde, kehrte er nach Europa zurück. Er war zu sehr in der Vergangenheit verwurzelt, um sich mit den veränderten Verhältnissen abzufinden. Ich glaube nicht, daß ich ihn je wiedersehen werde, und habe die sechs Flaschen, die er mir noch schuldet, abgeschrieben.

Der zweite Sammler, von dem ich berichten will, ist der amerikanische Naturforscher Carl Akeley, der im selben Jahr wie der Prinz und im gleichen Gebiet fünf Gorillas abschoß, mir aber trotzdem zu einer liebenswerten Gestalt geworden ist. Auch er war ein passionierter Jäger – den Eindruck gewinnt man jedenfalls aus seinem Buch »In Brightest Africa« –, und es verstimmte mich etwas, daß er neben einem Mann auch zwei Frauen auf seine Gorillaexpedition mitgenommen hatte, von denen die eine unter seiner Anleitung ebenfalls Gorillas schießen sollte. Gottlob kam es nicht dazu. Aber ich vergab ihm auch das, denn er liebte Afrika und war ein echter Freund der Tiere.

Die Gorillas faszinierten ihn, er zeigte großes Verständnis für sie und erkannte, daß es bald keine Berggorillas mehr geben würde, wenn es mit dem Sammeln so ungehindert weiterginge. Nachdem er seine fünf »in der Tasche hatte«, schlug er dem König Albert von Belgien vor, das Vulkangebiet zu einem Gorillareservat zu erklären, aus dem sich später der prachtvolle Albert-Nationalpark entwickelte.

Carl Akeley hatte es sich zur Aufgabe gemacht, die Wunder der afrikanischen Tierwelt zu verewigen: Als Ideal schwebte ihm eine Afrikahalle im Naturgeschichtlichen Museum in New York vor, in der Gruppen der wesentlichsten Säugetiere in natürlicher Haltung und in ihrer heimatlichen Szenerie ausgestellt werden sollten. Jeder Strauch, Zweig und Stein sollte möglichst echt sein, und so sammelte er nicht nur die wichtigsten Tiere des Erdteils, sondern auch alles, was ihm für ihre Umgebung charakteristisch erschien.

Die bisher übliche Art des »Ausstopfens« genügte ihm nicht, er war ein

Meister, ein Revolutionär auf diesem Gebiet, ein Naturkundiger nämlich, der mit dem Leben seiner Objekte und ihrer Umgebung vertraut sein wollte, und ein Künstler, der sie naturgetreu zu modellieren verstand. Sein Traum ist in Erfüllung gegangen. In der Carl-Akeley-Gedächtnishalle im New Yorker Museum zeugen vierzehn staunenerregende Tiergruppen, darunter eine ganze Elefantenherde, von dem inspirierten Schaffen eines Mannes, der sich seiner Aufgabe mit Leib und Seele verschrieben hatte. Besonders eindrucksvoll ist die aus drei männlichen, einem weiblichen und einem jugendlichen Gorilla bestehende Gruppe, die hoffentlich noch da sein wird, wenn der Berggorilla in der Natur längst ausgestorben ist.

Akeley kehrte 1926 in das nunmehr geschützte Vulkangebiet zurück, diesmal nicht zum Jagen oder Sammeln, sondern um das Leben und Verhalten der ihm liebgewordenen Gorillas zu beobachten. Er hatte einen Maler zum Skizzieren des grandiosen Panoramas mitgebracht, das nun den trefflich geeigneten Hintergrund für die Gorillagruppe im Museum darstellt.

Akeleys Freude, wieder in dem geliebten Gorillaparadies zu sein, währte nicht lange. Er erreichte krank und erschöpft das Lager in 3800 Meter Höhe und starb dort im Alter von 62 Jahren an einem unbekannten Fieber. Ich könnte mir kein passenderes Ende und keine schönere letzte Ruhestätte für Carl Akeley denken als das schlichte Grab auf der Wiese im Sattel zwischen Karisimbi und Mikeno, wo er, seinem Wunsch gemäß, beerdigt wurde.

Als würdiges Vermächtnis hinterließ dieser Freund der Natur die Idee eines Gorilla-Sanctuary, einer Gorilla-Zufluchtsstätte, wo die in ihrem Bestand ernstlich bedrohten Affen, vor menschlichen Eingriffen sicher, sich wie in Urzeiten nähren und mehren konnten. Diese von König Albert mit großem Verständnis befolgte Anregung wurde später auch von den Engländern in Uganda verwirklicht, und so ist es dem Einfluß Carl Akeleys zuzuschreiben, daß es heute eine, wenn auch erheblich zusammengeschmolzene Anzahl von Gorillas in diesen Bergen gibt.

Es ist zu hoffen, daß dieses Schutzgebiet mit den Gorillas, die ihm noch verblieben sind, den Wandel der Zeiten besser überdauern wird als das Grab des Mannes, dem seine Entstehung zu verdanken ist. Die Zementplatte ist gespalten und überwuchert, und das Kupfer der eingelassenen Inschrift: Carl Akeley, Nov. 17. 1926 ist verschwunden. Wahrscheinlich schmückt es nun, zu Ringen, Bändern und Spiralen verarbeitet, Arme, Hals und Beine der Birunga-Damen.

16 Ist's Afrika, wo unsere Wiege stand?

Junge, zivilisierte Afrikaner konnten es einfach nicht begreifen, daß es so viele Europäer drängt, zur Natur zurückzukehren. Für sie ist die Zivilisation noch zu neu, zu großartig, um ihrer überdrüssig zu werden. Auf die Berge klettern, am Lagerfeuer kochen, frieren oder Schweiß vergießen? Und all das der Gorillas wegen? Der weiße Mann spinnt ja! Uns gegenüber dünkt er sich überlegen, denken sie, aber auf seine Verwandtschaft mit den Affen scheint er stolz zu sein. Es gibt sogar welche, die von ihnen als von »ihren Vettern« sprechen. Wozu überhaupt all der Lärm um die Gorillas?

Ist es wirklich so wichtig festzustellen, wie diese nutzlosen Kreaturen leben und sich fortpflanzen, ob sie sich vermehren oder aussterben, fragten mich die jungen Afrikaner. Je weniger von der Sorte, desto besser, meinten sie. Muß man wissen, was und wieviel diese Tiere essen, wie sie verdauen, wo und wie sie schlafen, welche Entfernungen sie an einem Tag zurücklegen? Ob sie in Familien oder in größeren Verbänden leben, ob es mehr Männchen oder Weibchen unter ihnen gibt? Wem nützt es schon, wenn man weiß, ob diese Affen eine oder mehrere Frauen haben, wie sie sie behandeln, ob sie eifersüchtig aufeinander sind, um den Besitz der Frauen kämpfen? Wie sie ihre Kinder aufziehen, ob sie Zwillinge erzeugen? An welchen Krankheiten sie leiden, ob es Neurose unter ihnen gibt? Ja, diese weißen Beobachter – es ist kaum zu begreifen – wollen sogar herausfinden, ob diese Affen so etwas wie eine soziale Organisation, eine Rangordnung kennen, wie sie sich untereinander, fremden Gruppen und anderen Tieren gegenüber verhalten. Wie sie sich verständigen, ob sie über ein Erinnerungs- und Denkvermögen verfügen. Ja, muß man denn das alles durchaus wissen?

Nun, man muß nicht. Die Welt wird auch ohne Beantwortung dieser Fragen nicht stehenbleiben, und einen praktischen Wert wie das Studium der Moskitos oder der Tsetsefliege hat das des Gorillas wahrscheinlich nicht. Es ist eine wissenschaftliche, eine rein spekulative Angelegenheit, auf Umwegen über den Menschenaffen in unseres eigenen Ursprungs Tiefe hinabzutauchen. Jedes neue Wissen um diese Tiere, so unbedeutend es an sich auch scheinen mag, ist ein frisches Blatt am noch immer recht kahlen Stammbaum des Menschengeschlechts.

Es war erstaunlich, wie wenig der Wissenschaft über Leben und Verhalten des Gorillas in seiner natürlichen Umgebung bekannt war, als wir anfingen, uns mit diesen Tieren zu befassen. Als Entschuldigung hatten immer die Abgelegenheit und Unzugänglichkeit ihres »Habitats«, ihres Lebensgebietes, und ihre angebliche Gefährlichkeit herhalten müssen. Gewiß, der Gorilla macht es seinen Beobachtern nicht leicht, aber viel Zeit, Geld und Energie waren für das Studium anderer Tiere aufgewendet worden, die für die Geschichte des Menschen weniger aufschlußreich sind als die ihm so nah verwandten Riesenaffen.

Als löbliche Ausnahme muß hier der Avantgardist der Verhaltensforschung, der Amerikaner Dr. R. L. Garner, erwähnt werden, dessen Fachkollegen ihn zwar nicht ganz ernst nehmen, obgleich sie oft auf ihn zurückgreifen. Garner hatte auf einer Expedition nach Westafrika um die Jahrhundertwende die originelle Idee und den Mut, sich im Urwald in einen Käfig einsperren zu lassen, um die Gorillas an Ort und Stelle zu beobachten. Ob sich der Aufwand gelohnt hat, kann ich als Laie nach Garners Buch nicht beurteilen, und was das Gorillaweibchen, das sich eines Tages an den Käfig heranwagte und seinen seltsamen Insassen mit unverhohlenem Interesse beobachtete, über Garner herausgefunden hat, ist leider nicht im Druck erschienen.

Neuentdeckte Fossilien von menschenartigen Affen oder »Hominiden« schufen Probleme, die die Fachwissenschaft – die Anthropologie und Primatologie – nicht ignorieren konnte. Diese versteinerten Schädel und Knochen waren aufschlußreich. Sie erhellten das Dunkel unseres Ursprungs und untermauerten Darwins vielumstrittene Theorie. Seine Abstammungslehre behauptet nicht, daß wir Menschen weiterentwickelte Affen und die Affen zurückgebliebene Menschen seien, wie sie noch immer oft fälschlich ausgelegt wird. Die Lehre besagt nur, daß beide, Mensch und Affe, demselben Urstamm entsprossen sind und sich später, den neuesten Erkenntnissen zufolge, bereits vor 35 Millionen Jahren im Fayum in Ägypten getrennt haben, so daß vom Affen in uns so gut wie nichts geblieben ist.

Zum Pionier auf diesem besonderen Gebiet wurde Professor Raymond A. Dart, der Anatom der Witwatersrand-Universität in Johannesburg. Ein Gelehrter im goetheschen Sinn, von einem universellen Forschergeist getrieben, verstrickte sich Dart mit der ihm eigenen Leidenschaft in die Erforschung der menschlichen Evolution, sie wurde zum Zweck und Inhalt seines Lebens.

In dem fossilen Schädel eines Kindes – im Jahre 1924 in einer Kalkgrube in Taungs, Betschuanaland, dem heutigen Botswana, gefunden und zu ihm gebracht – erkannte Dart ein frühes Glied – das fehlende Glied, meinetwegen – zwischen Affe und Mensch, das er Australopithecus africanus, den »südlichen Affen« nannte. Es war das älteste bisher bekannte Affenfossil mit menschlichen Eigenschaften – besonders die Zähne glichen denen eines menschlichen Kindes –, und der Anatom in Dart schloß von diesem Schädel auf ein zweibeiniges, aufrecht gehendes, 1,20 Meter großes Wesen, auf einen Jäger, der Fleisch aß und in Höhlen lebte, aber mit einem Gehirn nicht größer als das des Gorillas. Das stellte die bisher akzeptierte Theorie in Frage, ein größeres Gehirn sei der erste Schritt auf dem langen Weg vom Affen zum Menschen. Die Fachleute schüttelten die

Köpfe über den Johannesburger »Amateur« und meinten, daß sein sogenannter Australopithecus nichts weiter als ein gewöhnlicher Affe, wahrscheinlich ein Schimpanse sei.

Dart ließ sich nicht irremachen. Er und seine Mitarbeiter entdeckten in den folgenden Jahren in verschiedenen Höhlen im Transvaal eine Unmenge von Fossilien, die Darts revolutionäre Ideen bestätigten. Sie wurden später noch erhärtet durch die überwältigenden Funde, die Dr. Robert Broom, ein zweiter südafrikanischer Außenseiter, in Sterkfontein und in anderen Höhlen in der Nähe Johannesburgs machte. Er entdeckte dort einen zweiten, kräftiger gebauten Hominiden, den er Australopithecus robustus nannte und an dessen Fundort sich auch aus Stein gefertigte Werkzeuge fanden.

Für die Männer vom Fach waren Dart und Broom zwei »enfants terribles«, deren unbequeme Entdeckungen unnötigen Staub aufwirbelten, und es wollte den Anthropologen nicht gefallen, daß diese Australopithecinen schon vor einer oder gar zwei Millionen Jahren und ausgerechnet in Südafrika gelebt haben sollten. Wenn diese Wesen tatsächlich dem Menschen ähnlicher als dem Affen, also »Beinahe-Menschen«, wären, dann hätte ja der Menschheit Wiege nicht, wie bisher angenommen, in Asien gestanden, wo der »Homo erectus« – der Peking- und Java-Mann – wesentlich später gelebt hatte und als unser frühester Vorfahr anerkannt worden war; auch nicht in Heidelberg, wo die Fossilien eines ähnlichen Homo erectus gefunden worden waren, und schon gar nicht in England, wo der Piltdown-Mann als eine Fälschung entlarvt worden war. Wenn Darts Theorie sich beweisen ließe, dann hätte unsere Wiege in Afrika gestanden und der Mensch sich von dort aus über die ganze Welt verbreitet. Es gab aber eingefleischte Anti-Südafrikaner unter den Anthropologen, die dem Lande der Buren diesen Ureinwohner, diesen vielleicht sogar ersten Menschen, nicht gönnten: Für sie war Südafrika ein Land der Affen.

Darts schwerstes Verbrechen in den Augen der konventionellen Anthropologie war jedoch seine These, anhand neuer, verblüffender Funde aufs Tapet gebracht, daß die Australopithecinen Antilopen-, Hyänen- und andere Tierknochen zu Waffen geformt und als solche benutzt hätten, also bereits methodische »Killer« gewesen seien. Das war eine schwerwiegende Behauptung, die nicht so ohne weiteres hingenommen werden konnte.

Der bedeutende ostafrikanische Anthropologe, der inzwischen verstorbene Dr. L. S. B. Leakey, war einer der führenden »Anti-Dartisten«, bis er und seine Frau Mary 1959 und in den folgenden Jahren in der Olduvaischlucht in Tansania ganz ähnliche Fossilien fanden.

Dr. Leakey gab großmütig seinen Irrtum zu und ging sogar einen Schritt weiter, indem er seinen »Zinjanthropus«, wie er den neuen Protagonisten im menschlichen Drama nannte, kurzum als den ersten wirklichen Menschen, als den Urvater unseres Geschlechtes, proklamierte, was ihm aber von der Fachwissenschaft nicht abgenommen wurde. Er wiederholte diesen Anspruch für seinen »Homo habilis« – für den »geschickten Menschen«, der Waffen herstellen konnte –, den er ein Jahr später in der untersten Strata in Olduvai ausgrub. Die Wissenschaft versagte auch diesem »Homo« ihre Anerkennung und bestimmte beide Formen als Varianten des südafrikanischen Australopithecus. Dart hätte seinem Protegé manche Erniedrigung ersparen können, hätte er ihn nicht als »pithecus«, als »Affen«, sondern von vornherein als »homo« abgestempelt. Heute hat die Fachwissenschaft begonnen, den unbequemen Namen durch ein kurzes »Dartianer« zu ersetzen, und damit dem Entdecker und Verfechter der problematischen Kreatur die ihm gebührende Ehre erwiesen. Heute sind die Dartianer stubenrein geworden und wurden samt Ahnen und Urahnen in die menschliche Gesellschaft aufgenommen.

Die Abstammungslehre ist ein schlüpfriger Pfad, auf den ein Gastwirt sich nicht begeben sollte. Die Entdeckungen überstürzen sich. Was heute als letzte Wahrheit verkündet wird, morgen schon wird es angezweifelt oder gänzlich widerrufen.

So sind in den letzten Jahren von Richard Leakey, dem Sohn des berühmten Vaters, und seinem afrikanischen Assistenten am Rudolfsee im Norden Kenias und von einigen internationalen Expeditionen in Äthiopien Funde gemacht worden, die der Anthropologie neue Rätsel aufgeben. Es handelt sich um Fossilien verschiedener Hominiden, die vor 2,6, 2,8 und vor über drei Millionen Jahren den Großen Grabenbruch bevölkerten. Sie stellten Waffen her, und die eine dieser Rassen hatte ein für einen so frühen Hominiden erstaunlich großes Gehirnvolumen von 800 Kubikzentimetern. (Der Mensch hat 1450.)

Richard Leakey zufolge lebten einige dieser Rassen gleichzeitig und im selben Raum. Die »Homo-Linie« überlebte die verschiedenen Australopithecinen und brachte es schließlich zum Vertezölöd-Mann, der im Jahre 1965 in der Nähe von Budapest in Erscheinung trat. Dieser vor 350 000 Jahren in Ungarn lebende Vorfahre hat ein Gehirn so groß wie unseres und gilt heute als der erste und einzige Primat, der die Grenzlinie vom Affen zum Menschen oder, besser, vom Vormenschen zum Homo sapiens unbestreitbar überschritten hat.

Richard Leakey sucht nun nach dem Vorfahren, von dem beide, Affe und Mensch, abstammen. Früher war er der Meinung, dieser Stammvater sei der von seinem Vater zu Anfang der sechziger Jahre in der Nähe von Fort Tenan entdeckte Kenianthropus, ein primitiver Hominide, der vor 14,5 Millionen Jahren in Kenia lebte.

Ungern gestehe ich, daß ein dem Kenianthropus fast identischer Hominid etwa zur gleichen Zeit in Indien gelebt hat. Als Ramapithecus klassifiziert, ist er von der Wissenschaft als Vorläufer der Dartianer und somit zur menschlichen Familie gehörend akzeptiert worden. Er muß ein kühner Charakter gewesen sein, denn er war der erste unserer Vorfahren, der den folgenschweren Sprung vom Baum hinunter auf den Boden wagte. Auch »trieb ihn die Gärung in die Ferne«, denn er hat seine fossilen Spuren nicht nur in Afrika und Indien, sondern auch in China und Europa hinterlassen. Man könnte daraus schließen, daß der Menschheit Wiege nicht, wie hier kühn beansprucht, in Afrika gestanden hat, und somit der anderen Richtung beipflichten, der zufolge das Leben – und mit ihm der Mensch – in verschiedenen Teilen der Erde gleichzeitig entstanden sei. Dagegen spricht allerdings die Tatsache, daß der afrikanische Ramapithecus eine halbe Million Jahre älter ist als sein indischer Bruder und sich wahrscheinlich vom Lande seiner Herkunft aus in verschiedene Richtungen ausbreitete.

Aber wie gesagt, Erkenntnisse, die unwiderruflich festzustehen schienen, werden plötzlich in Frage gestellt. So ist der holländische Verhaltensforscher Dr. Kortland überzeugt, daß die Menschenaffen ihre Zukunft hinter sich ließen, als sie von der offenen Savanne in den dichten Urwald wechselten und sich ihrer neuen Umgebung anpaßten, wohingegen sein deutscher Kollege Konrad Lorenz der für mich unverständlichen Meinung ist, sie hätten ihre Zukunft noch vor sich. So hoch ich auch die Gorillas schätze, ich kann es mir nicht vorstellen, daß sie es – Gott behüte! – je zum Homo sapiens bringen könnten. Und warum auch sollten sie? Gibt es nicht schon viel zuviel von der Sorte auf dieser immer kleiner werdenden Erde?

Ich jedenfalls habe, wenn ich einem Gorilla gegenüberstand, trotz aller anatomischen Verschiedenheiten stets ein starkes Gefühl der Affinität empfunden. Ja, der Gorilla steht mir näher als das Bild, das ich mir von dem katzengroßen Propliopithecus machen kann, der vor 35 Millionen Jahren in El Fayum lebte und aufgrund seiner Zähne – das ist das ausschlaggebende Kriterium – sich als legitimer Stammvater des Menschengeschlechts erwiesen hat.

Und was hat es mit dem fehlenden Glied auf sich, von dem soviel gefabelt wird? Es war eine Erfindung Ernst Haeckels, das Glied hat nie existiert und wird wohl auch kaum gefunden werden. Geben wir uns mit der kleinen ägyptischen Katze in den Bäumen des Fayum zufrieden. Und damit wir, die Krone der Schöpfung, nicht hochmütig werden, sollten wir nicht vergessen, daß wir alle, ob Affe oder Mensch, zu den Wirbeltieren gehören und demnach auch mit dem Frosch oder der Fledermaus verwandt sind.

17 Wir bringen den Stein ins Rollen

Unsere Safaris ins Gorillaland erfüllten ihren Zweck. Sie erweckten ein weitgehendes Interesse für den Schutz der bedrohten Affen, wohingegen unsere Beobachtungen in den Anfangsgründen steckenblieben. Meines gebrochenen Beines wegen hatte Jill die Arbeit im Wald oben monatelang allein verrichten müssen. Dabei zeigte es sich, daß wissenschaftlich wertvolle Ergebnisse sich nicht von einer einzelnen Person erzielen ließen und nur langfristige, methodische Beobachtungen, von wissenschaftlich geschulten Kräften ausgeführt, die vielen Fragen über das Verhalten und die Ökologie des Berggorillas beantworten konnten, die sich uns täglich stellten.

Es handelte sich dabei um zwei verhältnismäßig junge Forschungsgebiete. Die Verhaltensforschung befaßt sich, wie das Wort besagt, mit dem Verhalten, das heißt mit der Lebensweise, der sozialen Struktur und Organisation aller Lebewesen, also mit dem Studium der besonderen Eigenschaften eines jeden, was für ein tieferes Verständnis seiner Art erforderlich ist.

Die Ökologie hingegen erforscht die Beziehung eines Organismus – sei es Mensch, Tier oder Pflanze – zu seiner Umwelt, sie will den Einfluß feststellen, den die Umgebung auf die Existenz, die Entwicklung und Lebensweise dieses Organismus hat. Über das Verhalten der Gorillas und anderer Primaten in der Gefangenschaft lagen bereits wesentliche Beobachtungen vor, aber über ihr Leben in der freien Natur und das Verhältnis zu ihr war so gut wie nichts bekannt.

Diese beiden neuen Zweige der Wissenschaft fanden bald eifrige Adepten, und einige trieb ihr Forscherdrang auch zu uns nach Kisoro. Da war beispielsweise der Webervogel-Spezialist, der diese gefiederten Architekten überall da aufsuchte, wo sie ihre erstaunlichen Nester bauen. Wir hatten eine ganze Kolonie von ihnen auf hohen Eukalypten gegenüber von Travellers Rest. Ein anderer junger Forscher hatte sich auf Grashoppers konzentriert. Den Froschmännern konnte ich meine Bewunderung nicht versagen, sie opferten allabendlich ihr Dinner, denn gerade um die Essenszeit begann das Sumpfkonzert, auf das sie abonniert waren.

Es war nicht Jills Absicht, sich dem Studium der Gorillas auf Lebenszeit zu verschreiben, sie wollte nur das von Rosalie begonnene Jahr zum Abschluß bringen, und dieser Zeitpunkt war nicht mehr fern. Wenn Jill auch umsonst arbeitete, so waren doch die Kosten für Auto, Lagerunterhaltung und Löhne für Ruben und seine Leute beträchtlich, und meine Mittel gingen schnell zur Neige.

Um unser vielversprechendes Unternehmen zu retten, schlug ich verschiedenen Universitäten und zoologischen Gesellschaften vor, eine Expedition zum Studium des Berggorillas nach Kisoro zu schicken. Die Zeit dränge, betonte ich, da diese seltene Affenart im Aussterben begriffen sei. Ich dächte an ein kleines Unternehmen, drei Mann würden für den Anfang genügen, erklärte ich. Sie sollten in drei Gruppen arbeiten, jede aus einem Beobachter und zwei Eingeborenen bestehend, die hin und wieder durch Botaniker, einen Tierarzt oder andere Spezialisten ergänzt werden könnten. Es sei keine langwierige, kostspielige Vorbereitung notwendig, führte ich aus, Kisoro sei leicht zu erreichen, und mit einigem Glück könnten die Beobachter den Gorillas bereits am Tage ihrer Ankunft begegnen.

Der prominente englische Mediziner Professor Sir Solly Zuckerman zeigte Interesse für das Projekt und versprach, sich um das Zustandekommen einer derartigen Expedition zu bemühen. Ich wartete mit Ungeduld, denn meine Mittel waren nun endgültig erschöpft. Ich wußte, daß Sir Solly eine wohlfundierte wissenschaftliche Stiftung verwaltete, und so bat ich ihn, die Zeit bis zum Eintreffen seiner Expedition mit einer kleinen Beihilfe zu überbrücken.

Er lehnte rundweg ab, mit der Begründung, daß unsere bisherige Tätigkeit keine Unterstützung verdiene. Dieses Urteil verdroß mich. Ich war mir der Mängel unserer Bemühungen bewußt, und eben deshalb versuchte ich ja jetzt, das Studium der Gorillas der Wissenschaft schmackhaft zu machen und auf eine höhere Ebene zu bringen, was als Touristenattraktion begonnen hatte und mir nun über den Kopf zu wachsen drohte.

Wie sollte Jill allein in dem schwierigen Terrain die Ökologie und das Verhalten des Berggorillas studieren, vor allem sein Geschlechtsleben beobachten, woran Sir Solly besonders interessiert war. Er hatte nämlich das geschlechtliche Verhalten der Primaten in der Sicherheit des Zoos studiert und ein gelehrtes Buch darüber veröffentlicht. Bekanntlich verhalten sich aber gefangene Tiere völlig anders als freilebende, und man sollte sich hüten, von Zoo-Beobachtungen, so aufschlußreich sie auch sein mögen, auf das Verhalten einer ganzen Art zu schließen.

In unseren Wäldern hätte Sir Solly – allerdings nicht so bequem und sicher – seine im Zoo erworbenen Erkenntnisse überprüfen und korrigieren können, eine Chance, die er sich nicht hätte entgehen lassen sollen. Als erst ich und später Rosalie ein Gorillaliebespaar im Walde überraschten, trennten uns nur ein paar dürftige Büsche von den beiden. Nicht wissend, wie ein Gorilla in einer solchen Situation auf eine Störung reagieren würde, zog ich mich rechtzeitig taktvoll zurück. Rosalie hingegen glaubte, die beiden spielten nur miteinander, und so sah sie der Begebenheit lange arglos aus der Deckung eines Gestrüpps zu. Erst als sie mir dieses Erlebnis berichtete, kam ihr der Gedanke, daß es sich um den heiligen Akt der Zeugung gehandelt haben könnte. Rubens Darstellung dieser Szene – er ist ein scharfer Beobachter und begabter Schauspieler – ließ allerdings keinen Zweifel über ihre wahre Bedeutung aufkommen.

Von Sir Solly im Stich gelassen, wandte ich mich an Professor Dart in

Johannesburg, der mir als ein unkonventioneller, phantasiebegabter Forscher bekannt war. Ich hatte mich nicht in ihm getäuscht. Er kannte sofort den Wert unserer Pioniertätigkeit und veranlaßte, daß eine Forschungsabteilung seiner Universität uns eine monatliche Beihilfe gewährte, obgleich an eine südafrikanische Expedition nicht zu denken war. Ihm und seinen Kollegen war es aber gleichgültig, wem diese Mittel zugute kamen, solange der Wissenschaft damit gedient war.

Da ich Sir Solly versprochen hatte, keine weiteren Schritte zu unternehmen, solange er sich um das Projekt kümmerte, schlug ich ihm nun vor, seine Interessen mit den südafrikanischen zu koordinieren. Ich unterstrich, wie sehr er und seine Expedition von Professor Dart und seiner Begeisterung für die Sache profitieren könnten. Das war das Ende meiner Beziehungen zu diesem bedeutenden Mann der Wissenschaft.

Ohne die großzügige südafrikanische Hilfe, ohne Darts moralische Unterstützung und väterliche Freundschaft hätte unser Unternehmen nie die Bedeutung erlangt, die so viele prominente Wissenschaftler aus aller Welt nach Kisoro führte. Finanzielle Unterstützung und persönliche Hilfe gewährte mir auch Darts Nachfolger, der inzwischen sehr bekannt gewordene Johannesburger Anatom Professor P. V. Tobias, und beides blieb mir erhalten, solange es noch Gorillas in unseren Bergen zu studieren gab.

Als Professor Dart bei seinem Besuch meine Gorilla-Korrespondenz durchblätterte, blieben seine Augen auf meinem letzten Brief an Sir Solly haften, der seine Heiterkeit erregte. »Großartig! Sir Solly von mir profitieren!« rief er aus und schlug sich vor Vergnügen auf die Schenkel. Und nun erfuhr ich, in welchem Wespennest ich da herumgestochert hatte! Sir Solly war Darts schärfster Antagonist, der Verfechter der Schimpansentheorie, an der er hartnäckig festhielt und die er sogar mit wissenschaftlich nicht einwandfreien Mitteln zu beweisen suchte.

Bei seinem Besuch führten wir Professor Dart natürlich zu den Gorillas hinauf, und der alte Silberrücken, den die Boys den »Saza Chief« nannten, gab eine Galavorstellung: Er bellte, schrie und trommelte, als wäre er sich der Ehre des hohen Besuches bewußt. Der Professor, hoch in den Sechzigern, kletterte und kroch herum wie ein Jüngling. Er kostete von allem, was die Gorillas essen, sogar von den bittern Lobelien. Er sammelte vieles von dem Grünzeug ein, das Saga abends zum Dinner kochen oder als Salat servieren mußte. Der Professor schien es zu genießen, die anderen Gäste aber waren weniger begeistert, nur die zarten Bambusschößlinge waren ein wirklicher Erfolg. Mit einer holländischen Sauce angerichtet oder in Hühnerbrühe gekocht, bereicherten sie von da ab unseren Speisezettel, und viele Gäste zogen sie dem Büchsenspargel vor. Besonders in der Trockenzeit, wenn es an frischen Gemüsen mangelte, kamen sie uns für Jogis und andere Vegetarier oft sehr gelegen.

Ein anderer bedeutender Besucher war der englische Biologe und Genetiker, der kürzlich verstorbene UNESCO-Präsident Sir Julian Huxley. Er und Lady Juliette, seine Frau, waren schon einmal im Jahre 1929 in den Birungabergen gewesen. Damals gab es noch keine Straße in den östlichen Kongo, und sie hatten von Kabale nach Rutschuru laufen müssen. Sie waren in den Karisimbi-Mikeno-Sektor aufgestiegen, hatten an Carl Akeleys Grab gestanden, aber die Gorillas, um derentwillen sie gekommen waren, hatten sich nicht sehen lassen. Nun waren sie – nach über dreißig Jahren, aber diesmal bequem im Auto – mit großen Hoffnungen zu uns gekommen, und wieder hatten sie kein Glück. Die Gorillas waren tags zuvor in die alpine Zone hinaufgewandert, wohin ihnen Sir Julian – ein Siebziger, wenn auch erstaunlich rüstig – denn doch nicht folgen konnte. Trotzdem kamen er und Lady Juliette befriedigt zurück. Sie waren in den »herrlichen Bergen, im Lande der Gorillas, gewesen, hatten deren Nester und Losung gesehen und ihre Nahrung probiert«, und das war für Menschen ihrer Art ein tiefes Erlebnis gewesen.

Dann kam, von Dart geschickt, ein dritter Besucher, der sich ebenfalls auf die Entwicklungsgeschichte des Menschen spezialisiert hatte. Es war der amerikanische Dramatiker Robert Ardrey. Er kam mit seiner Frau Berdine, die seine Bücher mit feiner Einfühlung illustrierte. Ardrey wurde auch in Deutschland durch sein Stück *Leuchtfeuer* bekannt, das kurz nach dem Krieg über fast alle deutschen Bühnen ging.

Warum wollte dieser Stückeschreiber Material über Gorillas sammeln, fragte ich mich. Hatte er etwa eine Tragödie über ihren Untergang im Sinn? Natürlich nicht. Er hatte das Manuskript eines Buches, an dem er arbeitete, in seinem Gepäck, und das hatte nichts mit Bühne oder Film zu tun. Es handelte sich um »eine persönliche Untersuchung über den animalischen Ursprung des Menschen« und befaßte sich hauptsächlich mit dem Erscheinen des ersten menschenartigen Wesens, des Australopithecus, in Afrika.

Was in unserem Wesen und Verhalten ist von unseren Menschenaffenvorfahren ererbt, was durch den Einfluß der Umgebung bedingt, und wie weit sind wir selbst unseres Glücks oder Unglücks Schmied? Das waren tiefschürfende Probleme, die sich ihm stellten. Um Klarheit darüber zu gewinnen, mußte er sich auch mit dem Verhalten der Tiere, besonders mit dem der Menschenaffen, vertraut machen, und das erklärte sein Interesse für Gorillas.

18 Der romantische Irrtum

Als ich Ardrey fragte, was ihn bewogen habe, sein Metier als zeitgenössischer Dramatiker und Filmscript-Autor gegen das Studium des menschlichen Ursprungs einzutauschen, sagte er: »Zufall! Der reinste Zufall!«

Nachdem sein letztes Stück, auf das er große Hoffnungen gesetzt hatte, am Broadway durchgefallen war und Ardrey seelisch und finanziell auf dem letzten Loch pfiff, schickte ihn der befreundete Verleger einer führenden amerikanischen Zeitschrift nach Afrika mit dem Auftrag, eine Artikelserie über so aktuelle Themen wie die Gold- und Diamantenminen, über Apartheid in Südafrika und Mau Mau in Kenia zu schreiben. Man hatte ihm geraten, auch einen seltsamen Professor in Johannesburg zu interviewen, der so etwas wie das »fehlende Glied« entdeckt haben wollte, einen Haufen alter Knochen, den er Australopithecus nannte. Dieser Professor, so hieß es, sei im Begriff, die Welt mit einer unorthodoxen Idee über den Ursprung des Menschen zu brüskieren.

Der »seltsame Professor« war natürlich Raymond A. Dart und die »unorthodoxe Idee« seine Behauptung, der Mensch sei gewalttätig von Geburt und habe seine mörderischen Instinkte von seinen tierischen Vorfahren ererbt.

Ardrey wußte nichts von Anthropologie, Biologie und derlei Dingen, er konnte sich nicht einmal den Namen des »fehlenden Gliedes« merken, noch weniger konnte er ihn aussprechen. Dart empfing ihn freundlich, verbarg aber nicht, daß der Besuch eines Journalisten, der von Tuten und Blasen keine Ahnung hatte, für ihn Zeitvergeudung war. Da sagte Ardrey nachdenklich: »Wenn Ihre Theorie sich als richtig erweisen sollte, dann würde die bisher unantastbare Voraussetzung unserer Existenz, der Mensch sei gut und unschuldig geboren, unwiderruflich erschüttert und als Unwahrheit entlarvt werden.« Dart horchte auf und sah seinen Besucher fasziniert an. »Sie sind der erste Laie«, sagte er, »der meine Idee zu Ende denkt.«

Nun führte ihn Dart ins Allerheiligste, in die Knochenkammer, und das angesammelte fossile Beweismaterial war so überwältigend, daß es Ardreys letzte Zweifel an Darts Theorie zerstreute. Da waren nicht nur die Schädel von rund fünfzig Pavianen, die von den primitiven Jägern erschlagen worden waren, sondern auch die Waffen, die die tödlichen Schläge versetzt hatten: Unter- und Oberschenkelknochen von Antilopen und anderen Tieren, die offensichtlich als Keulen verwendet worden waren und deren Gelenke haargenau in die Doppeldellen in den Schädeln der Opfer paßten. Auch der Unterkiefer eines zwölfjährigen Australopithecus, eines Knaben, war da, dessen Vorderzähne auf die gleiche Weise ausgeschlagen worden waren, offensichtlich ein Mord an der eignen Art. Warum? Aus Jähzorn? Aus Futterneid vielleicht, wie bei manchen Raubtieren? Kannibalismus? Was auch der Grund für diesen und ähnliche Morde gewesen sein mag, aufgrund so vieler Beweise der Gewalttätigkeit konnte – wie Ardrey es trefflich formulierte – der »romantische Irrtum«, der Mensch sei gut und edel von Natur, ein gefallener Engel, nicht aufrechterhalten werden.

Die Bekanntschaft mit Dart und seinen Australopithecinen änderte Ardreys Leben und Arbeit von Grund auf. Es war nicht so sehr die magnetische Persönlichkeit des Mannes, der allein einer internationalen Elite von Fachleuten gegenüberstand und gleichmütig ihren Spott und Hohn ertrug, es war der philosophische Aspekt der Sache, der sein Denken und Schaffen in eine völlig neue Richtung lenkte.

Der Wechsel sei gar nicht so drastisch, wie es scheine, meinte Ardrey. Sein Material als Dramatiker sei ebenfalls der Mensch und sein Verhalten gewesen. Er habe nur die Szenerie gewechselt, die Bühnen der modernen Städte mit den Höhlen, Schluchten und Savannen Afrikas vertauscht, wo sich das viel fesselndere Drama vom Werden des Menschen abspiele.

Um tiefer in die sich aufdrängenden Probleme einzudringen, mußte Ardrey sich erst das dazu nötige Rüstzeug verschaffen. Er reiste jahrelang von Bibliothek zu Bibliothek, von Museum zu Museum, er suchte alle führenden Fachleute auf und beobachtete das Verhalten der wilden Tiere in Afrika. Der Vorwurf, er sei nur ein begabter Amateur, trifft also eigentlich nicht zu. Ardrey veröffentlichte bisher drei wesentliche Bücher, die viel diskutiert wurden und z.T. auch in deutschen Übersetzungen vorliegen: *African Genesis, The Territorial Imperative, Social Contract* und *The Hunting Hypothesis (Adam und sein Revier, Der Gesellschaftsvertrag).*

Ardreys Untersuchungen führten ihn in unsere Uranfänge zurück, und dort fand er bereits Waffen und Kampf, Eigennutz und Machtgelüste, auch nationalistische Tendenzen, die soviel Unheil in der Welt anrichten sollten. War es weise, fragte er sich, konnte man es verantworten, derartig gefährliche Gedanken laut zu denken, zu einer Zeit, als sich ein Atompilz nach dem anderen über den Atollen des Pazifiks entfaltete und der Atomkrieg wie das Schwert des Damokles über der Menschheit hing? Er fragte Dart. Was war dessen Antwort? Nachdem alles andere vergeblich versucht worden sei, sollte man es zur Abwechslung einmal mit der Wahrheit versuchen!

Was war die Wahrheit, die Dart empfahl? Die Wahrheit, die Ardrey gefunden hatte? Daß wir von Raubtieren abstammen, den Trieb zum Töten im Blute haben, daß das kleine Gehirn unseres vormenschlichen Ahnen die Waffe erfunden hat, daß also nicht der Mensch die Waffe, sondern die Waffe den Menschen geschaffen hat. Daraus ist zu schließen, daß das Bemühen, die ererbte Waffe zu verbessern und sie wirksamer einzusetzen, unser Gehirn zu seiner heutigen Größe entwickelt hat, so daß es sich die letzte, die vollkommenste Waffe ausdenken konnte, die uns selbst und unsere ganze Erde zu Nichts zersprengen kann.

Was macht den Menschen so aggressiv, verursacht die ewigen Kriege, die wir trotz besserer Einsicht immer wieder führen? Der erste Impuls ist stets der »territoriale Imperativ«, sagt Ardrey, ein Drang, den die Verhaltensforscher auch im Tierreich vom Zaunkönig bis zum Pavian, von der Nachtigall bis zur Hyäne festgestellt haben. Hier scheint Freud sich geirrt zu haben: Nicht der Geschlechtstrieb ist es, der den menschlichen Motor in Gang bringt und am Laufen hält, der unser ganzes Fühlen, Denken und Handeln beherrscht; nicht die Gier nach der Frau, die Rache für den »Raub der schönen Helena« drückt uns die Waffe in die Hand. Wir führen Krieg, um Gebiete zu erobern oder zu verteidigen, um Privatbesitz zu erwerben oder zu erhalten, um unseren Magen zu füllen, unsere soziale Stellung zu bessern, unser Prestige zu wahren, um unsere persönliche Überlegenheit oder die unserer Sippe, Rasse, Nation, ja, sogar die der Religion darzutun, fast alles Motive, wie sie ähnlich auch in der Tierwelt vorkommen. Nur die bloße Lust am Töten, der Mord um des Mordes willen, scheint mir mit wenigen Ausnahmen eine rein menschliche Eigenschaft zu sein.

Es ist eine nihilistische Wertung der menschlichen Natur, aber Ardrey läßt seine Untersuchung in eine positive, hoffnungsvolle Koda ausklingen. Wären wir »gefallene Engel«, unschuldig geboren, hätten wir selbst die Waffe erfunden und die Begriffe der Macht und Gewalt in die Welt gesetzt, gäbe es für uns keine Rettung mehr, sagt Ardrey: Wer einmal so tief gesunken sei, könne nie wieder emporkommen.

Wir haben aber, trotz der ererbten Sünde, mit der wir belastet sind, ganz aus uns selbst so manches Große hervorgebracht, dessen wir uns nicht zu schämen brauchen. Uns ist gelungen, in der kurzen Spanne von 12 000 Jahren eine Zivilisation zu schaffen, die den uns innewohnenden Selbstvernichtungstrieb gebremst und uns am Sein erhalten, ja, sogar bis zu den Sternen weit gebracht hat.

Ardreys *African Genesis* endet mit einem Kredo: In den letzten Räumen der Unendlichkeit, jenseits alles tastenden Erkennens, ist ER, den wir nicht kennen. ER kümmert sich nicht um dich und nicht um mich, überhaupt nicht um uns Menschen! ER ist nur auf Ordnung bedacht. Und wehe dem, der daran rüttelt, der versucht, sie in Chaos zu verwandeln.

19 Das inoffizielle Gorillahauptquartier

Die Hilfe der Johannesburger Universität und der Einfluß Professor Darts machten Travellers Rest bald zum »inoffiziellen Gorillahauptquartier«, wie der amerikanische Zoologe George B. Schaller es taufte. Gorillaforscher kamen aus vielen Ländern, und da ist manches von ihnen zu berichten.

Einer der ersten, der längere Zeit bei uns blieb, war Dr. Niels Bolwig, damals Dozent für Zoologie an der Johannesburger Universität. Dieser liebenswerte Däne interessierte sich vornehmlich für die Nestbaumethoden des Gorillas. Er war eine gründliche Natur. Es genügte ihm nicht, die Nester zu betrachten, er baute einige mit eigenen Händen, erst in unseren Bergen und dann im abgelegenen Kayonsawald, dem zweiten Gorillagebiet in Uganda. Aus der Art, wie diese Affen die Zweige biegen und verflechten, aus denen sie ihre Nester bauen – ob von links nach rechts oder umgekehrt –, schloß der Doktor, daß unsere Gorillas Rechtshänder und die im Kayonsawald Linkshänder seien. In einer gelehrten Abhandlung versuchte er, dies zu beweisen. Mir war die Sache zu verwickelt: Wenn ich ihn recht verstand, so widerrief er am Ende die von ihm anfangs aufgestellte These und kam zu dem Ergebnis, daß fast alle Gorillatypen Rechtshänder seien und nur einige eine unverkennbare Tendenz zur Linken zeigten. Wie dem auch sei, ich bin sicher, Niels wußte, wovon er sprach.

Im Walde oben war der Doktor einmal in die Betrachtung einer Gruppe von Gorillanestern vertieft, die diese Tiere sich im Bambus zwei oder drei Meter über dem Boden konstruieren. Ruben hatte ihn allein gelassen, um sich nach weiteren Nestern umzusehen, und als er nach kurzem wiederkam, war der Bwana Doktor nicht mehr da. Wo konnte er nur sein, fragte sich Ruben besorgt. Da kam ein seltsames Geräusch, ein Fauchen, vom Bambus her. Ein Leopard? Am hellichten Tage? Nein, nur der Doktor war es, der dort oben schnarchte! Er war, um die Festigkeit der Konstruktion zu prüfen, hinaufgeklettert, hatte sich probeweise auf die Plattform gelegt, sie bequem wie eine Sprungfedermatratze gefunden und war fest eingeschlafen.

Kurz nach dem Nestbaumeister kam die *American Primate Expedition* – zu *APE,* Affe, abgekürzt –, ein wohlorganisiertes Unternehmen, das von der New Yorker Zoologischen Gesellschaft und ähnlichen Institutionen finanziert wurde. Die Expedition bestand aus Dr. John Emlen, Professor der Zoologie an der Universität von Wisconsin, und George B. Schaller, der damals noch studierte, aber inzwischen in Zoologie und Anthropologie promoviert hat. Ein populäres Gorillabuch Schallers ist in Deutschland unter dem Titel *Unsere nächsten Verwandten* erschienen.

Die beiden Amerikaner hatten ihre Frauen mitgebracht. Die Emlens kehrten allerdings schon nach wenigen Monaten nach Amerika zurück, wohingegen die Schallers blieben, um für eine Spanne von zwölf Monaten in ein und demselben Gebiet Verhalten und Ökologie des Berggorillas zu studieren. Die beiden Zoologen waren erfahrene Beobachter und wußten, je geringer die Zahl der Teilnehmer, desto besser die Aussichten auf Erfolg einer Expedition, besonders bei so scheuen und wachsamen Wesen wie den Gorillas.

Die erste Aufgabe der Expedition war es, einen Überblick über die Verbreitung des Berggorillas zu gewinnen und sich nebenbei das für ihre Arbeit günstigste Gebiet auszusuchen. Emlen und Schaller trennten sich für diesen Zweck: Sie besuchten alle Regionen, wo Berggorillas vorkommen, und auch die, in denen man es nur vermutete, darunter auch noch unerforschte Gebiete. Eine akkurate Gorillazählung ließ sich natürlich nicht bewerkstelligen, mehr als eine ungefähre Schätzung war nicht zu erwarten, und dementsprechend war auch das Ergebnis. Berechnungen ergaben, daß es nicht weniger als fünf- und nicht mehr als fünfzehntausend Berggorillas gäbe und die richtige Zahl wahrscheinlich in der Mitte läge. Die Gorillabevölkerung war in vielen kleinen Enklaven über den östlichen Kongo, Burundi, Ruanda und den Westen Ugandas verteilt und durch einige tausend Kilometer von ihren Brüdern, den Tieflandgorillas an der Westküste, getrennt. Das Resultat der Schätzung war unerwartet günstig und würde heute, fünfzehn Jahre später, weit weniger optimistisch sein.

Nach Kisoro zurückgekehrt, ließen sich die beiden Männer mit ihren Frauen, mit Ruben und seinen Helfern im Sattellager nieder. Mrs. Emlen hatte aber bald genug von dem Zigeunerleben und zog den Komfort unseres Gasthofes vor, doch Kay, Schallers Frau, hielt wacker aus, um sich auf die Härten vorzubereiten, die sie erwarteten.

Dr. Emlen folgte sieben Tage derselben Gorillagruppe – immer einen Tag hinterher und eine Begegnung vermeidend –, um die Entfernung festzustellen, die diese Tiere täglich, wenn ungestört, zurücklegen. Schaller fand auf dem Gipfel des Muhavura frische Gorillaspuren, und zäh, wie er war, stieg er an drei aufeinanderfolgenden Tagen hinauf, ohne jedoch die Tiere oben anzutreffen. Leider erwies es sich, daß unsere dichtbewaldeten Berge für eine gründliche Beobachtung der Gorillas nicht recht geeignet waren, und als die Belgier den der Expedition bisher versagten Karisimbi-Mikeno-Sektor freigaben, entschloß sich Schaller, seine Arbeit lieber dort auszuführen. Immerhin waren die Wochen bei uns nützlich für ihn gewesen. Er hatte unter Rubens Schutz seine ersten Erfahrungen im Umgang mit den Riesenaffen gemacht und obendrein die Kunst des Fährtenlesens erlernt, die ihm später sehr zustatten kam.

So enttäuscht ich auch war, die Expedition zu verlieren, ich mußte zugeben, daß die weniger dichten Wälder mit vielen Lichtungen, der ganze

Charakter der Landschaft für Schallers Aufgabe sehr viel günstiger waren, und seine erstaunlichen Ergebnisse haben den Vorteil des gewählten Gebietes bestätigt. Die Gorillabevölkerung war dort drüben zahlreicher und ungestörter als bei uns, da die Belgier das Gebiet viele Jahre lang fast hermetisch abgeschlossen hatten. Die Schallers kamen einmal im Monat von ihren Bergen drüben nach Kisoro herüber, und so hatte ich die Freude, auf diese Weise am Fortschritt ihrer Arbeit teilzunehmen. Wir tauschten Erfahrungen aus, und Schaller hat meine Kenntnis des Gorillas und seiner Lebensweise sehr bereichert.

Eine Tagestour von den nächsten Weißen entfernt und nur von zwei Eingeborenen begleitet, lebten George und Kay in einer Hütte in dreitausend Meter Höhe am Hang des Mikeno, wenige Schritte von Carl Akeleys Grab. Von der Katastrophe, die dem Lande unter ihnen drohte, drang kein Laut in ihren Höhenfrieden; so abgeschieden von der Welt waren sie, daß sie von dem blutigen Aufstand der Bahutu gegen die Watussi, der am Fuße der Berge, also ganz in ihrer Nähe, in Ruanda tobte, erst durch die amerikanische Zeitschrift *Times* hörten, die ihnen von daheim geschickt wurde. Der Kongo trieb seiner verfrühten Unabhängigkeit entgegen. Würden George und Kay von diesem ganz Afrika umwälzenden Ereignis erst wieder via Amerika durch *Times* erfahren, fragte ich mich, und wie Rip van Winkel nach langem Schlaf in eine völlig veränderte Welt hintersteigen, in einen schwarzen Kongo, wo alle ihnen vertrauten Gesichter verschwunden waren?

Die Gegend, wo die Hütte stand, war paradiesisch. Sie ist es wohl noch heute, wenn auch die Hütte abgebrannt und Akeleys Grab zerstört worden ist. Die geöffnete Tür gab den Blick auf eine weite, üppiggrüne Blumenwiese frei, auf der Büffel arglos weideten. Raben mit weißem Nacken landeten auf Kays Arm und fraßen ihr aus der Hand. Ein alter Büffelbulle hatte sich ausgerechnet die Türschwelle als ständiges Nachtlager gewählt; aber Kay gewöhnte sich bald an den zottigen Türhüter und ließ sich auch von seinen vulgären Verdauungsgeräuschen nicht in ihrer Nachtruhe stören.

Dieser Frieden dauerte nicht lange: Noch ehe die zwölf Monate um waren, die Schallers hatten bleiben wollen, brach im Kongo wie eine Tollwut die Unabhängigkeit und mit ihr ein Chaos aus, das das Leben für Schwarz und Weiß gefährlich machte. George und Kay kamen aber rechtzeitig von den Bergen herunter und erreichten wohlbehalten unsere sichere Grenze.

Um jene Zeit kündete Professor Kinji Imanishi, ein bedeutender japanischer Primatologe, seinen und eines Kollegen Besuch mit den Worten an: »Wir haben schon in Tokio von Ihnen und Ihren Gorillas gehört. Seit vielen Jahren träumen wir davon, das natürliche Leben der Gorillas in Afrika zu beobachten, und man hat uns gesagt, Sie hielten das Geheimnis des Berggorillas in der Hand.« Das war schmeichelhaft, aber arg übertrieben. Wir hatten zwar allerlei interessantes Material über diese Tiere gesammelt, aber in der Hand hielten wir das Gorillageheimnis nicht.

Professor Imanishi und sein Kollege, Dr. Junichiro Itani, kamen kurz darauf auf einer Informationsreise nach Kisoro. Sie waren von der alten Universität Kioto und eng mit dem *Japan Monkey Center* verbunden, einer wissenschaftlichen Gründung, die sich mit dem Studium des japanischen Affen, des Macaca fuscata, befaßte, einer Meerkatzenart, die über ganz Japan verbreitet ist. Dieses *Center* hat wesentliche Arbeiten über Ökologie und Verhalten der Makaken veröffentlicht und züchtet sie sogar für wissenschaftliche Zwecke. Diese japanischen Affenspezialisten haben auch einen Primatenzoo gegründet, in dem alle Mitglieder dieser Ordnung gesammelt werden. Dr. Itani hat sich besonders dem Studium der Vokalisation, der lautlichen Verständigung der Tiere und der vormenschlichen Sprache gewidmet. So hat er den Makaken etwa dreißig verschiedene Laute abgelauscht. Er kann sie täuschend nachahmen, weiß, was sie bedeuten, und kann sich also mit ihnen in ihrer »Muttersprache« unterhalten.

Während ihres kurzen Aufenthaltes sahen die beiden Experten die Gorillas täglich, was sie sehr beeindruckte, und da ihnen auch alles andere günstig erschien, versprachen sie, in Kürze eine kleine Expedition zu schicken.

Die Presse interessierte sich natürlich für die exotischen Besucher, und der *Uganda Argus* schickte einen Reporter nach Kisoro. Um das Interview etwas aufzuhellen, sagte ich im Scherz: »Dieser Dr. Itani ist ein Polyglott, er versteht die Sprache der Frösche und der Ochsen, und jetzt lernt er die der Gorillas. Er ist sehr begabt und kommt jeden Tag mit neuen Vokabeln aus dem Gorillawald zurück.« Der Reporter verstand, wie es gemeint war, aber sein Redakteur in Kampala hatte keinen Sinn für unseren Humor. Das Interview erschien unter dem dickgedruckten Titel: »Japanischer Gelehrter studiert Gorillasprache In Uganda«, und es klang, als ob die beiden Japaner nur für diesen Zweck den weiten Weg von Nippon nach Kisoro gekommen waren.

Dieser Artikel mußte viele Leser beeindruckt haben, denn ich wurde noch nach Jahren oft gefragt, ob es denn dem Doktor aus Japan gelungen sei, die Gorillasprache zu erlernen.

»Aber ja«, pflegte ich zu sagen, »er hat schon ein Wörterbuch verfaßt und ist jetzt dabei, die Bibel zu übersetzen. Wenn er damit fertig ist, will er wiederkommen und im Walde oben eine Missionsstation eröffnen, mit dem ›Saza Chief‹, dem größten unserer Primaten, als Superintendenten.«

Einige Monate später kam die versprochene japanische Expedition. Sie bestand aus Dr. Masao Kawai und Mizuhara San, zwei freundlichen und gütigen Menschen, die sich bald bei meinem Personal und bei der ganzen Bevölkerung beliebt machten. Unsere Eingeborenen hatten noch nie Angehörige der mongolischen Rasse gesehen, und deren gelbe Hautfarbe und die Schlitzaugen erregten großes Aufsehen. Auf dem Weg zu den Bergen mußten die beiden an einer Volksschule vorüber, und eines Tages hielt der schwarze Schulmeister sie an: Er wolle sie seinen Schülern zeigen, sagte er, und bat sie, ihm zu folgen. Gutmütig, wie sie waren, traten die beiden ein und wurden von den schwarzen Kindern mit großem Jubel begrüßt. Als sie ihnen ihre Rasse und Herkunft erklären wollten und sagten, sie seien Japaner, unterbrach sie der neunmalkluge Schulmeister mit den Worten: »Ja, ich weiß, ich weiß, Sie sind aus China.«

Die beiden Makaken-Spezialisten waren berufene und erfahrene Beobachter, sie liebten ihre Arbeit. Einmal waren sie mehrere Tage hintereinander ein und derselben Gorillagruppe gefolgt. Es war eine fünfköpfige Familie, bestehend aus einem Mann, zwei Frauen, einem Halbwüchsigen und einem Säugling, den die Mama an der Brust hielt oder auf dem Rücken trug. Hin und wieder hielt der Vater im Futtern inne und warf einen wachsamen, aber nicht unfreundlichen Blick auf seine Zuschauer. Aber sobald sich diese etwas näher wagten, sprang nicht nur er, wie es üblich ist, sondern die ganze Familie drohend auf sie zu. Der Vater – noch jung und ungewöhnlich kräftig – war, wohl des Babys wegen, sehr empfindlich, und es wäre Selbstmord gewesen, seine Drohung zu mißachten.

Von allen Gorillas des Waldes war es ausgerechnet diese reizbare Familie, mit der die eifrigen Beobachter eines Tages ungewollt zusammenstießen. Der Vater liebte derartige »Tuchfühlung« nicht; er wurde ärgerlich und warf sich auf den ersten in der Reihe. Ein Durcheinander von Gorilla und abbrechenden Bambusstangen kam auf Peter, den Fährtensucher, nieder, die anderen warfen sich zu Boden und glaubten, nun sei's um sie geschehen. Merkwürdigerweise schien die erzielte Wirkung dem wütenden Gorilla zu genügen: Er ließ von Peter ab und zog sich zurück.

Ihr Pech wollte es, daß die Beobachter am nächsten Morgen derselben Gorillafamilie in die Arme liefen. Sie hatten sich getrennt; Ruben und Dr. Kawai hatten die Gorillas rechtzeitig bemerkt und waren stehengeblieben. Es war nur wenige Schritte von der Stelle, wohin die Familie sich für ihr Mittagsschläfchen zurückgezogen hatte. Der Vater lag, das schwere Haupt auf dem Ellbogen ruhend, bequem ausgestreckt am Boden und schien tief zu schlafen. Da kam, nichts Böses ahnend, Mizuhara Sans Gruppe mit Peter an der Spitze von der gegenüberliegenden Seite her, und ehe sie Rubens warnendes Signal bemerkten, war der unglückselige Peter schon auf den schlafenden Papa getreten, den er im Schatten des Gebüsches nicht gesehen hatte. Wie von der Tarantel gestochen schoß der Schläfer in die Höhe und wußte zunächst nicht, wo er war. Ohne ihm Zeit zu lassen, sich aus dem Traumland in die Wirklichkeit zurückzufinden, liefen beide Gruppen die goldene Regel mißachtend, in allen Richtungen davon.

Nach einem halben Jahr verließen Dr. Kawai und Mizuhara San Kisoro, und meine Boys sprachen noch lange mit großer Wärme von ihnen.

Der nächste Wissenschaftler, der kommen wollte, machte uns vorher brieflich mit seinen Ideen vertraut: Sie waren, gelinde gesagt, etwas extravagant. Er wollte einen Fesselballon mitbringen, um die Tiere von oben her im dichten Wald aufzuspüren, er wollte Zementgerüste errichten, um sie im dichten Wald zu beobachten, ja, er wollte ihnen Kuhglocken um den Hals hängen, um sie im dichten Wald zu hören. Ich mußte mich in einem Brief an Professor Dart wohl etwas kritisch über solche Pläne gäußert haben, denn mein väterlicher Freund schrieb mir zurück: »Ihre Bemerkungen über diesen Doktor haben mir nicht gefallen. Sie sind da, um allen Wissenschaftlern zu helfen, ob Sie mit ihren Ideen übereinstimmen oder nicht.« Ich antwortete, daß ich natürlich alles tun würde, diesem Doktor beizustehen, solange man nicht von mir erwarte, ihm zu helfen, den Gorillas Kuhglocken um den Hals zu hängen . . .

Ich blieb auch zugeknöpft, als ein Dr. med. zu mir kam, der im Kongo drüben mit einem neuen, von ihm erfundenen Impfstoff gegen Gelbsucht experimentierte. Er hatte es bereits erfolgreich an Schimpansen ausprobiert und wollte es nun an den menschenähnlicheren Gorillas versuchen, ehe er es bei Menschen riskierte. Dazu brauchte er wenigstens zwölf dieser anthropoiden Versuchskaninchen, erklärte er, sonst hätte das ganze Experiment keinen Sinn. Würde ich ihm im Interesse der Menschheit behilflich sein? »Was? Die Gorillas sind geschützt? Ja, gegen Jäger, aber doch nicht gegen Wissenschaftler! Ich will sie doch nicht töten, nur eine Spritze in den Bauch will ich ihnen geben. Gefährlich, sagen Sie? Ich dachte, es mit kleinen Pfeilen durch ein Blasrohr oder Luftgewehr zu tun. Das sollte sich doch leicht machen lassen.« — »Ja, wahrscheinlich ließe es sich«, antwortete ich, »aber ohne mich! Und wer soll ihnen hinterher den Puls fühlen und das Fieber messen?« Damals wurde Betäubung aus der Ferne noch nicht praktiziert. Der Doktor verstand meine Einwände und kehrte unverrichtetersache zu seinen zahmen Schimpansen in den Kongo zurück.

20 Tat twam asi – das bist du

Wir boten unseren Gästen manchmal Erlebnisse, die nicht alltäglich waren. Während einiger Jahre konnten wir ihnen eine Begegnung mit den Gorillas beinahe garantieren, denn unser Prachtstück, der »Saza Chief«, hielt sich mit den Seinen zu jener Zeit fast ständig im unteren Walde auf. Auch konnte ich mich fest darauf verlassen, daß er bei einem Treffen alles tun würde, was man von einem ausgewachsenen Gorilla erwarten konnte.

So sicher war ich meiner Sache schon, daß ich rückkehrende Gäste gar nicht mehr fragte, ob sie die Gorillas gesehen hätten. Eines Tages aber war Ruben mit zwei Gästen unwahrscheinlich früh wieder da.

»Nanu? So schnell zurück? Haben Sie denn die Gorillas schon gesehen?« fragte ich verwundert.

»Ja, einen toten«, war die Antwort.

Einen toten? Die Nachricht traf mich tiefer, als ich in Worte fassen kann. Der Tote, ich fühlte es, war niemand anders als unser besonderer Freund, der »Saza Chief«, der kürzlich im Kampf mit einem Gegner verwundet worden war. Aber tot? Es war ein Verlust, für uns persönlich und für unser Unternehmen.

Auch war dieser Tod insofern bedeutungsvoll, als er die oft von mir gestellte Frage beantworten könnte: Was tun Gorillas mit ihren Toten? Ich hatte zwar einen Gorillafriedhof, wie den der Elefanten, für eine Fabel gehalten. Trotzdem wunderte es mich immer, daß wir, die wir diese Tiere so gut kannten und ihren Lebensraum täglich in allen Richtungen durchstreiften, nie irgendwelche Zeichen eines toten Gorillas – sei es ein Schädel oder auch nur ein paar Knochen – gefunden hatten. Bei der geringen Zahl der Tiere und dem ausgedehnten, schwierigen Terrain, in dem sie ihr unstetes Wanderleben führten, war das vielleicht gar nicht so verwunderlich. Alle in der freien Natur lebenden Tiere suchen sich, wenn sie sich dem Tode nahefühlen, einen verborgenen Winkel, um dort allein zu sterben. Obendrein ging die Verwesung in unserem feuchten Wald schnell und gründlich vor sich, auch sorgten Hyänen und andere Aasfresser dafür, daß von einem Leichnam nichts übrigblieb.

Und nun hatte Ruben ein derartiges Versteck aufgespürt und dort einen toten Gorilla gefunden, der eines natürlichen Todes gestorben war. Später haben Schaller und andere Beobachter ebenfalls Leichen von Gorillas entdeckt, aber Ruben war der erste, und es war kein bloßer Zufall gewesen. Wir wußten immer ziemlich genau, was in unserem Bereich vor sich ging, und so war es uns auch nicht verborgen geblieben, daß ein erbitterter Kampf zwischen zwei mächtigen Gorillas dort oben stattgefunden hatte, von denen einer schwer verwundet worden war.

Ruben und seine Leute hatten zwölf Tage vorher am Mgahinga ein wildes Bellen und Schreien gehört, wovon Berg und Wald widerhallten. Sie schlichen vorsichtig näher, aber dichtes Gebüsch gewährte ihnen nur einen flüchtigen Blick auf den Kampf, der da tobte. Zwei riesige Gorillas bissen und kratzten sich und schlugen so heftig aufeinander ein, daß sie die drei Zuschauer nicht bemerkten. Ruben hielt es dennoch für ratsam, sich rechtzeitig zurückzuziehen. Er befürchtete nämlich, daß die Kämpfenden ihren eigenen Streit vorübergehend aufgeben und sich gemeinsam auf den neuen Feind stürzen könnten.

Am nächsten Morgen führte Ruben mich zum Kampfplatz. Von dort aus der Fährte folgend, entdeckten wir frische Blutspuren, die in einem dichten Gebüsch endeten. Blutspuren in der Natur sind nicht häufig und für den Beobachter freilebender Tiere immer ein Ereignis, dem auf den Grund gegangen werden muß. In diesem Fall handelte es sich zweifellos um Gorillablut, und es war offenbar, daß wir einem der im gestrigen Kampf verwundeten Tiere auf den Fersen waren. Trotzdem war Ruben überrascht, als plötzlich ein alter Gorilla mit silberweißem Rücken aus einem Busch heraus auf uns zusprang.

So eine Attacke war für uns nichts Ungewöhnliches, und Ruben verlor nie die Nerven dabei. Wie immer bei solchen Gelegenheiten, blieb er auch diesmal unbeweglich stehen und blickte dem Angreifer fest ins Auge. Dieser Sprung aus dem Versteck kam jedoch unerwartet, und ein verwundeter Einzelgänger ist eben nicht normal. Bei einem so nervösen und gereizten Tier mußte man damit rechnen, daß aus dem Scheinangriff bitterer Ernst werden könnte. Davonlaufen wäre in dieser Situation falsch gewesen, und Ruben tat instinktiv das einzig Richtige: Er fuchtelte mit emporgestreckten Armen wie ein Besessener umher und schrie den Alten aus Leibeskräften an. Neben dessen resonanter Tonstärke klang Rubens Stimmchen wie das Krähen eines heiseren Hahns, in einer weniger heiklen Lage hätte seine Kraftprobe einer gewissen Komik nicht entbehrt. Unser Angreifer schien aber beeindruckt. Er hielt im zweiten Sprung, zu dem er bereits angesetzt hatte, inne und verschwand bellend im Wald.

Dieser Desperado war natürlich die Quelle des Blutes, das hier ringsum am Blattwerk klebte und in Lachen den Boden bedeckte. »Der ›Saza Chief‹«, flüsterte Ruben beklommen, und auch ich glaubte, in dem blutenden Alten unseren »Freund« erkannt zu haben. Er, der Mächtige, hatte nun die zweite Runde verloren.

Nichts regte sich im Wald, es war unheimlich. Wir spürten es, daß eben erst nahebei ein neuer Zusammenstoß stattgefunden hatte. Ein leises Knacken von Zweigen, ein Rascheln von Blättern verriet die Gegenwart von anderen Tieren, die wohl, vom Lärm angelockt, dem Kampf der beiden Titanen heimlich beigewohnt hatten. Einer der vielen Spuren folgend, stießen wir weiter unten auf eine Gorillagruppe, die uns ohne warnendes Gebell herankommen ließ: Zwei Frauen und ein Junges – und ohne männlichen Schutz? Das konnte nur die Familie des Besiegten sein.

Einige Tage später fanden wir an einer anderen Stelle eine Menge Gorillahaar. Die niedergetrampelte Vegetation ließ erkennen, daß die beiden Feinde hier erneut aneinandergeraten waren und sich die Haare ausgerissen hatten, was an sich nicht Männerart ist. Zum zweiten Mal begegneten wir den beiden Frauen mit dem Jungen: Noch immer schutzlos, irrten sie verstört und ziellos im Wald umher.

Nach der Zahl der Nester zu urteilen, war der bisherige, uns unbekannte und wohl erst kürzlich aus Ruanda eingewanderte Sieger Haupt einer siebenköpfigen Familie: Er hatte fünf Frauen und ein Junges und schien seinen Gegner an Kraft und Größe noch zu übertreffen. Die letzte Entscheidung war noch nicht gefallen, und wenn der Zustand des »Saza Chief« besorgniserregend war, wir hofften noch immer, daß er es am Ende doch schaffen würde. Es war also keine Machtprobe zweier Männer aus ein und demselben Verband, noch schien der Besitz der Frauen der Grund zu sein, denn der Neue hatte bisher nicht den Versuch gemacht, sich ihrer zu bemächtigen.

Hier ging es offenbar um andere Dinge.

Der Kampf der beiden Familienhäupter war gegen alle Gepflogenheiten, wir jedenfalls hatten die Gorillas nur als friedfertige Naturen kennengelernt. Hier handelte es sich wohl um Ardreys territorialen Imperativ. Der »Saza Chief« war nämlich lange Zeit der einzige Bewohner des unteren Waldes gewesen und schien die Zugereisten als lästige Eindringlinge in seinen Lebensraum zu betrachten. Zu essen gab es dort zwar reichlich für zwei Familien, aber Gorillas sind von Natur ungesellig und mögen keine allzu nahe Nachbarschaft.

Was auch der Grund gewesen sein mag, elf Tage nach dem ersten Zusammenstoß erhob sich ein neuer Schlachtenlärm. Wahrscheinlich hatte es, von uns unbemerkt, in der Zwischenzeit weitere Geplänkel gegeben, aber nun war wohl der Entscheidungskampf gekommen. Von so elementarer Wildheit war das Schreien der beiden Gegner, daß Ruben es nicht wagte, einen Blättervorhang auseinanderzubiegen, hinter dem es auf Tod und Leben ging. Ruben und die Boys warteten in der Nähe, da aber bei einbrechender Dunkelheit der Kampf noch immer tobte, machten sie sich auf den Heimweg.

Es war ein totenstiller Wald, durch den Ruben seine Gäste am nächsten Morgen führte. Unheil lag in der Luft, sie spürten es bei jedem Schritt. Sein erstes Ziel war natürlich der Kampfplatz vom Tag zuvor. Dort war der Boden aufgewühlt, die Vegetation zertrampelt, und abgerissene Zweige lagen überall umher. Ein kurzer Blick, und Ruben ging wie in Trance auf einen Busch zu. Er bog Zweige beiseite, stutzte und winkte seinen Begleitern näher zu kommen. Da lag er, unser »Saza Chief«, und schrie und trommelte nicht mehr. Sie hätten sich der Majestät des Todes nicht verschließen können, meinten die beiden Gäste, als sie mir später die Szene schilderten.

Wir hatten schon seit Tagen mit der Niederlage unseres Freundes gerechnet, aber auf seinen Tod waren wir nicht vorbereitet. Er wird nach Ruanda entweichen, dort seine Wunden lecken und zu uns zurückkommen, hatten wir uns gesagt.

Auf die Todesnachricht hin rüstete ich eine Kolonne von sechzehn Trägern aus, zwei Gruppen von je acht zum Abwechseln; ich selbst blieb, da ich mir kurz vorher den Arm gebrochen hatte, wartend am Fuß der Berge zurück. Bald strömten aber so viele Neugierige herbei, in deren Gegenwart ich dem »Saza Chief« nicht die letzte Ehre erweisen wollte, und so folgte ich den Trägern in den Wald hinauf.

Der Arm im Gipsverband erschwerte mir den Aufstieg, aber schließlich erreichte ich die Stelle, und ich war froh, daß ich gekommen war. Da lag er nun, der Herr des Waldes, auf dem Rücken hingestreckt, die Beine angezogen und die Hände wie im Schmerz verkrampft. Niemand hatte ihm die Augen zugedrückt, war ihm in seiner Todesstunde nahe geblieben. Hatte der Besiegte auch die Achtung seiner Familie eingebüßt, die er mannhaft zu verteidigen pflegte? Oder hatte er die Seinen vielleicht aus Scham gemieden, war er zu stolz gewesen, ihr Mitleid zu erregen? Ruben – weniger sentimental – erklärte einfach, daß der Verwundete zu schwach gewesen sei, um seine geflüchtete Familie zu suchen, und diese aus Angst vor dem Feind sich nicht in seine Nähe gewagt hätte. Die Behauptung, Gorillas brächten ihre verletzten Kameraden in Sicherheit und stopften Kräuter in ihre Wunde, muß wohl ebenfalls ins Reich der Fabel verwiesen werden.

Mühsam schleppten die Träger den mit Lianen an zwei Baumstämmen gebundenen schweren Körper den holprigen Abhang nach Nyarusiza hinunter. Vor der Gemeindehalle, die mir der Unterhäuptling zur Verfügung gestellt hatte, ließen sie die Last unsanft zu Boden fallen. Es war zwar nur ein Affe, ich fühlte aber, daß ich diesem hier Respekt schuldig war, und so bat ich die Träger, den Toten auf den Stufen der Halle in würdiger Haltung gegen einen Pfeiler zu lehnen.

Das mächtige Haupt auf die Brust gesunken, den Mund mit den schrecklichen Eckzähnen wie zum Schmerzensschrei geöffnet, die riesigen und dabei so rührend menschlichen Hände zu Fäusten geballt, das eine Auge zugeschwollen, so saß er und blickte aus dem anderen Auge mit trauriger Verachtung auf die Menge, die sich in unziemlicher Neugier nun um ihn versammelt hatte.

Selbst im Tode war unser »Star« noch immer die große Attraktion, die er im Leben gewesen war.

Das Ereignis hatte sich natürlich nicht geheimhalten lassen. Schwarze, Weiße und Inder, vom Säugling bis zum Mummelgreis, waren gekommen, selbst von jenseits der Grenze strömten sie herbei, um sich den toten Affen anzuschauen. Kino gab es in unserer Gegend nicht, und so mußte der tote »Saza Chief« als Frankenstein herhalten.

Ich konnte verstehen, daß manch einer die Gelegenheit, einen Gorilla in Ruhe aus der Nähe zu betrachten, sich nicht entgehen lassen wollte. Völlig unbegreiflich aber war es mir, daß Mütter – vornehmlich indische und europäische – ihre Kleinen und Kleinsten mit sich brachten, damit auch sie auf ihre Kosten kämen. Bei aller ergreifenden Menschlichkeit war der »Saza Chief« keine schöne Leiche; ich jedenfalls hätte meinen Kindern die erste Begegnung mit dem Tode in dieser Gestalt erspart.

Aber groß und klein genossen das Schauspiel. Eine Mutter gebärdete sich besonders pietätlos. Mit einem Stock stocherte sie an dem leblosen Körper herum, versuchte, das geschlossene Auge zu öffnen; wie beim Anschauungsunterricht deutete sie auf jeden Körperteil, um ihren noch nicht schulpflichtigen Kindern seine Funktionen zu erklären. Als es mir zu bunt wurde, nahm ich ihr den Stock höflich aus der Hand, deutete auf einen gewissen Körperteil des Toten, und mein Aufklärungsunterricht ließ an Deutlichkeit nichts zu wünschen übrig.

Schließlich verzog sich der Mob, und wir trugen den Toten in den Gerichtssaal. Er wirkte erschreckend menschlich, wie er, gegen den Richtertisch gelehnt, im Halbdunkel mit dem offenen Auge trotzig auf mich niederblickte. Tier oder Mensch? In den Anblick dieses rätselhaften Wesens versunken, war es mir, als schaue ich über Jahrmillionen in den Urbeginn aller Zeiten zurück. Ja, der Mensch hat einen weiten Weg zurückgelegt, buchstäblich »bis zu den Sternen weit«, dachte ich, aber ist es wohl der Mühe wert gewesen?

Es kostete mich viele Worte, den schwarzen Polizeisergeanten davon zu überzeugen, daß ein toter Gorilla wichtig genug sei, eine Botschaft über den Radiosender an die Wildschutzbehörde in Entebbe und an die Makerere-Universität zu senden. Die Leiche war von großem Wert für die medizinische Fakultät, und ich bat den Dekan, sie unverzüglich abholen zu lassen. Für den Notfall hatte ich mit den Batwa, die als Leichenträger fungiert hatten, vereinbart, auch das Abhäuten zu übernehmen, denn Ruben und seine Stammesbrüder hatten sich geweigert, den toten Gorilla auch nur anzurühren. Sie häuteten zwar ihre Rinder und Ziegen, aber dieser menschenähnliche Affe war ihnen tabu.

Es fehlte uns an allem, was nötig war, um wenigstens die wertvollen Organe unbeschädigt zu entfernen und zu konservieren; und obendrein wäre mir die fachmännische Leitung zugefallen. Der Ornithologe des Corydon-Museums in Nairobi hatte mir zwar kurz vorher gezeigt, wie so etwas mit Vögeln und Fledermäusen gemacht wird, aber dieser Gorilla war eine Aufgabe, der ich mich nicht gewachsen fühlte. Der Leichnam strömte schon am Abend einen Geruch der Verwesung aus, und der Gedanke, ihn womöglich am nächsten Morgen aufschneiden zu müssen, verursachte mir eine schlaflose Nacht.

Ich wartete bis Mittag, aber niemand kam. Wir schärften schon die Messer, als endlich ein Landrover erschien, um die Leiche nach Kabale zu holen, wo ein Professor der Pathologie der Makerere-Universität zufällig auf Urlaub war. Obgleich die erforderliche Autopsie seiner eigentlichen Disziplin fernlag, hatte er sich bereit erklärt, wenigstens die Leiche zu öffnen und zu retten, was noch zu retten war. Ich fühlte mich erleichtert, als sich die Zollschranke hinter dem »Leichenwagen« schloß, und ich winkte dem toten Freund einen Abschiedsgruß auf Nimmerwiedersehen nach.

Aber da hatte ich mich getäuscht!

Der bereits verwesende Leichnam wurde noch am selben Abend bei Lampenlicht im Freien gewogen, gemessen und geöffnet: Skelett, Schädel, Augen und andere wesentliche Organe konnten gerettet und der medizinischen Fakultät übergeben werden. Die Polizei machte mir hinterher Vorwürfe, daß ich keine Fingerabdrücke von dem Toten genommen hätte. Das war gar nicht so absurd, wie es klingt. Handabdrücke wären vielleicht ganz aufschlußreich gewesen, denn ich hatte an den Händen des toten Affen das gleiche Liniengewirr bemerkt wie an unseren: Herz-, Lebens- und Schicksalslinien waren deutlich ausgeprägt gewesen.

Der Professor stellte fest, daß das Tier trotz des großen Blutverlustes nicht eigentlich an seinen Wunden gestorben war, sondern indirekt durch Ersticken beim Wiedereinschlucken erbrochener Nahrung. Hals und Speiseröhre zeigten Verletzungen, die offensichtlich auf Würgen durch den Gegner zurückzuführen waren.

Das Fell war leider schon zu mitgenommen, um unseren »Saza Chief« wie ich gehofft hatte, in charakteristischer Haltung im Museum in Kampala aufzustellen, wie sie es im Coryndon-Museum in Nairobi mit einem für den Zweck im Jahre 1946 bei uns abgeschossenen Gorilla getan hatten, der dort den Ehrenplatz einnahm. Die unbehaarte, empfindliche Brust unseres Exemplars hatte sich beim Heruntertragen wund gerieben und beim Abhäuten, viel zu spät und von ungeschickten Händen ausgeführt, waren bereits die zottigen Haare ausgefallen.

Man wußte nicht recht, was man damit anfangen sollte, und so schickte man die traurige Hülle, in der einst die tapfere Seele dieses Gorillas gewohnt hatte, an mich zurück.

Dieses Fell belastete mein Gemüt. Ich hätte es gern gerettet, aber mir fehlten die Mittel, es in Nairobi von Fachleuten präparieren zu lassen. Auch wollte mir der Gedanke nicht behagen, den »Saza Chief« an der Wand meiner Bar aufzuhängen oder ihn gar als Bettvorleger zu verwenden. Später freilich quälte es mich, daß ich das übelriechende Fell achtlos im offenen Schuppen liegenließ. Ich hätte wissen müssen, daß der Susi, meinem Schwein, nichts heilig war. Zu spät überraschte ich sie im Schuppen, und einige kümmerliche Fetzen waren alles, was die Gefräßige vom »Saza Chief« übriggelassen hatte. Die Reste wurden mit aller Pietät neben Sombra, meiner Schäferhündin, im Garten beigesetzt, und Susi wurde Weihnachten geschlachtet.

Ich will mich nicht besser machen, als ich bin. Auch ich genoß den köstlichen Braten, ohne auch nur eine Sekunde lang meines toten Freundes zu gedenken. Erst viel später fiel mir ein, daß ich, wenn der Satz: »Was du ißt, das bist du« auf Wahrheit beruht, mir mit Susi, dem Schwein, auch ein Stück vom »Saza Chief« einverleibt hatte. »Tat twam asi«, sagte ich mir dann jedesmal, wenn ich einem alten Gorilla im Walde oben ins schwermütige Auge schaute. »Das bist du!« Gemäß dem Satz der altindischen Philosophie, der die Identität von Subjekt und Objekt, vom Ich und allem sonstigen Sein ausspricht.

21 Ruben junior

Etwa ein Jahr nach dem Tod des »Saza Chief« fand Ruben wieder einen toten Gorilla, im gleichen Wald und wieder nicht durch Zufall. Wie er beim ersten Mal von dem Kampf der beiden Familienhäupter wußte, so war ihm diesmal nicht entgangen, daß der Sieger die Früchte seines Sieges nicht lange ungestraft genießen konnte: Er litt an Durchfall.

Trotz seiner Kraft und Größe war der neue Herr des unteren Waldes nicht der geborene Herrscher, der sein Vorgänger gewesen war, er war eher eine scheue, in sich gekehrte Natur. Er ließ sich nicht zu demonstrativen Wutanfällen hinreißen, noch waren Scheinangriffe seine Art. Er trat gewöhnlich schon nach einem mattherzigen Gebell den Rückzug an, wenn wir ihn trafen. Plötzlich zog er aber andere Seiten auf. Eines Tages – er hatte allerdings sein Junges bei sich – fühlte er sich wohl in die Enge getrieben, nichts hinderte ihn zwar, sich zurückzuziehen, aber der Alte gebärdete sich so drohend, daß Ruben es für besser hielt, vorsichtig kehrtzumachen.

Uns fiel auf, daß die fünf Frauen zwar in der Nähe, aber nicht mehr mit den beiden zusammen lebten, wohl des pestilenzialischen Gestanks wegen, den der Kranke verbreitete. Obgleich der Umgang mit dem mißmutigen, übelriechenden Vater nicht gerade erheiternd sein konnte, schien das Kind dessen Gesellschaft vorzuziehen. Die beiden waren unzertrennlich, und der Papa zeigte sich stets ungewöhnlich aggressiv, wenn wir uns näherten. Eine derartige Vater-Kind-Bindung war nicht so selten, wie ich zunächst dachte; Schaller beobachtete ganz ähnliche Beziehungen drüben im Kongo.

Die Krankheit hatte, wie Ruben berichtete, mit einer »laufenden Nase« angefangen, also mit einer harmlos scheinenden Erkältung, die sich bald zu einer bösartigen Diarrhö entwickelte. Der Zustand des Kranken verschlimmerte sich zusehends. Ruben besuchte ihn fast täglich, wurde aber stets unfreundlich abgewiesen. Helfen konnten wir ihm natürlich nicht. Er hatte immerhin unseren »Saza Chief« erwürgt, und, so geschwächt er jetzt auch war, wir wagten uns nicht an ihn heran, um ihm die nötige Medizin zu geben.

Nachdem Ruben den Alten überrascht hatte, wie er sich in Krämpfen am Boden krümmte, wußte ich, daß sein Ende nahe war. Nicht vorbereitet aber war ich auf das kleine, schwarzhaarige, strampelnde Ungetüm, das Ruben mir eines Tages in seiner Zeltplane aus dem Wald mitbrachte.

Er hatte das Kleine, an die Schulter des toten Vaters geschmiegt, in einer Lichtung angetroffen. Die Frauen, tags zuvor noch in der Nähe, waren spurlos verschwunden und hatten mit dem sterbenden Mann auch das noch hilflose Kind im Stich gelassen. Das Kleine konnte sich zwar schon ernähren, aber liebebedürftig, wie Gorillakinder sind, wäre es vor Einsamkeit gestorben oder die Beute eines Leoparden oder einer Hyäne geworden, hätte Ruben es nicht mitgenommen.

Das Mitnehmen war aber leichter gesagt als getan: So dachten wenigstens die beiden Gäste, die Ruben bei sich hatte, und auch Peter, der Fährtensucher und beileibe kein Hasenfuß, hielt sich abwartend im Hintergrund. Das Kleine war nämlich erstaunlich stark und weigerte sich, den toten Vater zu verlassen. Sooft Ruben zupacken wollte, fletschte es die Zähne, schließlich sprang es auf und rannte, so schnell seine Beinchen es tragen konnten, in den Busch.

Ruben fing es endlich mit seiner Zeltplane ein und wurde dabei heftig in die Schulter gebissen.

Schließlich beruhigte sich der kleine Wüterich und ließ sich widerstandslos in der Zeltplane auf Rubens Rücken den Berg hinuntertragen. Als man unten die Plane öffnete, war er fest eingeschlafen. Die erste Fahrt in einem Jeep schien ihm weniger zu behagen. Geschickt befreite er sich von dem Seil, das die Boys ihm um den Hals gebunden hatten, und Ruben mußte ihn erneut mit der unheimlichen Zeltplane einfangen.

»Boy or girl? – Knabe oder Mädchen?« fragte ich Ruben, mehr aus Spaß, denn ich wußte, wie schwer es ist, das Geschlecht eines jungen Gorillas zu bestimmen. Ein kurzer Blick, und: »Ein Knabe natürlich!« verkündete er stolz. Und so war es auch. Etwa anderthalb Jahre war er alt, dieser hübsche Gorillabub, groß wie ein ausgewachsener Pudel, aber wesentlich schwerer, und zu Ehren seines Retters taufte ich ihn selbstverständlich Ruben. Ruben senior fühlte sich zunächst geschmeichelt, bat aber später, ich möchte doch den Namen lieber ändern, da man sich im Dorf über seine Namensvetterschaft mit einem Affen lustig mache, was sich mit seiner sozialen Stellung nicht vereinbaren ließe. Ich konnte ihn aber überzeugen, daß die Gorillas tatsächlich unsere Vettern seien und selbst ein Kirchenältester wie er sich der Verwandtschaft nicht zu schämen brauche. So blieb es denn bei Ruben, und um Verwechslungen zu vermeiden, fügten wir ein »Junior« hinzu.

Wo sollten wir den unerwarteten Gast unterbringen? Wir banden ihn zunächst im Schatten eines Baumes fest. Der Kleine war aber sehr gereizt, und um ihn vor Neugierigen, die sich bald um ihn drängten, zu beschützen, richteten wir ihm als Notquartier einen alten Kaninchenstall her und deckten diesen mit der dem Erregten bereits vertrauten Zeltplane zu, damit er sich ungestört von seinem Schreck erholen konnte. Dort saß er in einer Ecke, das Gesicht in den Händen verborgen, und wies uns die kalte Schulter. Wenn ich die Plane vorsichtig lüftete, blickte er mich aus traurigen Kinderaugen an, verbarg aber sein Gesicht schnell wieder in den Händen und kehrte mir wie ein schüchternes Kind den Rücken zu. Ich versuchte sein Vertrauen mit einem den Gorillas abgelauschten Hu-Hu-Hu-Hu in hohem Falsett zu gewinnen: Er blickte erstaunt auf, drehte sich aber flugs wieder von mir ab.

Kinder sind immer hungrig und kleine Gorillas im besonderen. Sie sind gewohnt, den ganzen Tag zu essen. Wir schoben wilden Sellerie – aus seinem Wald mitgebracht –, Bananen, Kartoffeln und Brot durch das Gitter, es gelang mir sogar eine Schale Milch hineinzubugsieren, ohne gebissen zu werden. Junior entwickelte einen gesunden Appetit; wollte ich aber nachsehen, ob er auch hübsch äße, hörte er sofort damit auf und setzte sich in seinen Schmollwinkel. Einmal überraschte ich ihn aber doch, wie er gierig in eine Selleriestaude biß. Wütende Blicke auf mich schießend, stopfte er sich den ganzen Stengel, als ob er mich ärgern wolle, frech und ungezogen in den Mund.

Wieder mußte ich, wie damals beim »Saza Chief«, eine Kolonne von Leichenträgern zusammentrommeln. Es war schon gegen Abend, als ich mit ihnen die Stelle erreichte, an der Klein Rubens Vater seine alte Gorillaseele ausgehaucht hatte. Der Tod, so schien es mir, war als Freund und Erlöser gekommen. Entspannt wie im Schlaf lag der riesige Körper auf der Seite: Die Augen waren aber offen, und trotz der schlechten Zähne schien der häßliche, halbgeöffnete Mund sanft und freundlich zu lächeln. Es war ein friedlicher, ein schöner Anblick: Tod und Verklärung, so empfand ich es.

»Gefühlsduselei!« wird mancher nüchterne Leser sagen. »Anthropomorphismus! Vermenschlichung! Gorillas können gar nicht lächeln.« Nun, die kleinen können es. Sie kichern wie menschliche Babys, wenn sie gekitzelt werden. Es waren wohl die letzten, warmgoldenen Sonnenstrahlen, die das milde Lächeln im Antlitz dieses Toten erscheinen ließen. Im kalten Licht des nächsten Morgens war es zu einem ironischen Grinsen geworden.

Diesmal achtete ich darauf, daß der massige Körper nicht zu fest an die rasch geschlagenen Baumstangen gebunden und beim Tragen nicht beschädigt wurde. Wir brachten die Leiche wieder zum Gemeindesaal. War es die vorgerückte Stunde, oder hatte ein toter Gorilla keinen Reiz der Neuheit mehr? Die Schar der Neugierigen, die uns erwartete, war gering. Der Radio-Sergeant hatte wohl inzwischen die großen Affen schätzengelernt: Er beförderte meine Botschaften an die Behörden ohne Widerspruch. Noch am selben Abend teilte mir die Makerere-Universität per Polizeiradio mit, daß die Leiche am nächsten Morgen abgeholt werden würde.

Wir warteten wieder bis Mittag, aber die Makerere-Experten erschienen nicht. Ihr Wagen hatte sich, wie ich später hörte, unterwegs überschlagen und war in einem Sumpf gelandet. Die Verwesung der Leiche ließ sich nicht aufhalten, und so fiel mir ein Stein vom Herzen, als der Tierarzt von Kabale herüberkam, um das Abhäuten und die Autopsie zu übernehmen. Er stellte fest, daß das Tier an Gastroenteritis, an einer Entzündung des Magens und der Darmwege, gestorben war. Wieder gingen wichtige Teile verloren, darunter Fingernägel und Augenlider; auch war der Körper vorn am Bauch und nicht hinten am Rücken aufgeschnitten worden. Der Dermoplastiker in Nairobi, ein Meister im Ausstopfen und Aufstellen wilder Tiere, lehnte den Job ab, und so kam es, daß das Museum in Kampala ohne Gorilla bleiben mußte.

Ruben junior hätte sich zweifellos bald bei uns eingelebt und viele Besucher angezogen, aber ein Gorilla so zarten Alters ist empfindlich. Er hätte anfangs meiner ganzen Liebe und Sorgfalt bedurft, und ich hatte schon ohnehin genug Sorgen. Ich wollte die Verantwortung für ein so wertvolles Geschöpf nicht übernehmen, und nach Jahr und Tag hätte ich mich doch von ihm trennen müssen. Selbst einen halbwüchsigen, zahmen Gorilla hätte ich in meinem Gasthof nicht frei herumlaufen lassen können, wo ich mit Gästen, besonders mit Kindern, rechnen mußte, die nicht wissen, wie so ein Tier zu behandeln ist. So ein junger Gorilla ist sich seiner Stärke nicht bewußt und kann einem geliebten Menschen aus lauter Zärtlichkeit die Rippen eindrücken. Und einen Gorilla im Käfig? Nein, das hätte ich, der ich sie als freie Wesen kannte und liebte, nicht übers Herz bringen können.

Ruben, der Retter, war zwar bitterlich enttäuscht, als ich sein Patenkind im Landrover des Game Warden nach Entebbe bringen ließ. Ich aber fühlte mich erleichtert, denn ich wußte, daß der Kleine dort im Tierwaisenhaus, das die Wildschutzbehörde unterhielt, unter den wachsamen Augen der Ärzte eine bessere Chance hatte als bei uns, zu einem stattlichen Vertreter seiner Art heranzuwachsen. Dort hatte unser Junior in dem einjährigen Schimpansenmädchen Cleo glücklicherweise eine geeignete Gefährtin; sie teilten denselben Käfig und freundeten sich sofort innig an. Ruben zeigte sogar Zeichen der Eifersucht, wenn der Wärter beim Betreten des Käfigs sich unterstand, mit Cleo zu flirten. Sie hatte einen guten Einfluß auf ihn, nicht nur weil ihre Gesellschaft ihn glücklich machte, sondern vor allen Dingen, weil sie ihn zum Essen ermunterte.

Die Ernährung gefangener Gorillas ist immer ein Problem, und der kleine Ruben mußte sich in Entebbe auf eine völlig ungewohnte Kost umstellen. Vertraut waren ihm nur die Bambusschößlinge, aber er verschmähte alle der rund vierzig Arten, die am Viktoriasee, an dem Entebbe liegt, wachsen. Papaya, eine tropische Frucht und etwas Neues für unser Kind der Berge, schmeckte ihm zwar besonders gut, aber es hatte eine so durchschlagende Wirkung, daß man um seine Gesundheit bangte. Glücklicherweise erwies sich Elefantengras, dessen Mark er liebte, als ein gutes Heilmittel. Erwachsene Gorillas sind viel wählerischer und verhungern lieber, als etwas Ungewohntes zu probieren. In der Gefangenschaft mischt man ihnen, den strikten Vegetariern, heutzutage etwas Fleisch ins Essen, was ihnen gut bekommt.

Der kleine Gefangene verlor bald seine Scheu und zog sich nur an Wochenenden, wenn gar zu viele Bewunderer den Käfig der beiden kleinen Affen umdrängten, in einen Winkel zurück. Hätte ich mitreden dürfen, der kleine Berggorilla wäre im Lande seiner Herkunft geblieben, aber die Wildschutzbehörde brauchte Geld und beschloß, ihn an den Meistbietenden zu verkaufen. Es gab viele Angebote, ich schlug aber den Regents Park Zoo in London vor, wo sie noch keinen Berggorilla hatten und wo er als Bürger eines britischen Protektorats meiner Ansicht nach hingehörte. Dieser Zoo mußte auch Cleo mit in Kauf nehmen, denn ohne sie, in einem Einzelkäfig, hätte Ruben den Szenenwechsel nicht lange überlebt.

In London angekommen, machte er sich bei der Presse unbeliebt, indem er Reporter und Fotografen, die zu seiner Begrüßung gekommen waren, mit Strohbündeln bombardierte. Sonst ging alles in den ersten zwei Jahren gut mit ihm in Regents Park. Man trennte ihn zwar bald von seiner Cleo, gab ihm aber ein hübsches Gorillamädchen als Ersatz, das man extra für ihn erworben hatte. Die beiden waren glücklich miteinander, bis sie sich im strengen Winter des Jahres 1962 erkälteten und an Lungenentzündung starben. Hätte ich gewußt, daß das veraltete Affenhaus sich nicht hinreichend heizen ließ und daß außer Guy, dem alten Tieflandgorilla, alle anderen Gorillas, mit denen man es versuchte, in dem Londoner Klima nach kurzer Zeit starben, hätte ich für unseren Ruben einen anderen Zoo vorgeschlagen. Es hatte sich allerdings ausschließlich um aus den tropischen Urwäldern Westafrikas stammende Tieflandgorillas gehandelt. Unserem von seinen Bergen her an Schlimmeres gewöhnten Ruben hätten der Londoner Nebel, die Feuchtigkeit und Kälte eigentlich nichts anhaben sollen.

Von Bedeutung für das Verhalten dieser Tiere war es, daß es uns diesmal gelang, die Hinterbliebenen des verstorbenen Gorillamannes nicht aus den Augen zu verlieren; bei der Familie des »Saza Chief« hatten wir es vergeblich versucht. Es war allerdings eine Strapaze, ihnen zu folgen, denn die fünf Witwen auf der Suche nach einem neuen Mann hatten es gar eilig. Sie legten ungewöhnlich große Entfernungen zurück, und wenn wir auch täglich ihre Schlafnester aufspürten, die Witwen selbst ließen sich in ihrer Rastlosigkeit nicht einholen. Nach etwa zehn Tagen konnte Ruben mit Sicherheit feststellen, daß die fünf Frauen sich einer uns bekannten dreiköpfigen Familie angeschlossen hatten. Der Ehemann war nun über Nacht zum Pascha eines Harems von sechs Frauen geworden, schien aber mit dieser Schicksalsfügung ganz zufrieden zu sein; er jedenfalls verhielt sich völlig normal, wenn wir ihm und seiner Weiberschar begegneten. Und die Frauen? Wir hatten den Eindruck, daß der neue Familienkreis nicht allzu traut war: Eine der jüngeren Witwen wenigstens schien unbefriedigt zu sein. Warum sollte sie sonst wohl so plötzlich zur Megäre werden und sich völlig grundlos auf den ihr als harmlos bekannten Ruben stürzen?

Gorillafrauen sind im allgemeinen zaghaft und furchtsam, Rubens »böses Luder« aber versuchte, ihn mit beiden Händen am Hals zu würgen, und als er mit der Panga nach ihr schlug, biß sie ihn kräftig in die Hand. Auf dem Rücken liegend, befreite er sich, indem er die Angreiferin mit einem wohlgezielten Fußtritt in den Busch zurückbeförderte. Der Pascha saß kauend in der Nähe und beobachtete den Vorgang ungerührt; vielleicht war es ihm sogar recht, daß der widerspenstigen Person eine gehörige Lektion erteilt wurde.

Was mochte wohl in dieses Wesen gefahren sein, daß zwei Tage später den Angriff wiederholte? Aber diesmal war Ruben auf der Hut.

Und wie überstand Ruben diesen Schrecken, bekam er Angst vor den Gorillas? Keineswegs! Es machte ihm Vergnügen, mir die Szene mit allen Einzelheiten vorzuspielen. Er zuckte auch nicht mit der Wimper, als ich die Bißwunde mit Jod behandelte, aber vorsichtshalber ließ ich ihm noch dazu vom Sanitäter eine Penizillinspritze geben.

22 Fragen und Antworten

Ich war ein Amateur, im wahrsten Sinne des Wortes: ein Liebhaber der Gorillas. Ich stieg nicht, wie mein japanischer Freund, Professor Imanishi, von sich sagte, »mit der Leidenschaft des Entdeckers und der kalten Vernunft des Wissenschaftlers« zu ihnen in die Wälder hinauf; aber auch die geschäftlichen Motive und die oberflächliche Neugier, die mich ursprünglich dazu veranlaßten, waren längst einem tiefen Interesse gewichen. Die Gorillas waren aus meinem Leben nicht mehr wegzudenken, sie waren zum Hauptgesprächsthema in Travellers Rest geworden.

Es ist gewöhnlich langweilig, Menschen stundenlang über ihre Hobbys reden zu hören, aber Gorillas sind keine Briefmarken, Münzen oder Streichholzschachteln, und eine Exkursion in ihr Gebiet ist kein Fußballmatch. Meine Gäste konnten jedenfalls nie genug über die seltsamen, menschenähnlichen Affen hören, die mehr als jedes andere Tier mit geheimnisvoller Romantik und ausschweifender Phantasie umwoben sind.

Die Fragen der meisten Besucher ließen sich nicht wie die der älteren, einfältigen Amerikanerinnen mit einem dummen Witz abtun, aber ich hatte ja im Laufe der Jahre – teils durch eigene Erfahrungen, teils durch Gespräche mit den Fachleuten – ein reichhaltiges Wissen erworben, so daß ich stets aus dem vollen schöpfen konnte.

Es wäre jedoch vermessen von mir gewesen, zu behaupten: »So ist es, das ist die Art, wie der Gorilla sich verhält.« Ich konnte nur mit gutem Gewissen sagen: »Das und das habe ich selbst gesehen und erlebt oder von zuverlässigen Beobachtern erfahren, und ich glaube, daß es so und so auszulegen ist.« Gorillas sind Einzelwesen, man muß sich vor Verallgemeinerungen hüten, und ihr Verhalten ist obendrein von ihrer Umgebung beeinflußt. Deshalb wird manches, was ich hier aussage, im Gegensatz zu anderen Befunden stehen. So hat beispielsweise Jill nie das Backentrommeln gehört und Schaller nie einen Scheinangriff erlebt, beides Handlungen des Gorillas, die Ruben und mir vertraut waren. Oder gar Dian Fossey, die diese Tiere schon seit acht Jahren studiert und deren Beobachtungen manches völlig neue Licht auf das Verhalten des Gorillas werfen, worüber noch ausführlich berichtet werden wird.

Oft gestellte Fragen waren:

Lebt der Gorilla in kleinen Familien wie der Mensch oder in größeren Trupps wie der Pavian und die meisten kleineren Affen?

Wir hatten es gewöhnlich mit kleineren Verbänden von drei bis sechs, manchmal auch bis zu zehn Mitgliedern zu tun. Die größeren Trupps, denen wir gelegentlich begegneten, schienen mir nur vorübergehende Verbindungen zweier Einheiten zu sein, wohingegen Schaller im Kongo drüben verschiedene Gruppen von zwanzig und weit mehr Mitgliedern hatte. Unsere kleineren Gruppen, bestehend aus Vater, Mutter und Kind oder aus Ehemann mit einer oder mehreren Frauen und einigen Kindern verschiedenen Alters, stellten offensichtlich die legitime Familie in einer an sich polygamen Gesellschaft dar. Wir beobachteten einige von ihnen über mehrere Jahre: Sie führten zweifellos ein in sich geschlossenes durchaus bürgerliches Familienleben. Man traf sie immer allein, und ich hatte nicht den Eindruck, daß sie mit anderen Familien auf Besuchsfuß standen.

Jeder Verband hatte einen älteren, besonders kräftigen Führer, einen »Silberrücken«, dessen Wille Gesetz war. Er bestimmte die Richtung des Weges und die Ruheplätze, ob weitergewandert und wo das Nachtlager hergerichtet werden soll. Wenn er zu Bett geht, müssen sich alle niederlegen, und wenn er aufsteht, müssen sie alle aus den »Federn«. Meistens macht er sich einfach auf den Weg, er ist gewohnt, daß die anderen ihm folgen; aber es kommt schon mal vor, daß er einer trödelnden Frau mit einem ermutigenden Klaps auf den Allerwertesten schnellere Beine macht. Die Männer haben die Frauen überhaupt unter der Fuchtel, und die wiederum sorgen für Disziplin in der Kinderstube.

Mir ist nicht bekannt, ob es unter den Frauen eine Art von Hierarchie gibt und ob der Alte eine Haupt- oder Lieblingsfrau sein eigen nennt. Bei den größeren Verbänden sind die Frauen offenbar Gemeingut, und wir haben nie so etwas wie Eifersucht unter den Männern bemerkt. Wenn ich mich recht erinnere, war es Schaller, der wiederholt beobachtete, wie die Frauen die Initiative ergriffen und sich unter den Augen des Paschas einen Mann ihrer Wahl heranlockten; eine forderte sogar einen Außenseiter auf, einen jungen Mann, der gar nicht zum engeren Familienkreis gehörte, während ihr Herr und Gebieter, sich lässig am Bauche kratzend, dem Vorgang gleichgültig zusah.

Gibt es Krieg in Gorillaland, oder respektieren die einzelnen Verbände den Lebensraum der anderen?

Gorillas sind an sich friedfertige Naturen, und von Feindseligkeit gegeneinander war nichts zu spüren. Der Kampf der beiden »Silberrücken«, der zum Tod des »Saza Chief« führte, war wohl eine der seltenen Ausnahmen, die die Regel bestätigen. Wenn größere Trupps zusammentrafen, ging es immer recht friedlich zu. Oft übernachteten sie ganz in der Nähe und nahmen keine Notiz voneinander. Bei anderen Gelegenheiten grunzten sie einander zur Begrüßung an und futterten vorübergehend reibungslos an derselben Stelle. Einmal wagten sich einige Tiere der einen gar mitten in eine andere Gruppe hinein, was allerdings einen Scheinangriff gegen die Eindringlinge zur Folge hatte. Es wurde auf beiden Seiten gehörig geschrien und getrommelt, aber zum Blutvergießen kam es nicht. Es war wohl nur eine Demonstration des territorialen Anspruchs, ein Impuls, der, um auf Ardreys These zurückzukommen, unsere Vorfahren, die Australopithecinen, die Waffe erfinden ließ.

Ist das Leben innerhalb der Gruppe oder Familie harmonisch?

In der Regel geht es gemütlich bei ihnen zu. Das Familienoberhaupt läßt sich gutmütig allerlei von den Sprößlingen gefallen. Frech klettern sie auf ihm herum und reiten kühn auf seiner Schulter. Wird es ihm zu bunt, dann teilt er unsanfte Klapse aus. Mütter mit ihren Babys halten sich gern in seiner Nähe auf und sitzen oft vertrauensvoll an seinen mächtigen Rücken gelehnt.

Schaller sah einmal, wie ein älterer Gorillamann eine seiner Frauen – wohl zum Spaß, aber nicht gerade zärtlich – am Bein einen Abhang herunterzog und sie dann gelangweilt, wie ein Kind seine Puppe, liegenließ.

Wenn ein Führer zu alt zum Regieren wird, überläßt er, scheint's, die Zügel freiwillig einem Jüngeren; über Machtproben um die Herrschaft lagen zu meiner Zeit jedenfalls keine zuverlässigen Beobachtungen vor. Frank G. Merfield, ein Jäger, erzählt zwar von einem alten Gorilla in Kamerun, der angeblich im Kampf mit einem jungen Rivalen einen Arm eingebüßt hatte, aber dennoch mit unverminderter Autorität sein Zepter schwang. Ob ein besiegter oder senil gewordener Führer aus der Gemeinschaft ausgestoßen wird oder von sich aus in die Verbannung geht, ist unbekannt. Wir hatten einen alten Einzelgänger in unserem Revier, der, wie Ruben erzählte, einst ein mächtiger Herrscher gewesen war, und Ruben machte stets einen Bogen um den entthronten und verbitterten Gorilla-Lear, der wahrscheinlich ganz harmlos war. Die grausame, aber vielleicht notwendige Sitte, die nutzlosen Alten sich selbst zu überlassen oder sie gar umzubringen, ist heute noch bei manchen Eingeborenenstämmen üblich. Sollten die Gorillas humaner als die Menschen sein?

Wie unterscheidet man die einzelnen Gruppen und Familien oder gar die einzelnen Gorillas voneinander? Sehen sie nicht alle einer wie der andere aus?

Das war den meisten Fragern rätselhaft. »Ja, genauso wie ein Neger oder Chinese dem anderen gleicht«, antwortete ich stets. Für den Fremden sind zunächst alle Neger schwarz und hat jeder Chinese Schlitzaugen. Erst wenn er sich an ihren Anblick gewöhnt hat, kann er die Individuen unterscheiden. Und so ist es auch mit den Gorillas. Sie sind ebenfalls Persönlichkeiten und so verschieden voneinander wie die Menschen. Es gibt große und kleine, junge und alte, schwarzbehaarte und welche mit einem Silberrücken. Dazu kommen noch die besonderen Merkmale: Korpulenz, eine Hasenscharte, schlechte Zähne, ein fehlendes Ohr, ein Schmiß auf der Backe. Außerdem unterscheiden sie sich deutlich durch Verhalten und Temperament.

Die Gruppen ließen sich leicht zahlenmäßig erkennen, selbst bei gleich großen Verbänden war die Zusammensetzung aus Männern, Frauen und Kindern nie identisch.

Wir hatten eine Familie, die von Anfang an nicht zu verkennen war: unser Prachtstück, den »Saza Chief«, natürlich und die Seinen. Es gab keinen anderen Gorilla im Walde, der sich so wie dieser alte Prahler und Polterer ins Zeug zu legen wußte. Imponierend wie sein Namensvetter, der wirkliche Saza Chief, war dieser ihm in einem überlegen: Der echte Mutwale Paulo hatte, wie der Leser sich erinnern wird, zwanzig Frauen und mehr Kinder, als er zählen konnte, wohingegen der Chief des Waldes es nur zu zwei Frauen und einem Kind gebracht hatte.

Einer der Verhaltensforscher konnte die Gorillas partout nicht auseinanderhalten und bat mich, ihnen Symbole – Punkte, Ringe, Dreiecke etwa – mit weißer Farbe auf den Pelz zu malen. Ich fand das genauso »unpraktisch« wie die Kuhglocken um die Hälse und die Spritzen in die Bäuche der Gorillas. Einige Jahre später wäre es ein Kinderspiel gewesen, wie George Schaller in der Serengeti bewiesen hat. Es soll dort keinen Löwen mehr geben, den er nicht vom Landrover aus mit präparierten Pfeilen narkotisiert und dann am Ohr gekennzeichnet hat. Er kannte natürlich die erforderliche Dosis für Löwen und wußte, wie lange die Betäubung anhält. Bei Gorillas wußte man es nicht, und ich war nicht geneigt, es durch Experimente herauszufinden.

Wie sind die Nester, in denen der Gorilla wohnt, beschaffen?
Er wohnt nicht, er schläft nur in ihnen. Ein Anthropologe lehnte die Bezeichnung »Nest« als unzutreffend ab, weil sie die »baulichen Fähigkeiten« des Gorillas herabsetze, und schlug vor, sie durch »Betten« zu ersetzen. Bei allem schuldigen Respekt vor meinen Affen muß ich widersprechen. Ich finde nämlich, daß Vogelnester, besonders die der Webervögel, viel kunstvoller konstruiert sind, und doch spricht man nicht von »Vogelbetten«. Für den Gorilla, den Nomaden, der sich jeden Abend ein neues bauen muß, lohnt sich wohl so viel Sorgfalt nicht.

Gorillanester sind verschiedenartig, je nach dem Material, das die sein Nachtlager umgebende Natur liefert. Im Wald wühlt er sich meistens aus Gras und Laubwerk schlecht und recht ein Nest am Boden oder biegt mit seinen langen Armen Zweige von Bäumen und Büschen herunter, trampelt sie zu einem Ring oder Oval, mit einer Krempe darum, und macht das Ganze, wenn er nicht zu faul dazu ist, mit Blättern und Kräutern weich und gemütlich. An steilen Hängen stützt er das Nest geschickt ab, damit es nicht mit ihm im Schlaf den Berg hinunterrollt. Der Bau dauert nur wenige Minuten und erfüllt seinen Zweck.

Baumnester waren bei uns selten, weil es an geeigneten Bäumen mangelte. Die wenigen, die es gab, waren hoch oben in die Kronen gebaut und glichen eher Adlerhorsten als Nestern terrestrischer Riesenaffen.

Im reinen Bambuswald erweist sich der Gorilla tatsächlich als routinierter Architekt, indem er sich sein Nest einige Meter über dem Boden errichtet, eine Konstruktion, die an die Pfahlbauten unserer Vorfahren erinnert. Junge biegsame Stämme werden oben geknickt und zu einer federnden Plattform verflochten, die dann mit Blättern und Zweigen bequem gemacht wird. So unsicher dieses schwankende Gerüst auch aussieht, es ist erstaunlich fest und bricht auch unter den vier oder fünf Zentnern des alten »Silberrückens« nicht zusammen.

Die Gorillas – ich muß es zugeben – beschmutzen ihre »Betten«. Ruben war darin toleranter als ich. »Unappetitlich? Eine schlechte Gewohnheit? Aber Bwana! Das Zeug hält warm«, erklärte er. »Wer möchte schon in der Kälte des frühen Morgens aufstehen und aufs Häuschen laufen!« Diese Entschuldigung ist nicht stichhaltig, denn die Tieflandgorillas im tropischen Kamerun verhalten sich genauso, obgleich dort der bewußte Gang am Morgen keine so große Überwindung kosten sollte. An besonders warmen Morgen, so berichtet der schon erwähnte Merfield aus Kamerun, ließen die Gorillas dort denn auch ihre Betten sauber zurück. Gorillakot ist übrigens trocken und bleibt nicht am Körper haften.

Was findet man nun in diesen Betten: Äpfel oder Würstchen? Diese Frage beschäftigte mich eine Zeitlang. Ein deutscher Schulmeister rügte meine »Gorilla-Äpfel«, wie ich diese Erzeugnisse in einem Artikel genannt hatte. Er berief sich auf eine Autorität und wollte meine Äpfel durch »70 cm lange und 7 cm dicke Würstchen« ersetzt haben. Das ließ mir keine Ruhe, bis ich endlich Gelegenheit hatte, das Problem mit einem Biologen zu erörtern, der die größte Fäkaliensammlung der Welt besaß. Er hatte sogar eine Methode der geruchlosen Konservierung erfunden, auf die er besonders stolz war. Man halte dies ja nicht für eine absurde Liebhaberei! Eine derartige Sammlung hat neben ihrem wissenschaftlichen auch einen praktischen Wert, denn Jäger oder Naturforscher erkennen eine Tierart immer schon an ihrer Losung. Dieser Sammler war zweifellos eine Autorität auf dem Gebiet: Er konnte die meisten Fäkalien, die ihm aus aller Welt geschickt wurden, mit Sicherheit identifizieren.

Er durchstreifte einen ganzen Tag den Gorillawald, ohne den Tieren zu begegnen, er wurde naß bis auf die Haut und kehrte doch befriedigt zurück. Er hatte frischen, unbeschädigten Gorillakot gefunden, der ihm in dieser Perfektion in seiner Sammlung noch gefehlt hatte. Wir maßen und betrachteten ihn von allen Seiten: Er war weder apfelrund noch würstchenlang, das Produkt war eher dreieckig im Durchschnitt, und so legten wir als Symbol die Gorilla-»Birne« fest. Es sei erwähnt, daß die Birnen zuweilen in langen Ketten wie Würstchen zusammenhingen, je nach der Kost, die die Tiere gegessen hatten, und ob sie die Birnen im Sitzen oder Wandern hatten fallen lassen.

Hat der Gorilla Feinde?

Ja, den Menschen! Nachdem den Jägern, Trappern, Sammlern und schwedischen Prinzen, die in den zwanziger Jahren so schonungslos hinter den Tieren her waren, durch strenge Überwachung der Belgier und später auch der Engländer das Handwerk gelegt worden war, kamen die Gorillas endlich zur Ruhe. Die Belgier ließen kaum jemand, nicht einmal Wissenschaftler, in das Gebiet, damit die Tiere dort völlig ungestört leben und sich mehren konnten.

Wer aber konnte die eingeborenen Jäger daran hindern, sich in anderen Regionen ebenfalls ihren Anteil an der begehrten Beute zu verschaffen? In den Dörfern der abgelegenen Gorillagegenden traf man überall Eingeborene mit einem verkrüppelten oder amputierten Arm oder Bein; sie gaben offen zu, daß *Ngagi*, der böse Gorilla, schuld daran sei. Manche waren zweifellos bei einer ehrlichen Verteidigung ihrer Shambas und Bananenhaine gegen raubende Gorillahorden verwundet worden; die meisten aber waren Jäger, die ihnen des Fleisches wegen nachstellten und somit nichts Besseres verdienten.

Fast alle Zoogorillas kommen aus Westafrika und werden dort von weißen und schwarzen Tierhändlern skrupellos gefangen und verschachert. Um *einen* jungen Gorilla zu erhalten, büßen schätzungsweise vier bis fünf Mitglieder der Familie ihr Leben ein, und wenn man noch dazu bedenkt, daß einige der kleinen Gefangenen sterben, ehe sie ihren Bestimmungsort erreichen, so ist die Zahl der Opfer außergewöhnlich hoch. Sir Julian Huxley zeigte mir einen Brief, worin eine französische Mission in Westafrika Gorillas wie Kolonialprodukte für soundso viel per Pfund frei Flughafen offerierte.

Hat der Gorilla Feinde unter den Tieren?
Seine Stärke und einschüchternde Erscheinung werden selbst von Büffeln und Elefanten respektiert. Beide Seiten meiden ein Zusammentreffen, und Kämpfe zwischen ihnen sind nicht bekannt. Das einzige Tier, das sich an einen Gorilla heranwage, sei der Leopard, hieß es, aber auch der ließe es nicht zum offenen Kampf kommen und gäbe sich mit einem jungen, in einem unbewachten Augenblick geschnappt, zufrieden. Merfield, der Jäger, beobachtete jedoch in Kamerun, wie ein Leopard von einem Baum heruntersprang und gelassen durch eine Gorillafamilie mit kleinen Kindern schritt, die sich dort tummelten. Die Alten zeigten keinerlei Besorgnis, und der Leopard nahm keine Notiz von der Familie. Sogar der Leopard hat Angst vor ihnen, sagte ich mir, als ich die Geschichte las, spätere Ereignisse belehrten mich aber eines Besseren.

Gorillas fürchten sich auch nicht vor Kühen, und so eine sture Masse von langhörnigen Ankole-Rindern kann unter Umständen sehr bedrohlich sein. Wir kamen einmal im Regen vom Sabinio herunter und stießen weiter unten auf eine große Rinderherde, die im Reservat unerlaubt weidete. Ganz in der Nähe stand ein alter Gorilla mit gekreuzten Armen im Schutze eines Baumes und schien das Verhalten dieser Tiere zu studieren. Er war so in ihren Anblick versunken, daß er uns erst bemerkte, als wir dicht heran waren. Unwillig verließ er seinen trocknen Posten und verschwand im Walde.

Können Gorillas sprechen?
Löwen brüllen, Leoparden fauchen, Hunde bellen, Pferde wiehern, Schweine grunzen, Katzen schnurren, Mäuse quieken, Raben krächzen, Eulen heulen, Papageien kreischen – und der Gorilla? Er tut all das und manches mehr. Er hat etwa zwanzig Laute zur Verfügung und jeden in mehreren Schattierungen, die – je nach Alter und Geschlecht des »Sprechers« und den gegebenen Umständen – etwas Verschiedenes bedeuten. Ich würde es nicht eine artikulierte Sprache nennen, aber ihre Vokalisation, wie es in der Verhaltensforschung heißt, genügt ihnen, sich untereinander zu verständigen, ihre Gefühle auszudrücken und alles, was das täg-

liche Leben fordert. Der Alte kann den Frauen bedeuten, daß sie den Mund halten sollen, wenn ihr Gezeter ihm auf die Nerven fällt, und den Kindern, daß sie sich benehmen sollen. Ich glaube nicht, daß der Gorilla abstrakte Ideen äußern könnte – wenn er sie überhaupt denken kann, woran ich zweifle – und daß er vergangenen oder künftigen Ereignissen Ausdruck verleihen kann.

Es ist merkwürdig, daß die drei Menschenaffen, obwohl sie mit den gleichen Sprechwerkzeugen wie wir ausgerüstet sind, diese bei ihrer Lautgebung nicht benutzen. Verschiedene Fachleute haben mit großer Geduld versucht, dem intelligenten Schimpansen das Sprechen beizubringen; aber trotz aller Mühe hat keiner der sonst so geschickten Imitatoren es viel weiter als bis zu »Papa« und »Mama« gebracht. Sie erzeugen ihre Laute mit dem Kehlkopf, und es fehlt ihnen wohl der Nerv, der Lippen, Zunge, Zähne und Mundhöhle beherrscht und mit den Stimmbändern koordiniert. Auch sind Kehlkopf und Rachen bei ihnen so angeordnet, daß sie keinen artikulierten Laut erzeugen können. Das soll auch beim Neandertaler so gewesen sein, den wir doch bereits zum Homo sapiens rechnen und von dem wir annehmen, daß er der Sprache mächtig war. Ganz ähnlich ist es ja auch bei unseren Neugeborenen: Sie können zunächst nur Schreie ausstoßen, aber kein Wort bilden, und erst lange nach der Geburt ermöglicht ihnen eine Weiterentwicklung des Kehlkopfs und des Rachens eine Lautbildung, die man als Sprache bezeichnen kann.

Dem amerikanischen Ehepaar Gardner ist es gelungen, einer kleinen Schimpansin die landesübliche Zeichensprache beizubringen, und so kann der kleine Affe sich fließend mit Taubstummen unterhalten. Er ist sogar fähig, von sich aus neue Wortzusammenfassungen zu bilden, komplizierte Aussagen zu formulieren und seinen Gefühlen Ausdruck zu verleihen. Daraus ist zu schließen, daß es diesen Affen nicht an Denk- und Empfindungsvermögen, sondern nur an den nötigen Sprechwerkzeugen mangelt. Im übrigen handelt es sich hier nicht um einen Einzelfall, um einen Wunderschimpansen. Von Dr. Gardners Versuch angeregt, haben sich seine Schüler und andere Tierpsychologen und Verhaltensforscher ebenfalls als begabte und geduldige Sprachlehrer erwiesen. Sie haben sogar eigene Methoden erfolgreich angewendet: Bei einer werden die Lautzeichen durch Anschlagen einer Tastatur auf einen Bildschirm geworfen, bei einer anderen muß der Schüler die magnetisierten Zeichen und Symbole aneinandergereiht auf eine Metalltafel heften. Es ist offensichtlich, daß die »gebildeten« Affen, darunter auch ein kleines Gorillamädchen, sich wie wir Menschen den »ungebildeten« gegenüber überlegen dünken und sich in deren Gesellschaft nicht wohl, ja sogar frustriert fühlen. Man ist nun sehr gespannt, ob die gelehrten Affen später die erworbene Fähigkeit des Kommunizierens an ihre Kinder weitergeben.

Gorillas sind an sich schweigsame Naturen und machen weniger Lärm als alle übrigen Affen. Am meisten hört man ein befriedigtes Grunzen, wenn sie beim Futtern sind, und ein ärgerliches Bellen, wenn sie gestört werden, das dem der Robben, nicht dem der Hunde gleicht.

Ruben und Jill hörten einmal im Walde Stimmen. Ruben folgte der Richtung, um die vermeintlichen Holzfäller zu fragen, ob sie wohl etwas von den Gorillas gehört oder gesehen hätten. Er stutzte und winkte Jill zu sich heran – und da saßen sechs Gorillas unter einem Baum und waren in eine so lebhafte Unterhaltung vertieft, daß sie der Zuschauer lange nicht gewahr wurden. So menschenähnlich waren ihre Stimmen, daß selbst Ruben, der jeden Gorillalaut verblüffend nachahmen konnte, sich getäuscht hatte.

Der Höhepunkt der Skala ihres Ausdrucks ist jedoch der berühmte Gorillatrommelschlag. Ich weiß nicht, ob die Trommelei in Afrika erfunden worden ist, aber es ist im dunklen Erdteil von jeher viel und gern getrommelt worden. Die Eingeborenen sind von der Trommelei besessen, und auch die beiden großen Affen, die Gorillas und Schimpansen, sind leidenschaftliche Trommler.

Der Gorilla hat es in dieser Kunst zu großer Geschicklichkeit gebracht. Er trommelt, um den Trupp zu alarmieren, den Gegner zu erschrecken, den Eindringling zu warnen. Als Trommelstock dient ihm die hohle oder zur Faust geballte Hand. Links und rechts in schnellem Wechsel schlägt er sich im prägnanten Rhythmus auf die Brust, auf Bauch und Schenkel, auf Baumstamm und Boden, auf alles, worauf sich's trommeln läßt. Oft wird auch nur zum Spaß, aus reinstem Überschwang getrommelt. Die Wirkung ist unheimlich und zugleich ein wenig lächerlich, zumindest für den Eingeweihten, der weiß, daß all der Lärm nur Angeberei ist.

Einmal beobachtete ich unbemerkt einen Dreikäsehoch, der sich's wohl eben erst vom Vater abgeguckt hatte, wie ein rechter Gorilla »sich räuspert und spuckt«. Er bearbeitete seinen winzigen Brustkasten wie ein Großer, ohne daß etwas Rechtes dabei herauskam; und dann sah er sich fragend nach allen Seiten um, wohl um sich der Wirkung seiner grandiosen Vorstellung zu vergewissern.

Eine besondere Spezialität unserer Gorillas war das Backentrommeln. Schaller hatte es in seinem Gebiet nie gehört und war deshalb skeptisch, wenn ich es ihm beschrieb. Diese Nuance fing stets mit einem Hu! Hu! Hu! Hu! in hohem Falsett an, dem dann ein hölzernes Klick! Klick! Klick! Klick! folgte, erzeugt durch Trommeln auf die gespannten Backen. Es klang, wie wenn der Schlagzeuger einer Jazzband auf den Trommelrand schlägt, und hatte tatsächlich einen seltsam unheimlichen Effekt.

Eines Abends im Lager oben wußten wir, daß eine Gorillafamilie sich in unmittelbarer Nähe für die Nacht niedergelassen hatte, und wie immer, wenn wir uns den Tieren nahe fühlten, sprachen wir unwillkürlich im Flüsterton. Wir saßen in der Bambusküche ums Lagerfeuer, die Unterhaltung drehte sich natürlich um Gorillas. Auf meine Aufforderung hin gab Ruben unseren Gästen seinen »Alten Silberrücken« zum Besten. Er begann zaghaft, vergaß sich aber bald und legte mit voller Stimme los. Da kam nach seinem Hu! Hu! Hu! Hu! ein Klick, Klick, Klick, Klick dicht hinter uns aus dem Walde. Das ging so hin und her. Wir lauschten atemlos diesem Duett zwischen Mensch und Affe, bis ein Junges, wohl im Schlaf gestört, kläglich zu wimmern begann. Die Mama versuchte es zu besänftigen, aber der Papa hatte anscheinend genug von dem Lärm, und seine Trommelei steigerte sich zu einem ärgerlichen Furioso. In Rubens Übersetzung bedeutete es: »Haltet's Maul, ihr zwei, sonst setzt es was!«

23 Sind Gorillas gefährlich?

Die Frage, ob die Gorillas gefährlich seien, war von größtem Interesse, besonders für Gäste, die an einer Safari ins Gorillaland teilnehmen wollten. Ich konnte die Frage nicht mit einem uneingeschränkten Nein beantworten und dem Journalisten beipflichten, der die Gorillas die sanftesten und harmlosesten Tiere in Afrika nannte: Er war offenbar nie einem auf freier Wildbahn begegnet. Etwas Mut gehört schon dazu. Man stelle sich vor, das Gitter, das einen ausgewachsenen Gorilla im Zoo vom Besucher trennt, schmölze plötzlich, wem würde da nicht das Herz in die Hosen rutschen! Selbst mir, dem Begegnungen mit diesen Riesenaffen zur Gewohnheit geworden waren, blieb es eine unbegreifliche, unwirkliche Erfahrung, so einem überwältigenden Gorillamann mit nichts zwischen seinem Zorn und mir unmittelbar gegenüberzustehen.

Gefährlich oder nicht, ich hielt es jedenfalls für angebracht, meine Besucher eine Erklärung unterzeichnen zu lassen, daß sie auf eigenes Risiko an so einer Exkursion teilnähmen und ich für keinerlei Schaden, ob Eigentum oder Leben, verantwortlich sei.

Offen gestanden, diese Vorsicht war übertrieben, aber niemand ließ sich dadurch abschrecken, ganz im Gegenteil: Es erhöhte noch den Reiz. Mancher genoß auch schon im voraus die Bewunderung, die der unleugbare Beweis seiner Tapferkeit – die von mir gegengezeichnete Erklärung – daheim am Stammtisch auslösen würde.

Manche Besucher wollten am liebsten auf halbem Wege umkehren, wenn ihnen auf einmal klar wurde, daß keiner von uns eine Waffe trug; nur die Panga, das Sichelmesser, womit wir uns den Pfad durchs Dickicht bahnten, hätte zur Verteidigung dienen können. Auch ich trug so eine Panga und hatte gelernt, sie wie ein Eingeborener zu gebrauchen. Es sah romantisch aus und beeindruckte die Besucher. Auch hätte ich nicht gezögert, mich ihrer im Notfall als Waffe zu bedienen. Ich hätte weder mich selbst noch einen meiner Begleiter von einem Gorilla ohne Gegenwehr in Stücke reißen lassen. Mich schaudert zwar noch heute bei dem Gedanken, was wohl mit dem »Ehren-Wildwart« geschehen wäre, hätte ich auch nur in Selbstverteidigung einem Gorilla ein Haar gekrümmt. So viel ist sicher, über die Haare, die er mir oder einem meiner Begleiter hätte krümmen können, wäre kein Wort verloren worden. Ich fand das übrigens ganz in Ordnung, denn es gibt viele Menschen auf der Welt, aber nur wenige Gorillas, und wer Gefahr scheut, der soll sich die Tiere der Wildnis lieber daheim im Zoo ansehen.

Ich bin überzeugt – ich wiederhole es –, daß wilde Tiere, wenn sie nicht herausgefordert werden oder schlechte Erfahrungen mit Menschen gemacht haben, normalerweise nicht angreifen werden, besonders der von Natur friedliche Gorilla nicht. Wird er aber angegriffen – oder fühlt er sich in die Enge getrieben –, wird er sich und seine Familie ohne Zweifel tapfer verteidigen. Ich kenne aber kein anderes Tier in Afrika von der Größe und Stärke des Gorillas, dem man sich verhältnismäßig gefahrlos auf so kurze Entfernung nähern könnte. Auch fand ich, daß das Gesicht des Gorillas, so böse er auch tut, irgendwie eine mürrische Art von Gutmütigkeit verrät.

Carl Akeley, ein erfahrener Kenner des Berggorillas, schreibt ihm einen »im Grunde liebenswürdigen und anständigen Charakter« zu, hält es aber für »dummdreist«, so ein Tier bis auf drei Meter herankommen zu lassen, ohne zu schießen. Nun, Ruben und ich dicht hinter ihm haben mehrmals einem nicht gerade freundlich gestimmten Gorillamann weit weniger als drei Meter entfernt gegenübergestanden, wir haben nicht geschossen und leben heute noch. Und so ging es Schaller und anderen Beobachtern, die noch nähere Kontakte mit diesen Tieren hatten.

Um eine Gorillafamilie morgens beim Aufstehen zu beobachten, übernachtete Schaller einmal in der Nähe ihrer Nester. Beim Erwachen hörte er tiefe Atemzüge von der anderen Seite des Busches her, unter dem er geschlafen hatte, und war nicht wenig überrascht, dort einen Gorillamann im festen Schlaf zu finden und näher, als ihm lieb war. Er hatte ihn im Dunkeln nicht bemerkt, als er in seinen Schlafsack kroch, und hütete sich nun, seinen Schlafgenossen aufzuwecken. Vorsichtig machte er sich auf den Weg, ohne seinen Nachbarn beim Aufstehen zu beobachten.

Eine Gorillamutter mit einem Baby auf dem Rücken kletterte einmal nicht nur auf denselben Baum, nein, sogar auf denselben Ast, auf dem Schaller saß und das Treiben der Familie unter sich beobachtete. Er war für diese Tiere ein Stück ihrer Umgebung geworden, nur wenn er in Begleitung kam, wurden sie etwas nervös.

Auch unsere Gorillas kannten uns und wußten, daß wir nichts Böses im Schilde führten, aber *so* viel Vertrauen schenkten sie uns nicht. Das lag wohl an der Dichte unseres Waldes. Schallers Gorillas konnten ihn kom-

Ruben auf der Fährte – eine angebissene Wurzelknolle weist ihm den Weg.
(Foto Gerhard Gronefeld, München)

Eine vertraute Begegnung bahnt sich an – Dian Fossey, links unten im Blättergewirr, sieht ihr gelassen entgegen. Im angeregten Dialog wird ihre Geduld belohnt.

Auf der folgenden Doppelseite:
Der berüchtigte Gorillatrommelschlag. Im exakten Rhythmus schlagen die geballten Fäuste auf den mächtigen Brustkorb. Der Gorilla trommelt, um die Seinen zu warnen, den Gegner zu erschrecken, dem Verfolger Furcht einzujagen – oder nur zum Spaß, aus Übermut!
(Fotos National Geographic Society, Washington)

Coco und Pucker Puss, die von unerfahrenen Eingeborenen für den Kölner Zoo eingefangen und in einem erbärmlichen Zustand zu Dian Fossey gebracht wurden. Mit großer Liebe und Verständnis gelang es ihr, die beiden auszupäppeln.
(Foto Jay H. Matternes)

Rechts Dian Fossey mit Coco und Pucker Puss bei einer fröhlichen Rauferei im heimatlichen Wald.
(Foto National Geographic Society, Washington)

Das im Basler Zoo geborene Gorillababy Goma als Wickelkind.
(Foto Fee Schlapper, Baden-Baden)

men *sehen*, unsere hingegen konnten uns nur als eine unbekannte Gefahr kommen *hören*; sie waren daher mißtrauisch und immer auf Verteidigung eingestellt. In offenem Gelände ließen sie uns bis auf dreißig oder vierzig Meter heran, ohne sich zu beunruhigen. Der Alte sah dann hin und wieder wachsam zu uns herüber, ließ sich aber nicht bei seiner Mahlzeit stören, und so beobachteten wir uns oft gegenseitig für lange Zeit.

Sosehr ich auch Akeleys Meinung respektierte, das Wort »dummdreist« traf weder auf Ruben und mich noch auf die mir bekannten Beobachter zu; wir wußten aus Erfahrung, was wir wagen konnten, und unbewaffnet, wie wir waren, hätten wir auch gar nicht schießen können. Ich bemühte mich stets, die Angepirschten nicht zu überraschen, sie nicht zu erschrecken, aber Nahbegegnungen und Scheinangriffe waren unvermeidlich.

Die goldene Regel war in solchen Fällen: »Um Himmels willen nicht davonlaufen! Stehenbleiben und dem Gegner fest ins Auge blicken!« Es kostete allerdings Nerven, dem Starren, mit dem er reagierte, standzuhalten. Das Anstarren hat bei Gorillas tiefere Bedeutung: Der Angestarrte muß – so will es die Regel – den Kopf schnell zur Seite drehen und ihn hin und her schütteln, um seine Unterwerfung und freundlichen Absichten zu demonstrieren. Wir spielten dieses Spiel nicht mit, denn wir wußten ja, daß der Alte schließlich als erster nachgeben und den Rückzug antreten würde.

Wenn ein Rückzug unsererseits ratsam schien, so geschah es im Zeitlupentempo. Die Angst ist nämlich immer auf beiden Seiten, und alle Tiere, auch die Haustiere, nehmen jede hastige Bewegung als Drohung und reagieren dementsprechend. Die beiden Gelegenheiten, bei denen Peter, der Fährtensucher, in wilder Flucht davonlief, waren Ausnahmen: Man tritt schließlich nicht jeden Tag einem Gorilla auf die große Zehe.

Einmal in Rubens makelloser Gorillaexperten-Karriere trat aber Akeleys »dummdreist« auf ihn zu: Es geschah, als der Game Warden unsere Gorillas fotografieren wollte.

Ruben hatte einen prächtigen »Silberrücken« für den Warden aufgespürt, und während sie auf günstiges Licht warteten, bemerkte sie ihr »Modell« und tauchte im Gebüsch unter. Bei gewöhnlichen Gästen wäre die Safari nun zu Ende gewesen, denn wir machten nach einem Treffen, ob kurz oder lang, immer kehrt, um in den Tieren nicht das Gefühl des Verfolgtwerdens zu erwecken. Hatte nun der Warden ihn veranlaßt, oder hatte Ruben, dem Bwana Mkubwa zuliebe, aus eigenem Impuls gehandelt, die beiden folgten dem Gorilla durch einen Tunnel von üppig-feuchtem Grün, und Ruben kroch dem sie erwartenden »Modell« buchstäblich in die Arme. Kein Tier der Wildnis duldet eine derartige Intimität, und Ruben wurde nicht wie ein lieber »Vetter« empfangen: Zwei Riesenhände schlossen sich um seinen Hals und waren im Begriff, ihn zu erwürgen. Es wäre Rubens letzte Sekunde gewesen, hätte nicht des Wardens schwarzer Waffenträger geistesgegenwärtig eine Salve aus seinem geladenen Gewehr über den Kopf des Würgers abgefeuert.

Ein Schuß im heiligen Wald, wo keine Waffen getragen werden durften? Ja, von uns nicht! Der hohe Tierschutzpatron von Entebbe hatte aber seine eigenen Gesetze. Wie vom Donner gerührt, ließ der Würger von Ruben ab und stürzte fassungslos in den Wald hinein. Es war wohl der erste Schuß, den er je gehört hatte. Und Ruben? Der Leser wird es nicht für möglich halten ... Ruben stürzte ihm nach.

»Du bist wohl wahnsinnig, Ruben!« schrie der Warden. »Komm sofort zurück!«

»Der Saukerl hat mein Käppi mitgenommen!« schrie Ruben zurück.

»Zum Teufel mit dem Käppi«, rief der Warden. »Ich werde dir ein Dutzend neue schicken. Komm sofort zurück!«

Ruben arbeitete damals für mich privat. Um sein Prestige zu heben, hatte ich ihm aber von der Wildschutzbehörde einige Kleidungsstücke der offiziellen Uniform beschafft, wie sie von den schwarzen Wildhütern getragen wird, darunter auch das Käppi. Es hatte vorn den Kopf eines Elefanten mit gespreizten Ohren als Kokarde und hinten einen Nackenschutz. Ruben glich darin einem Fremdenlegionär. Das Käppi war sein Stolz, er trug es ständig. Ich vermute, daß er es auch im Bett trug. Und nun hatte der »Saukerl« diese Kostbarkeit geraubt!

Der Warden hielt Wort und schickte Ruben zunächst zwei neue Käppis, aber – ohne die Kokarde. Auf meine Reklamation hin wurde uns bedeutet, daß Ruben als Außenseiter die Kokarde gar nicht tragen dürfe und die erste ihm versehentlich geliefert worden sei. Ruben war tief gekränkt. Wir vergaben dem Warden den Schuß in unserem Heiligtum, damit hatte der Waffenträger schließlich Rubens Leben gerettet, die vorenthaltene Kokarde vergaben wir ihm nicht.

Die Methode, sich eines Feindes durch Erwürgen zu entledigen, schien wie das Backentrommeln eine Spezialität unserer Gorillas zu sein. Meines Wissens sind ähnliche Fälle in keinem anderen Gebiet beobachtet worden; wohingegen dieser Trick in unserem Bereich dreimal angewendet wurde: Der »Saza Chief« war an einer durch Würgen verursachten Verletzung gestorben, und dann hatten das »böse Luder« und der »Saukerl« versucht, Ruben zu erwürgen.

Wie stand es nun um des Gorillas »Anständigkeit«, die ihm Akeley zuschrieb? Das Wort hat einen moralischen Beigeschmack, und Tiere sind jenseits von Gut und Böse. Anständig? In wessen Augen? In denen seiner Gegner? Das wäre dumm, und dumm ist der Gorilla nicht. Einem der verkrüppelten Eingeborenen im Kongo hatte ein Gorilla das eine Bein abgerissen. War das unanständig? Er und der Gorilla stahlen nämlich, wie der Mann mir gestand, die Früchte desselben Feldes, und es ist doch nur natürlich, daß der Stärkere sich seiner Konkurrenz entledigt.

Mir ist nur ein Fall bekannt, in dem ein Gorilla einen Menschen tatsächlich tötete. Das Tier wurde abgeschossen, und die Autopsie ergab, daß es sich um ein unfruchtbares Weibchen handelte, das anscheinend in seiner Frustration gegen alle Gewohnheit den Wald verlassen hatte und über das erste lebende Wesen hergefallen war, das ihm in den Weg kam. Man darf so ein bedauernswertes Geschöpf aber nicht mit normalem Maße messen.

Ruben und ich legten keinen Wert darauf, die Gefährlichkeit dieser Tiere zu übertreiben, um als Helden zu erscheinen. Ich bin nach wie vor überzeugt, daß es in erster Linie auf die Art ankommt, wie man sich einem Tier nähert, ob als Freund oder Feind. Die verbreitete Meinung, daß der Gorilla das gefährlichste Tier in Afrika sei, entbehrt jeder Grundlage. Die Gorillas der Jäger, Trapper, Forschungsreisenden und Filmproduzenten waren wahrscheinlich gefährlich, weil diese Leute, die für den schlechten Ruf dieser Tiere verantwortlich sind, selbst gefährlich waren; unsere Gorillas hingegen waren ungefährlich, weil wir ungefährlich waren. Ich fühle, daß ich es meinen zottigen Freunden in den Birunga-Vulkanen schuldig bin, alle Geschichten von keulenschwingenden Ungeheuern, die Frauen vergewaltigen und Kinder stehlen, als abgefeimte Lügen zu erklären. Die Zeiten sind auch in Afrika vorüber, in denen sich ein schwarzer Ehemann einen Gorilla aufbinden ließ, wenn seine Frau ihm ein Kuckucksei ins Nest legte: Die Ausrede, ein Gorilla habe sie beim Kartoffelhacken vergewaltigt, gilt nicht mehr, und nur in Hollywood stehlen Gorillas noch gelegentlich einen Säugling und päppeln ihn als ihren eigenen Tarzan auf.

Zu meiner Schande muß ich allerdings gestehen, daß ich in einem gewissen Fall auf die Frage, ob die Gorillas gefährlich seien, eine ausweichende Antwort gab.

Es war damals, als ich mir das Bein gebrochen hatte und im Gipsverband auf Krücken herumhumpelte. Jeder Fremde dachte natürlich, ein Gorilla habe mich beim Wickel gehabt, und nur durch meine Stärke, Geistesgegenwart und Geschicklichkeit im Jiu-Jitsu sei ich gerade noch einmal davongekommen. Ja, ich war ein großer Held in jenen Tagen. Die Eingeweihten wußten natürlich, daß sich der Unfall draußen im Garten beim Überspringen eines Lilienbeetes ereignet hatte. Aber man soll dem Menschen seine Illusionen lassen . . .

24 Wie ähnlich sind uns unsere Vettern?

Sie gleichen uns in vielen Dingen.

Sie leben und sterben, paaren sich und gebären, werden alt und senil, leiden an denselben Krankheiten und Gebrechen wie der Mensch. Sie rülpsen, husten, niesen, schnarchen, haben den Schluckauf, bohren sich in der Nase, lutschen am Daumen, lassen Winde entweichen, haben also dieselben guten und schlechten Manieren wie der Mensch. Auch lieben und beschützen sie einander, sorgen für ihre Kinder, spielen mit ihnen und erziehen sie, ja, die Mutterliebe ist bei ihnen wie bei allen Säugetieren besonders ausgeprägt.

Wenn man sie längere Zeit beobachtet, so fällt das freundlich-vertrauliche Familienleben auf. Gorillas scheuen das Alleinsein, das hat sich in den Zoos gezeigt. Im Winter, wenn wenig Besucher kommen, langweilen sie sich und werden melancholisch. Um sie zu unterhalten, haben verschiedene Zoos in den Affenhäusern Fernsehschirme aufgestellt, und die Gorillas ziehen – auch darin dem Menschen ähnlich – Westernfilme und Thriller allen anderen Darbietungen vor.

In seiner äußeren Erscheinung ist der Gorilla eine stark übertriebene Karikatur des Menschen. Gewöhnlich bewegt er sich auf allen vieren, wobei das Gewicht des Körpers hauptsächlich von den enttäuschenden, zu schwach scheinenden O-Beinen getragen wird. Seine langen, bis übers Knie herabhängenden Arme berühren beim Laufen den Boden, und die Handknöchel lassen Abdrücke zurück. Im Dickicht und im Bambus kann er sich schneller bewegen als wir, auf freier, ebener Erde sind wir ihm überlegen: Der überschwere Körper ist offensichtlich nicht für Geschwindigkeit gebaut.

So ein Gorillamann ist ein Urbild strotzender Kraft. Aufgerichtet, im Zorn oder wenn er Furcht einflößen will, wirkt er mit seinen massiven, nackenlosen Schultern und dem mächtigen Brustkasten wie ein Catcher, der in vorgebeugter Haltung bereit ist, sich auf den Gegner zu stürzen. Der Gorilla lebt nicht auf Bäumen und ist auch darin dem Menschen ähnlicher als alle anderen Affen. Er klettert zwar hinauf – und besser als wir –, aber schon seiner Schwere wegen ist die Kletterei nicht sein eigentliches Element. Seine Stirn ist niedrig, sein Gesicht zwischen Mund und Augen nackt, und auch die muskelbepackte Brust ist nur spärlich behaart. Das »Weiße« der tiefliegenden Augen ist orangefarben bis dunkelbraun, die menschlich geformten Ohren sind überraschend klein, und eine knochige, flache Sattelnase mit riesigen, in die Oberlippe übergehenden Nasenlöchern beherrscht das von einer Schifferkrause eingerahmte, nach unseren Begriffen häßliche und doch so menschliche Gesicht. Furchtbar ist sein Gebiß: Er hat zwar zweiunddreißig Zähne, genau wie der Mensch, aber wozu braucht ein Vegetarier vier derart raubtierhafte Eckzähne, fragt man sich. Als abschreckende Waffe? Zur Verteidigung vielleicht? Anders als beim Menschen läuft ihm ein behaarter First der Länge nach über den Schädel, als trüge er einen römischen Helm.

Manchmal stießen wir auf unseren Streifzügen auf ein einzelnes Nest: der Größe nach das des führenden Silberrückens. Es war immer ein paar Dutzend Meter vom Lager der Familie entfernt, aber in Rufweite, so daß er bei Gefahr schnell zur Stelle sein konnte. Ruben, immer bereit, dem Verhalten der Tiere seine eigenen Motive unterzuschieben, meinte, die Frau sei während der Schwangerschaft dem Manne nicht genehm, so daß er es vorzöge, getrennt von ihr zu schlafen, wie es auch bei manchen Eingeborenenstämmen üblich ist.

Gorillas vermehren sich langsamer als der Mensch; sie haben gewöhnlich nur ein Junges, und das nicht jedes Jahr. Zwillinge waren unbekannt, bis vor einigen Jahren im Frankfurter Zoo ein Paar geboren wurde. Erst nach drei oder vier Jahren, wenn ihr Junges völlig selbständig geworden ist, bringt die Gorillafrau ihr nächstes Kind zur Welt. Solange sie es nährt, rührt der Mann sie nicht an, und deshalb hat er wohl in der Regel mehr als eine Frau. Das war bei den meisten Eingeborenen ganz ähnlich – auch ihre Frauen hatten etwa nur alle drei Jahre ein Kind –, bis die christlichen Missionen dieser von alters geübten Geburtenkontrolle ein Ende bereiteten, indem sie – leider allzu erfolgreich – die »alleinseligmachende« Monogamie propagierten; es war ein Eingriff in eine naturgegebene Ordnung, der schließlich Prostitution und Überbevölkerung zur Folge hatte.

Eine Brunftzeit, wie die meisten anderen Tiere, auch einige der Primaten, sie haben, kennt der Gorilla nicht. Es war wohl reiner Zufall, daß erst ich und ein Jahr später Rosalie einen Akt der Paarung im November beobachteten; denn wenn das der Wonnemond im Gorillawald wäre und der einzige im Jahr, da im Gorillaherzen die Liebe aufgeht, dann müßten ja – da die Schwangerschaft wie beim Menschen neun Monate dauert – alle Babys dort oben im August geboren werden, und das ist nicht der Fall. Der Gorilla ist wie der Mensch das ganze Jahr über zeugungs- und empfängnisfähig. Sein Geschlechtsverkehr kennt beide Arten, die menschliche und die tierische, und findet – darin dem modernen Menschen noch voraus – ungeniert im trauten Familienkreise statt.

Sex ist dem Gorilla weniger wichtig als Essen und Schlafen. Der »Haarige Affe«, der vom Geschlechtstrieb besessene Wüterich, ist eine Erfindung; der Gorilla ist, ganz im Gegenteil, in sexueller Beziehung viel zurückhaltender als der Mensch. Der Jüngling errreicht seine Reife im neunten oder zehnten, das junge Mädchen im sechsten oder siebenten Jahr. Möglicherweise reifen sie in der Gefangenschaft, wo sie weniger Bewegung und keine rechte Abwechslung haben, wo man ihnen ungewohntes Fleisch in die Nahrung mischt und sie überfüttert, früher als in der freien Natur.

Anatomisch ist der Gorilla dem Menschen verblüffend ähnlich, besonders was die inneren Organe betrifft. Sein Glied ist allerdings sehr viel kürzer als unseres, aber dafür ist sein Blinddarm um so länger. Der englische Primatologe Desmond Morris beginnt sein Buch *Der nackte Affe* mit der Feststellung, daß von allen 193 lebenden Affenarten der nackte Affe, der sich selbst zum Homo sapiens befördert hat, über das größte Geschlechtsteil verfügt, eine Tatsache, die er gern bescheiden unterschlägt. Läßt sich wohl daraus schließen, daß in der Evolution des Menschen Gehirn und Geschlecht gleichmäßig gut gedeihen?

Wegen seines winzigen und schwer zu entdeckenden Gliedes ist das Geschlecht des größten der Primaten in seiner Jugend schwer zu bestimmen. Meinem Ruben war es allerdings bei Ruben junior auf den ersten Blick gelungen, wohingegen Experten der großen Zoos sich oft erheblich täuschen. So hatte der Zoo in San Diego, Kalifornien, vor Jahren zwei aus dem östlichen Kongo stammende Berggorillas erworben; sie waren bei Ankunft vier Jahre alt und galten als Männchen und Weibchen. Man hoffte natürlich auf Familienzuwachs. Ihr Verhalten zueinander war zwar ungewöhnlich für ein Pärchen und hätte die Fachleute argwöhnisch machen sollen, aber es dauerte etliche Jahre, bis sie herausfanden, daß beide männlichen Geschlechts waren.

Im Gegensatz zu anderen Affenarten haben gefangene Gorillas bis vor kurzem sich nicht fortgepflanzt. Gewöhnlich starben sie ja auch schon nach wenigen Monaten oder Jahren an Lungenentzündung. Es war daher ein Ereignis für die Zoofachleute, als im Jahre 1956 im Zoo von Columbus, Ohio, ein Gorillamädchen, Colo genannt, geboren wurde. Es war eine Frühgeburt, wog vier Pfund und mußte in einem Brutapparat aufgezogen werden. Die Mutter war völlig hilflos und begriff nicht, was da vor sich ging. Colo, das Kleine, gedieh aber prächtig und ist im Jahre 1968 selbst Mutter geworden.

Das zweite glückliche Gorillaereignis – das erste in Europa – fand im Jahre 1958 im Baseler Zoo statt und grenzte ans Absurde. Sie hatten dort seit vier Jahren einen herrlichen Gorillajüngling, Achilles genannt. Dieser junge Pelide mußte erst einen ihm von einem blöden Besucher hingehaltenen Kugelschreiber verschlucken und daran operiert werden, um – umgekehrt wie der Homerische Pelide – als Weibchen entlarvt zu werden. So wurde aus Achilles Achilla, und pflichtschuldigst brachte sie nach Jahr und Tag Goma, ein Töchterchen, zur Welt. Wie die junge Mutter in Ohio wußte auch sie nichts mit dem rätselhaften Bündel aus Haar und Knochen anzufangen und verstand einfach nicht, sich und das Kind von der Nabelschnur zu lösen. Gleichgültig ließ sie es zu, daß ihr das Baby genommen wurde. Dr. Lang, der Direktor des Zoos, zog es in seinem Haus auf und schrieb ein hübsches und interessantes Buch darüber. Goma wuchs heran und machte schließlich den Ex-Achilles zur Großmutter.

Keine Mutterliebe? Ist das nicht gegen die Natur? Ich glaube eher, daß bei den hochentwickelten Anthropoiden die Mutterliebe kein ererbter Instinkt, sondern eine erworbene Erfahrung ist. Auch ist zu bedenken, daß alle diese Gorillamütter, die der Geburt ihres ersten Kindes so fassungslos gegenüberstanden, schon als kleine Kinder eingefangen wurden, ehe sie von ihren Müttern »aufgeklärt« werden und bewußt einer Geburt in ihrer Sippe beiwohnen konnten. Tatsächlich erwies sich Achilla als gute und zärtliche Mutter, als man ihr ein Jahr später ihr zweites Baby an die Brust legte und ihr zeigte, wie sie es zu halten hatte.

Nach einem Jahr bereits hatte Achilla nämlich ein zweites Kind geboren. Ja, im Wald daheim hätte sie allerdings drei oder vier Jahre auf die Unabhängigkeit des ersten Kindes warten müssen, aber in Basel, wo ihr Dr. Lang diese Arbeit und Verantwortung abgenommen hatte, stand einer so schnell folgenden Schwangerschaft nichts entgegen.

Es gibt zur Zeit über dreihundert Gorillas in Zoos und wissenschaftlichen Instituten, deren Nachwuchs bereits über zehn Prozent, also über dreißig, beträgt, und in einigen Zoos wächst sogar schon die zweite gesunde, zoogeborene Generation heran. Wenn das so hurtig weitergeht, besteht wenigstens die Hoffnung, daß die Zoogorillas die freilebenden überdauern und somit die bedrohte Spezies vor völliger Ausrottung bewahrt wird.

Wie alt werden Gorillas, leben sie länger in Freiheit oder in Gefangenschaft? Da noch niemand das Leben eines Gorillas in der Natur von der Wiege bis zur Bahre beobachtet hat, läßt sich diese Frage nur schätzungsweise beantworten. Freilebende Gorillas werden wahrscheinlich zwischen zwanzig und dreißig Jahre alt, was dem Durchschnittsalter der Eingeborenen entspräche, ehe europäische Medizin und Hygiene es verlängerten.

Das Alter gefangener Gorillas kennt man natürlich genau. Bamboo im Zoo von Philadelphia war fünfunddreißig, als er starb, und Massa, sein Nachfolger, ist heute weit über vierzig. London Guy, der älteste der europäischen Gorillas, ist beinahe dreißig und war bis vor kurzem ohne sein Verschulden noch Junggeselle. Man hat weder Mühe noch Geld gespart, ihn zu verheiraten, aber die jungen Bräute starben immer, ehe sie für Nachwuchs gesorgt hatten, woran möglicherweise das Londoner Klima schuld war. Jetzt endlich hat man eine geeignete Frau für ihn gefunden, aber zu spät, wie mir scheint; als ich vor einiger Zeit Regents Park besuchte, fand ich ihn uninteressiert vor sich hinbrütend in der einen äußersten Ecke sitzen und sie mürrisch und gelangweilt in der anderen.

Der Gorilla führt das ideale Leben: Er ißt, schläft und macht sich keine Sorgen, er lebt in den Tag hinein. Wie der primitive Mensch legt er sich mit der Sonne schlafen und steht mit ihr auf. In den Tropen, wo er lebt, sind Tag und Nacht von gleicher Länge. Zwölf Stunden schläft er, und die anderen zwölf streift er, der immer Hungrige, in seinem Schlaraffenland umher, wo ihm das Essen sozusagen in den Mund wächst.

Gorillas haben gute Tischmanieren; sie weiden nicht wie andere Pflanzenfresser, die sich den Bauch füllen und dann wiederkäuen. Nein, in der Regel essen sie im Sitzen. Entweder lassen sie sich nieder, wo sie gerade sind, und holen sich mit ihren langen Armen heran, was um sie herum an Grünzeug wächst, oder sie sammeln es sich ein, suchen sich, wenn der Arm voll ist, ein bequemes Plätzchen und verzehren dann ihr Mahl in aller Ruhe. Statt des Unrats, womit menschliche Picknicker ihre Umwelt verschmutzen, lassen die Gorillas die Überbleibsel ihrer Mahlzeiten in säuberlichen Häufchen zurück. Gewiß, eine lobenswerte Sitte, wenn sie nicht die Fährte verraten würde, die die Tiere eingeschlagen haben.

Ruben war dennoch von den guten Manieren seiner Affen entzückt. Er hatte einmal einen Gorilla aus dem Wasserlauf im Sumpfland oben trinken sehen: »Nicht direkt mit dem Mund schlürfend wie du und andere Tiere«, so schilderte er mir den Vorgang. »Nein, sie knien nieder und schöpfen das Wasser manierlich mit der hohlen Hand zum Mund.« Ein andermal beobachtete er einen Gorilla, wie dieser sich das spärlich von einem Felsen herunterrinnende Wasser in die zum Becher geformten hohlen Hände laufen ließ. Es war auch bekannt, daß Gorillas sich wie die Schimpansen eines Stockes bedienen, um an Honig zu gelangen, der ihnen sonst unerreichbar wäre. Ferner wurde mir von einem Gorilla berichtet, der Knoten in ein herabhängendes Lianenseil knüpfte, um sich dadurch das Erklettern eines hohen Baumes zu ermöglichen.

Mich interessierten die handwerklichen Betätigungen des Gorillas, besonders seit ich mit Mr. Leighton A. Wilkie, einem amerikanischen Werkzeugfabrikanten, darüber korrespondierte und dieser mich um fotografisches Beweismaterial gebeten hatte. Der Slogan seiner Firma war nämlich: »Zivilisation durchs Werkzeug!« Dieser zur Anthropologie neigende Fabrikant unterstützte alle Unternehmungen, die ein Licht auf die Entwicklung des Werkzeugs werfen könnten, und so hatte er die Bedeutung von Darts Waffen und Werkzeug herstellenden Australopithecinen schnell erkannt. Er half Dart, seine revolutionären Entdeckungen fortzusetzen, nachdem dessen Theorie auf dem *Pan African Congress of Prehistory* im Jahre 1959 in Livingstone, im heutigen Sambia, von einem erlauchten fachmännischen Gremium unter dem Vorsitz von Dr. Leakey abgelehnt worden war, was einem wissenschaftlichen Bankrott gleichkam. Es war kurz bevor Dr. Leakey seine eigenen Australopithecinen in Olduvai entdeckte und sein Urteil revidieren mußte.

Mr. Wilkie wollte also vom entwicklungsgeschichtlichen Standpunkt aus herausfinden, ob Gorillas Gegenstände wie einen Stock oder Stein werkzeugartig verwendeten; denn vom Trinken aus der hohlen Hand bis zum Gebrauch des Bechers, vom Lecken an einem Stock bis zur Benutzung eines Löffels, von einer mit Knoten versehenen Liane bis zur Strickleiter ist nur ein kurzer Schritt.

Leider hatte ich nie das Glück, derartige Betätigungen unserer Gorillas selbst zu beobachten, geschweige denn zu fotografieren, aber trotzdem besuchte uns Mr. Wilkie und steuerte großzügig zu unserem Gorillafonds bei.

Experimente mit gefangenen Menschenaffen haben gezeigt, daß der Gorilla der technisch am wenigsten begabte von den dreien ist. Der grüblerische, in Bäumen lebende Orang-Utan ist ein technisches Genie und wohl der einzige von ihnen, der es fertigbringt, spontan Werkzeuge herzustellen; er versteht aus einem Stück Draht einen Schlüssel zurechtzubiegen, um damit einen Schrank aufzuschließen, der etwas Eßbares enthält. Auch die technischen Fähigkeiten des Schimpansen sind nicht als bloße Nachahmung abzutun. Es ist jedenfalls eine Nachahmung in umgekehrter Reihenfolge, wenn er einen Kasten, der vor seinen Augen kompliziert verriegelt und verschlossen wird, mit Leichtigkeit zu öffnen versteht.

In Australien hat ein Farmer einen Schimpansen, der neben der Verrichtung anderer Feldarbeiten auch einen Traktor geschickt zu lenken versteht und den die Steuerbehörde als Landarbeiter anerkennt, also dem Farmer erlaubt, einen angemessenen Betrag als Lohn für ihn einzusetzen.

Dennoch sollte man derartige technische Fähigkeiten nicht überschätzen und nicht an der Intelligenz des weniger gelehrigen Gorillas zweifeln. Einstein hat, wie es heißt, keinen Nagel gerade einschlagen können und hat sich dennoch die Relativitätstheorie ausgedacht, ohne die keine Apollo hätte zum Mond fliegen können.

Der Gorilla ist kein Showman, er unterhält Zoo und Zirkusbesucher nicht mit Radfahren und Aufstöpfchengehen wie der Schimpanse, aber an Intelligenz fehlt es ihm nicht. Da hielt einst eine Mrs. Cunningham in London einen jungen Gorilla namens John Daniel bei sich in ihrer Wohnung, der es an Schlauheit mit jedem Schimpansen hätte aufnehmen können. Als Mrs. Cunningham eines Abends vorm Ausgehen noch schnell einen Whisky trank, wollte John Daniel, wie er's gewohnt war, ihr auf den Schoß klettern. »Siehst du denn nicht, du kleiner Dummkopf, daß ich mein bestes Kleid anhabe? Willst du es ruinieren?« schalt sie ihn aus. Was tat der »kleine Dummkopf«? Er holte sich eine Zeitung, breitete sie auf dem Schoß der Herrin aus und machte sich's darauf bequem.

In seinen nahrungsreichen Wäldern trifft der Gorilla keine Vorsorge für den morgigen Tag. Wenn aber die Verhältnisse ihn zwingen, ist er durchaus fähig, sich auf magere Zeiten einzurichten. Ein Gorillaweibchen in Accra, Ghana, jedenfalls hatte diese Notwendigkeit erkannt. Es wurde in einem Käfig im Garten eines Hotels gehalten, aber niemand kümmerte sich so recht um das Tier. Meine Freunde in Ghana besuchten es regelmäßig und brachten ihm Früchte und andere Leckerbissen mit. Einmal wollten sie ihm eine Melone geben, aber sie ließ sich nicht durchs enge Gitter werfen, und da meine Freunde nicht nahe genug an den Käfig heran konnten, reichten sie dem schlechtversorgten Tier die Gabe auf einen Stock gespießt hinüber. Die Beschenkte ließ die Frucht, an der ihr wohl nichts gelegen war, absichtlich draußen fallen, behielt nur den Stock und bewahrte ihn sorgfältig auf. Wozu? Um künftige, ihr zusagende Mitbringsel aufzupicken, wenn sie daneben fielen, die ihr sonst entgangen sein würden. Dieses vorsorgliche Weibchen pflegte in eine leere Konservenbüchse zu urinieren, die es auf einem Sims aufbewahrte: zum Trinken natürlich, wenn man vergaß, wie es oft geschah, es mit Wasser zu versorgen.

Also ist der Gorilla intelligent? Gewiß. Auf alle Fälle ist er in der Freiheit mit allem begabt, was zu seiner Erhaltung bisher nötig war. Wird seine Rasse dem Druck der sie immer härter bedrängenden Masse Mensch noch lange standhalten können? Ich befürchte, daß der Gorilla das Ende unseres Jahrhunderts nicht mehr erleben wird.

Der Gorilla ist nicht so wißbegierig wie der Schimpanse, der alles auseinandernimmt, aber meistens nicht wieder zusammensetzen kann. Aber neugierig ist der Gorilla ebenfalls. Manchmal verläßt er den Schutz des Waldes, nur um herauszufinden, was da draußen vor sich geht. So erzählte mir ein Italiener, der westlich vom Kivusee eine Straße durch die Wälder des Mount Kahuzi baute, daß trotz des Lärms der Arbeiten und Traktoren eines Tages eine Gorillafamilie am Waldrand auftauchte und interessiert dem Getriebe zusah. Sie waren noch immer auf ihrem Posten, als eine halbe Stunde später der Kollege, den der Italiener benachrichtigt hatte, von seiner Arbeitsstelle kam, um auch mit von der Partie zu sein.

Wie ähnlich also sind uns unsere Vettern?

»Diese Gorillas sind wirklich wunderbar, so freundlich und so interessiert. Sogar meine Frau fürchtet sich nicht mehr vor ihnen«, schrieb Schaller, kurz nachdem er seine Tätigkeit im Kongo angefangen hatte. Schon seit ich vor vielen Jahren den berühmten Bobby im Berliner Zoo oft besuchte, waren die Gorillas keine bloßen Tiere für mich, und je besser ich sie kennenlernte, um so näher fühlte ich mich ihnen verwandt.

»O mein Gott, wie herrlich! Welche Würde, welche Majestät! Wie ein Prophet!« hörte ich den englisch-australischen Schriftsteller Alan Moorehead flüstern, als er dem »Saza Chief« gegenüberstand. Er griff nicht wie die meisten Touristen zur Kamera. Er wollte den Kontakt zwischen sich und der Urkreatur durch nichts stören, wollte keine Sekunde des Erlebens verlieren. »Man muß ihn kennenlernen, zu ihm sprechen« sei seine Reaktion gewesen, wie er mir später anvertraute. Er schrieb in mein Safaribuch:

»Dem Gorilla in der Natur zu begegnen, wie es mir heute hier vergönnt war, ist sicherlich das größte und ergreifendste Erlebnis in Afrika.«

25 Die letzten Kisoro-Gorillas

Wie berichtet, stand der Leopard im Verdacht, der einzige Feind des Gorillas zu sein, abgesehen vom Menschen, mit dem er denn doch nicht hätte konkurrieren können. Da aber keine zuverlässigen Beobachtungen vorlagen, hatte ich die Anschuldigung für eine Fabel gehalten und die großen Katzen in Schutz genommen. Ich wußte allerdings, daß sie von Bäumen auf nichtsahnende Radfahrer herunterspringen, war aber dennoch überzeugt, daß sie sich nie an einen Gorilla heranwagen würden. Ironischerweise fiel es nun mir zu, der erste und bis dahin einzige Beobachter zu werden, der die Schuld des Leoparden bestätigen konnte. Ich will aber nicht verallgemeinern und etwa behaupten, Leoparden fielen über Gorillas her, ich kann nur berichten, daß ein besonders großer schwarzer Leopard in unserem Kisoro-Schutzgebiet viele Gorillas tötete.

Es gab mir einen großen Schock, als Ruben im Februar 1961 innerhalb von drei Tagen zwei tote Gorillas im Wald fand. Diesmal klappte es mit der Universität: Jede der guterhaltenen Leichen wurde bereits am nächsten Morgen abgeholt. Die eine konnte sogar sechs Monate auf Eis gehalten, in Ruhe studiert und medizinisch nutzbringend ausgewertet werden.

Wie hatte Ruben die Leichen der eben erst getöteten Tiere im dichten Wald gefunden und festgestellt, daß ein Leopard der Killer gewesen war?

Im ersten Fall lenkte eine Schar aufgeregter Vögel Ruben und seine beiden Gefährten zu einer Stelle, wo sie beim Näherkommen ein wildes Fauchen hörten, wie es nur ein großes Raubtier hervorbringen kann. Da war tatsächlich eine große Katze – ein Leopard, wie es schien – im Begriff, eine Duckerantilope zu zerfleischen. Das Tier ließ von seiner Beute ab, als es der Ankömmlinge gewahr wurde, und verschwand so schnell, daß diese nur den flüchtigen Eindruck von einer »schwarzen Riesenkatze« erhaschen konnten.

Ganz in der Nähe lag der tote Körper eines Gorillas. Der ramponierten Vegetation nach oben folgend kamen die drei zu einer Gruppe von Nestern, in der eine Gorillafamilie die letzte Nacht geschlafen hatte. Offensichtlich hatte sich der Jäger in der Morgendämmerung herangeschlichen, war auf das erstbeste Nest gesprungen und dann zusammen mit dem überraschten Schläfer den Hang hinuntergerollt. Als sie zum Halten kamen, mußte das Opfer bereits tot gewesen sein, denn der Leopard hatte es einfach liegenlassen und sich auf den arglos daherkommenden Ducker gestürzt. Der tote Gorilla – ein Männchen in den besten Jahren – hatte eine klaffende Wunde zwischen den Beinen: Die Genitalien waren abgerissen, eine Arterie war verletzt, und auch die Schultern waren böse zugerichtet worden. Der Doktor von Makerere versicherte mir, daß eine derartige Verletzung sofortigen Tod bedeute.

Auf die zweite Leiche – es war die eines jungen Weibchens – stieß Ruben zufällig, während der Jäger noch bei der Mahlzeit war. Wieder rannte dieser davon, aber diesmal hatte Ruben ihn deutlich sehen können. Das zweite Opfer war genauso zugerichtet wie das erste, nur hatte sich der Killer bereits an den Eingeweiden – an Lunge, Herz, Leber und Nieren – delektiert, wozu er bei seiner ersten Beute noch nicht gekommen war. Die Art der Tötung war bezeichnend für ihn, denn alle weiteren Leichen, die wir fanden, zeigten identische Verletzungen.

Zu welcher Familie gehörte diese schwarze Katze? Der zoologisch nicht ganz sattelfeste Ruben sprach von einem »schwarzen Tiger«, einer Art, die es in Afrika gar nicht gibt. Näher befragt, verstieg er sich gar zu der Behauptung, es sei eine Mischung zwischen Löwe und Leopard gewesen (ein Zwittergebilde seiner Phantasie). Was war es nun wirklich, ein dunkler Leopard, dessen Flecken nicht deutlich erkennbar waren, oder eine echt melanistische Form wie der in Indien häufige schwarze Panther, der auch, als eine Laune der Natur, in hohen afrikanischen Bergen anzutreffen ist? Zwei amerikanische Zoologen beschrieben diese Katze unabhängig voneinander als schwarzen Leoparden. Der eine von ihnen beobachtete sogar durchs Fernglas, wie der erfahrene Jäger sich an den Siestaplatz einer Gorillafamilie heranpirschte, aber rechtzeitig von ihr bemerkt wurde und die Jagd abbrechen mußte.

Dunkel oder schwarz, diese Katze war im Begriff, unsere ganze Gorillabevölkerung auszurotten. Warum ließen wir es zu, warum brachten wir sie nicht zur Strecke? Eine Jagd auf Leoparden im dichten Unterholz ist immer riskant, noch dazu eine auf einen schwarzen und womöglich in der Dunkelheit. Tagsüber schlafen diese Katzen und kommen erst, wenn es dunkel wird, aus ihrem Versteck, um zu jagen. Vom schwarzen Fell angelockt, das der Game Warden als Belohnung versprochen hatte, versuchten einige passionierte Jäger ihr Glück, aber immer, wenn sie der Beute auf der Fährte waren, entwich sie nach Ruanda, wohin ihr niemand folgen durfte.

Der Ruanda-Sektor stand damals noch unter belgischem Schutz, und so versuchte ich, eine besondere Erlaubnis von der Parkbehörde in Brüssel zu erhalten, aber ein unerbittliches »Non! Non! Non!« war die Reaktion. Die Belgier vertraten nämlich die Ansicht, daß man ein Naturschutzgebiet völlig sich selbst überlassen und jeden menschlichen Eingriff ausschalten müsse; denn die Natur sei weise genug, sich selbst zu erhalten. Der Leopard würde also eines Tages an einen stärkeren oder klügeren Gorilla geraten, und dann würde sich das Gleichgewicht der Natur von selbst wiederherstellen.

Vielleicht hatten sie recht damit, aber es war hart für mich, tatenlos zuzusehen, wie dieser Leopard einen unserer Gorillas nach dem anderen austilgte. Wir hatten schon sieben tote gefunden, frische und verweste, und viele mußten wohl auch unentdeckt im Walde herumliegen. Als ich dem letzten belgischen »Conservateur« der Ruanda-Parks mein Herz über die sture Haltung seiner Brüsseler Behörde ausschüttete, sagte er: »In wenigen Wochen übergeben wir die Parks den Ruandern, und ich verliere meinen Job. Ich pfeife auf die Brüsseler Erlaubnis! Laß uns den verdammten Leoparden gemeinsam jagen, von deinem Lager aus, das ist für beide Seiten günstig gelegen.« Doch ehe es dazu kam, wurde der Mann von Watussi-Terroristen erschossen.

Das ist das Ende unserer Gorillas, dachte ich. Aber merkwürdigerweise verschwand der schwarze Leopard so plötzlich, wie er gekommen war. Hatte er vielleicht den »Stärkeren« getroffen, oder lohnten sich die paar Gorillas der Mühe nicht mehr? Leider war es zu spät: Den Verlust, den er verursacht hatte, konnten die Gorillas nicht ersetzen.

Als die Bahutu die Macht in Ruanda übernahmen, hatten sie anfangs ernsthaftere Sorgen, als sich um die Parks und wilden Tiere zu kümmern; die Überwachung hörte schlagartig auf, und eine Orgie der Wilderei setzte ein. Nicht etwa, daß die Eingeborenen die Gorillas für den Topf erlegten – nein, selbst die primitiven Batwa rührten Affenfleisch nicht an, sie jagten Büffel und die weniger gefährlichen Antilopen. Konnte man es den Jägern übelnehmen, wenn sie eine Gorillafamilie mit Speer oder Pfeil »bestraften«, die zwischen sie und ihre Beute geriet und sie um den Erfolg ihrer Jagd brachte?

Die wenigen übriggebliebenen Gorillas wurden nun so scheu, daß sie uns nicht mehr herankommen ließen, und wenn es einmal gelang, dann war mit ihnen nicht zu spaßen. Es wurden immer weniger, und schließlich war uns nur noch eine einzige vierköpfige Familie geblieben; und als auch diese noch auf zwei zusammenschmolz, gab ich schweren Herzens unsere Safaris ins Gorillaland auf. Da nun das Einkommen aus diesen Exkursionen ausblieb, konnte ich meine Gorillamannschaft nicht mehr bezahlen. Glücklicherweise wurden Ruben und Peter von der Wildschutzbehörde als Wildhüter übernommen, was Ruben zu einer richtigen Uniform, komplett mit Käppi und Kokarde, berechtigte, und die anderen Helfer hatten als Bergführer und Träger ein bescheidenes Einkommen.

Ruben, der Träumer und Optimist, konnte sich mit den Tatsachen nicht abfinden und stieg immer noch den nicht mehr vorhandenen Gorillas nach. Eines Tages aber kam er begeistert mit der Nachricht, er habe eine Gruppe von elf Gorillas am Sabinio getroffen. Am nächsten Morgen führte er mich zu den Nestern und dann weiter zur friedlich grunzenden Gruppe, die wohl aus einem entlegenen Versteck von Ruanda herübergekommen war. Auch ich schöpfte frischen Mut. Ruben führte einen Tag später hoffnungsvoll einen Gast hinauf, aber die Tiere waren inzwischen nach Ruanda zurückgekehrt. Der sonst so gewissenhafte Ruben ließ sich diesmal überreden, der Spur ins verbotene Land zu folgen, und als sie sich den Tieren näherten, hörten sie Bellen, aber nicht wie das der Gorillas. Da sah Ruben, auf einer Lichtung eine Gruppe von Batwa-Jägern. Sie waren mit Speeren und mit Pfeil und Bogen bewaffnet und hatten ihre Hunde mit sich. Sie waren offensichtlich hinter denselben Gorillas her. Unbewaffnet und im fremden Land konnte Ruben sich nicht einmischen; er kehrte, von den Jägern nicht bemerkt, mit seinem Gast nach Uganda zurück. Am nächsten Morgen fand er am Sabinio einen toten Gorilla mit einer Speerspitze in der Brust. Dieser war ohne Zweifel von Ruanda geflohen und auf unserer Seite seinen Wunden erlegen.

Jill Donisthorpe, in Nairobi lebend, hielt es für unmöglich, daß alle unsere Gorillas verschwunden sein könnten, sie meinte, Ruben und ich seien nur zu faul, sie in Verstecken aufzuspüren, wohin sie sich vor dem Leoparden und den Jägern zurückgezogen hätten. Sie kam mit zehn Mann und teilte sie in drei Gruppen auf. Sie schliefen auf den Gipfeln und in den Kratern der Vulkane, lagerten im Wald und in den Sümpfen, sie scheuten keine Mühe und suchten zehn Tage lang die ganze Gegend ab, ohne auch nur einem einzigen Gorilla zu begegnen. So schön es auch gewesen wäre, hätte Jill recht gehabt, es würde mich dennoch gewurmt haben, Ruben und mich mit dem Anschein der Berechtigung als Faulpelze gebrandmarkt zu sehen.

Wenn in meinen letzten Jahren in Travellers Rest gelegentlich ein paar Gorillas in unserem Revier auftauchten, verbreitete sich immer das Gerücht, die Kisoro-Gorillas seien wieder da. Besucher kamen dann und sagten:

»Wir haben gehört, Ihre Gorillas sind zurück?«

»Zurück? Von wo? Von jenem unentdeckten Land, von des Bezirk kein Wanderer wiederkehrt?« fragte ich dann immer.

Fast alle sahen mich dann entgeistert an. Es waren meistens Engländer, aber sie kannten ihren Shakespeare so wenig wie die Deutschen ihren Goethe. Hamlets »Sein oder Nichtsein« jedenfalls war nur wenigen vertraut.

»Ach so, Sie meinen, die Gorillas sind im Kongo?« fragten einige.

»Nun ja, der Kongo ist zwar schon entdeckt, aber der neue, freie Kongo ist auch ein Bezirk, aus dem so mancher Wanderer nicht wiederkehrt« war meine damals durchaus berechtigte Antwort.

26 Ihr fressen Gorillas aus der Hand

Niemand kennt Gorillas so gut wie Dian Fossey. Diese hochgewachsene Amerikanerin erschien zwar erst sehr viel später auf der Kisoro-Szene, aber ihre Geschichte soll bereits hier erzählt werden, denn ich kann mir keinen besseren Abschluß für den Gorillateil dieses Buches denken.

Dian Fossey war bereits früher einmal kurz in Travellers Rest gewesen, war aber, da unsere Gorillas sich schon damals nur selten sehen ließen, bald nach dem Kongo weitergefahren, wo in Schallers altem Bereich der bereits erwähnte Alan Root und Jean, seine Frau, gerade einen Gorillafilm für Dr. Grzimek drehten. Die beiden waren zunächst nicht begeistert über den unerwarteten Besuch, nahmen aber schließlich die eifrige Amerikanerin aus Mitleid ein paarmal zu den Gorillas mit. Dian war von der Begegnung mit diesen Tieren tief beeindruckt; sie wollte durchaus wiederkommen, um sie näher zu beobachten und Material für ein Gorillabuch für Kinder zu sammeln.

Und nun, im Jahre 1967, war sie tatsächlich, von Alan Root begleitet, in Kisoro angekommen; also lange nachdem die drei Länder, in denen Berggorillas leben, unabhängig geworden waren. Der Wechsel war, wie ich noch erzählen werde, nicht ohne Geburtswehen abgegangen, aber in Uganda und Ruanda war alles friedlich, als die beiden eintrafen, wohingegen im Kongo, im siebenten Jahr seiner Unabhängigkeit, noch immer ein unvorstellbares Chaos herrschte.

Ich glaubte nicht recht zu hören, als die beiden mir so beiläufig eröffneten, sie seien auf dem Wege nach dem Kongo, wo Dian, von amerikanischen wissenschaftlichen Instituten finanziert, unter dem Protektorat von Dr. Leakey Schallers Beobachtungen fortsetzen sollte.

»Ihr seid wohl ganz von Gott verlassen!« sagte ich. »Dr. Leakey ist doch in Afrika geboren und nicht von gestern: Er sollte doch wissen, daß man zur Zeit niemand, besonders eine alleinstehende Frau nicht, nach dem Kongo schicken kann.« Aber die beiden ließen sich nicht überzeugen, daß der Kongo für Dians Zwecke im Augenblick nicht recht geeignet sei. Alan war nur mitgekommen, um Dian beim Errichten ihres Lagers zu helfen. Die Hütte, in der Schallers seinerzeit gehaust hatten, war inzwischen von den Wilddieben niedergebrannt worden, und Dian mußte mit einem Zeltlager zufrieden sein, wo sie mit ihren schwarzen Helfern für die nächsten zwei Jahre leben sollte. Alan kam nach acht Tagen zurück und berichtete, daß alles gut abgelaufen sei und Dian sich in ihrem Lager häuslich eingerichtet habe.

Der Gedanke an Dian so allein dort oben in den Bergen, nur von wenigen Eingeborenen begleitet, der Feindschaft der Wilddiebe ausgesetzt und in einem Lande, in dem alles drunter und drüber ging, beunruhigte mich.

Wie hatte Dr. Leakey diese merkwürdige Frau ausfindig gemacht, die sich derartigen Gefahren aussetzte? Bei einem Vortrag in Amerika, so erfuhr ich später, hatte Dr. Leakey auf die Wichtigkeit hingewiesen, mehr über das Verhalten des Gorillas in der Natur zu erfahren, und hatte nebenbei erwähnt, daß er jemand suche, der bereit sei, nach dem Kongo zu gehen, um Schallers grundlegende Beobachtungen zu ergänzen. Dian hatte sich bei ihm gemeldet und gesagt:

»Dr. Leakey, ich bin der Jemand.«

»Welcher Jemand?« hatte Dr. Leakey gefragt.

»Nun, der Jemand, der bereit ist, zu den Gorillas nach dem Kongo zu gehen.«

Dian hatte keinerlei wissenschaftliche Ausbildung auf diesem Gebiet, sie war Beschäftigungstherapeutin von Beruf. Dr. Leakey wußte aber, daß akademisches Wissen nicht das wichtigste für eine derartige Aufgabe war – das konnte sich jeder intelligente Mensch in Kürze aneignen –, auf die geistigen und charakterlichen Qualitäten kam es an, auf Mut, Begeisterung, Initiative und Einfühlungsvermögen, und die besaß Dian in vollem Maße. Und so wählte Dr. Leakey sie aus einer Anzahl geschulter Kräfte, und eine bessere Wahl hätte er nicht treffen können.

Ich war zunächst skeptisch: »Wie lange wird sie's aushalten mit den paar primitiven Schwarzen, mit denen sie nicht einmal reden kann?« dachte ich. Denn Dian sprach damals nur Englisch, kein Wort Französisch oder Suaheli, was eine Brücke zu den Eingeborenen hätte schlagen können. Sie wollte einmal im Monat nach Kisoro kommen, um Proviant zu kaufen und sich ihre Post zu holen, denn im Kongo fehlte es an allem, und die Post funktionierte nicht. Obendrein lockte ein heißes Bad, und nötig war auch der menschliche Kontakt mit mir und meinen Gästen. Sie mußte sich nach vier schweigsamen Wochen endlich wieder einmal aussprechen.

Bei ihrem ersten Besuch war sie in bester Form. Sie hatte keinerlei Schwierigkeiten mit ihren Helfern, auch die Parkbeamten und die Zöllner an der Grenze hatten sie gut behandelt; sie hatte auch schon vielversprechende Verbindungen mit den Gorillas angeknüpft, sie war wunschlos glücklich.

Bei ihrem zweiten Besuch war sie weniger positiv. Ein Soldat – ein schwarzer – hatte sie unterwegs angehalten und etwas verlangt, was sie nicht verstand. Er hatte immer wieder die gleiche Frage gestellt und sich offenbar an ihrer Verlegenheit geweidet. Ihr kamen schon die Tränen vor Verzweiflung, als sie endlich kapierte, der Soldat wolle »le reçut«, die Quittung für die Waren sehen, die sie hinten in ihrem Landrover hatte. Am nächsten Morgen, kurz vor ihrer Rückkehr, hatte sie einen Anfall von Kolik und krümmte sich vor Schmerzen. »Aha! Ein Fall Freudscher Flucht in die Krankheit, sie will nicht in den Kongo zurück«, dachte ich. Aber ich hatte mich getäuscht; am nächsten Morgen war sie wieder in Ordnung und fuhr guten Mutes zu ihren Affen zurück.

Dian hatte ausgesprochenes Glück mit den Gorillas, sie gewöhnten sich bald an ihre Gegenwart. Klettern war nicht gerade Dians Stärke, aber dieser Mangel schmolz das Eis bei den Gorillas. Um eine Familie besser zu beobachten, wollte Dian auf einen Baum klettern. »Jedesmal, wenn ich den untersten Ast ergriffen hatte und mich hochziehen wollte, rutschte ich ab und fiel auf den Popo«, schilderte Dian die Szene. Die Gorillas mußten einen Heidenspaß an den Klimmzügen gehabt haben, denn sie waren zum erstenmal bis auf wenige Meter herangekommen, um nichts von Dians Turnerei zu verpassen. Um das Vergnügen auszudehnen, ließ sie sich ein paarmal absichtlich herunterplumpsen. Kein Wunder, daß die Gorillas die Scheu vor ihr verloren: Ein solcher Tolpatsch konnte doch nicht gefährlich sein! Und so konnte Dian binnen kurzem Schallers Beobachtungen wesentliche Einzelheiten hinzufügen. »Der Erfolg gibt Dr. Leakey recht«, sagte ich mir, »es lohnt sich also doch, im Interesse der Wissenschaft Risiken einzugehen.«

Es ging aber nicht immer so vergnüglich bei Dian zu; bei Wind und Regen in den steilen, zerklüfteten Bergen den Gorillas nachsteigen und auf dem Bauch durch feuchte Vegetation kriechen war eine Schinderei; auch gehörten Mut und Selbstbewußtsein dazu, feindlich gesinnte Wilderer und Watussi mit ihren Rinderherden aus dem verbotenen Gebiet zu verjagen.

Einmal hatten die Wilddiebe eine Büffelmutter und ihr Kalb getötet, die Parkwächter hatten das Fleisch konfisziert und ihre Freunde von weiter unten zu einem großen Gelage eingeladen. Das Fest wogte um Dians Zelt, drei Tage und Nächte dauerte die Fresserei und Sauferei, aber keiner dieser Männer hatte auch nur den Versuch gemacht, die weiße Memsahib anzurühren.

Ich traute diesem Frieden nicht so recht; und richtig, der Sturm im Kongo brach bald von neuem los, so daß die meisten Weißen wieder einmal fliehen mußten. Auch die harmlos ihrer Arbeit nachgehende weiße Frau in den Bergen oben verschonte er nicht. Eine Horde von Trägern erschien, riß kurzerhand ihr Lager ab und brachte sie nach Rumangabo hinunter, dem Hauptquartier des Albert-Parks, wo sie ihr Standlager hatte, das sie nun nicht verlassen durfte. Dort fand sie einen Brief der Zollbehörde vor, worin diese einen hohen Betrag als Kaution für ihren Landrover verlangte. Die Forderung war unberechtigt, aber man erlaubte Dian wenigstens zur Grenzstation zu fahren, um die Angelegenheit in Ordnung zu bringen. Dort traf sie das ganze Zollpersonal in sinnloser Betrunkenheit an. Da sie das verlangte Geld nicht bei sich hatte, wollte man sie schlagen und ihr den Landrover wegnehmen. Sie wußte aber, daß man in solchen Fällen seine Furcht nicht zeigen darf. Sie steckte den Motorschlüssel in die Brusttasche kreuzte die Arme darüber und sagte kaltblütig: »Holt euch den Schlüssel, wenn ihr's wagt!« Das wirkte ernüchternd, keiner wagte es, und man ließ sie nach Kisoro weiterfahren, damit sie dort, wie von ihr vorgeschlagen, das geforderte Geld beschaffe.

Diesmal war Dian nicht in guter Form, als sie bei uns erschien: Sie kochte vor Empörung und hatte genug vom ganzen Kongo. Sie teilte Dr. Leakey telegrafisch ihre Lage mit und erwähnte auch den hohen Betrag, den die Kongolesen forderten. Am nächsten Morgen, als die Männer an der Grenze ihren Rausch ausgeschlafen hatten, ließen sie Dian wissen, daß sie jederzeit zurückkommen und ungehindert ihre Arbeit verrichten könne, sobald sie den gewünschten Betrag mitbrächte.

Ich glaube nicht, daß ich an ihrer Stelle gegangen wäre, begriff aber, daß sie dem Ruf der Gorillas nicht widerstehen konnte. Sechs Monate hatte sie sich mit Geduld und Einsatz aller Kräfte bemüht, das Vertrauen dieser Tiere zu gewinnen, und nun wollte sie die Früchte ihrer Arbeit nicht so ohne weiteres opfern. Wenn ich auch dagegen war, ich beschaffte dennoch den Betrag von Lalji, dem Inder, der immer half, wenn ich in Not war. Dian fuhr zurück in den Kongo, und wenn auch alles gut ging an der Grenze, ich war in großer Sorge um sie.

Dian war kaum abgefahren, als ein Flugzeug bei uns landete. Es brachte Dr. Leakeys Antwort auf Dians Telegramm: Der Pilot kam, um sie zu retten. Zu spät, sie hatte die Kongogrenze bereits passiert. Aber der Pilot brachte wenigstens genügend Geld, um den geliehenen Betrag zurückzuzahlen.

Eine Woche später kam Dian zurück, in Begleitung eines unangenehmen Individuums, einer Art politischer Kommissar, wie mir schien. Dian war in großer Erregung: Ihre Kehle war wie zugeschnürt vor Ekel und Entrüstung, und es dauerte lange, bis sie zusammenhängend berichten konnte. Was hatte sich da drüben abgespielt?

Zunächst war alles gutgegangen. Sie hatte sofort die Rückkehr in die Berge vorbereitet, aber als sie am nächsten Morgen mit ihrer Trägerkolonne aufbrechen wollte, wurde ihr die Safari von der Armee verboten und ihr befohlen, Rumangabo nicht zu verlassen. Dian ist nicht der Typ, der sich einschüchtern läßt. Sie ging zur Garnison der *Force Publique* hinüber, um den Kommandanten dort von ihrer Harmlosigkeit zu überzeugen und ihn zu überreden, ihr die Fortsetzung ihrer Arbeit zu erlauben. Es war ein kühner Schritt für eine Frau, sich in das Lager einer betrunkenen, disziplinlosen Soldateska zu wagen, und der Empfang war alles andere als freundlich. Die Erlaubnis wurde verweigert, und sie wurde wieder unter Hausarrest gestellt. Eine weitere Forderung der Zollbehörde gab ihr jedoch Gelegenheit, wieder zur Grenze zu fahren. Daß es ihr dort gelang, sich den frechen, betrunkenen Pöbel vom Hals zu halten und ihn zu bewegen, sie zur Beschaffung des Geldes wieder nach Kisoro fahren zu lassen, war ein Sieg des Geistes über die brutale Gewalt.

Das unangenehme Individuum war mitgekommen, um Dian und das Geld zurückzubringen. »Miß Fossey bleibt hier, in Uganda hast du keine Gewalt über sie«, sagte ich. Er hätte sich für ihre Rückkehr verbürgt, behauptete er, man würde ihn erschießen, käme er ohne sie zurück ...

»Lieber dich als sie«, entgegnete ich.

Während dieser Auseinandersetzung kamen zwei hübsche, schwarze Mädchen, zwei Lehrerinnen, in die Bar. Ob sie meine Bardamen wären, wollte das Individuum wissen. »Laß mich die beiden in eines deiner Zimmer nehmen, und du kannst die Amerikanerin hierbehalten«, schlug er vor. »Mach, daß du rauskommst, du Halunke, oder ich hetze meine Hunde auf dich!« war meine Antwort auf sein Angebot.

Und Dian? Was sollte sie nun ohne Gorillas tun, derentwegen sie nach Afrika gekommen war? Auf »Gut Wetter« im Kongo warten, um ihre Arbeit fortzusetzen? Oder alle Hoffnungen aufgeben und nach Amerika zurückkehren? Ich schlug vor, sie solle ihre Tätigkeit in den von den Belgiern vernachlässigten Ruanda-Sektor verlegen, über dessen Gorillabestand wenig bekannt war. Möglicherweise hätten dort eine Anzahl dieser Tiere die Verfolgung durch Wilderer und den Leoparden überlebt, und es ließe sich in abgelegenen Gebieten ein neues Arbeitsfeld erschließen. Ich erzählte ihr von Madame de M., einer Belgierin, deren Pyrethrumpflanzung am Südhang des Karisimbi ein idealer Ausgangspunkt für ein solches Unternehmen wäre. Madame de M. war eine besondere und der Natur eng verbundene Frau. Sie hatte früher einmal im Kongo eine Schlangenfarm betrieben, war monatelang durch den Iturewald gelaufen, um die Pygmäen zu studieren, und sie kannte die Vulkane besser als die dort lebenden Eingeborenen. Sie hatte kürzlich ihren Mann verloren, und ich war sicher, daß ihr Dians Gesellschaft auf der einsamen Pflanzung willkommen sein würde.

Dian flog nach Nairobi, um den Plan mit Dr. Leakey zu besprechen; sie traf dort Madame de M., die gerade aus Europa zurückgekommen war, und alles ergab sich, wie ich es erwartet hatte. Madame fuhr auf ihre Pflanzung nach Ruanda zurück, und Dian folgte ein paar Tage später.

Dian hätte zu keinem ungünstigeren Zeitpunkt ankommen können, aber für Madame de M. erwies sich ihr Erscheinen als ein Segen. Sie hatte an diesem Tage die Nachricht erhalten, ihr Sohn und zwei seiner Freunde seien im Kongo ermordet worden, und Dian gelang es, die verzweifelte Mutter von ihrem Kummer abzulenken, indem sie sie mit in die Wälder auf Gorillasuche nahm. Die beiden Frauen freundeten sich an. Madame begann sich für die Gorillas zu interessieren und wurde Dians beste und erfahrenste Helferin.

Es stellte sich jedoch heraus, daß in jenem Gebiet nur wenige Gorillas lebten, aber Dian fand bald im Bereich des Mount Vishoke ein wahres Gorillaparadies. Sie schlug dort mit Madames Hilfe ein solides und bequemes Standlager auf, und nun begann das Märchen ihres Lebens. Anfangs machten es ihr die Gorillas allerdings recht schwer; aber Dians Bemühungen, sich mit ihnen anzufreunden, waren von einem Erfolg gesegnet, der tatsächlich ans Märchenhafte grenzte. Die Gorillas liefen ihr zwar nicht gerade in die Arme, wie einem die gebratenen Tauben im Märchen in den Mund fliegen. Dian mußte sie in den entlegensten und schwer zugänglichen Verstecken aufstöbern, wohin sie sich geflüchtet hatten, seit im unabhängigen Ruanda Menschen und Rinder ungehindert in ihren Lebensraum eindringen konnten.

Dian hatte originelle Einfälle. Sie verschaffte sich eine Auswahl von Masken, in denen sie wie eine Hexe zur Walpurgisnacht aussah. Wozu? Um den Gorillas zu imponieren? Sie hoffte, damit die Wilderer und Hirten zu erschrecken und sie aus dem Schutzgebiet zu vertreiben. Da war ein besonders scheußliches Ding mit Hauzähnen, und um seine Wirkung auf primitive Schwarze zu erproben, steckte sie es sich bei einer Teeparty in den Mund. Als sie den Boy, der sie eben erst als hübsche junge Frau gesehen hatte, damit angrinste, ließ dieser das Tablett mit der Teekanne fallen und lief schreiend aus dem Zimmer. Ähnlich war die Wirkung auf die Männer im Wald; sie hielten Dian für eine Zauberin und mieden ihren Bereich, aber nicht für lange. Sie kamen hinter den Trick und drangen erneut in den Gorillawald ein.

Mehr noch als im Kongo gewöhnten sich die Gorillas an Dians Gegenwart, und einige Gruppen rechneten sie bald sozusagen zur Familie. Die Kinder, besonders die Halbwüchsigen, verloren jede Scheu und wagten sich nahe an sie heran. Einer zeigte Interesse für ihre Kamera und war fasziniert von seinem Spiegelbild in ihrer Linse, ein zweiter spielte mit den Schnürsenkeln ihrer Schuhe, und ein dritter nahm gar ihre Handschuhe auf, untersuchte jeden Finger, roch daran und ließ das Ding dann achtlos fallen.

Dians bester Freund war ein massiver, vier Zentner schwerer Gorillamann, den sie *Rafiki*, das heißt Freund, taufte. Rafiki war das Haupt einer Gruppe von fünf Männern – eines Klubs der Junggesellen also –, was in der gesellschaftlichen Struktur dieser Affen ungewöhnlich ist. Die fünf eingefleischten Junggesellen waren kinderlos; ihr Leben kreiste um eine uralte, senile Frau, als Dian sie kennenlernte. Wahrscheinlich war sie Mutter und Großmutter dieser Männer. Die Liebe und Verehrung, die diese Rauhbeine der Greisin entgegenbrachten, hatten etwas rührend Menschliches, was Dian tief beeindruckte. Rafiki und die Alte umarmten einander oft und teilten zuweilen dasselbe Bett für die Nacht. Dann verschwanden die beiden, und nach zwei Tagen kam Rafiki allein zurück. Die Matrone hatte wohl gefühlt, daß ihre Zeit um war, und hatte abseits, nur in Rafikis Gegenwart, sterben wollen.

Wie alt war diese Greisin, als sie starb? Dian hatte sie oft aus der Nähe gesehen und meinte, nach der Senilität und physischen Verfassung zu urteilen, müsse die verschrumpelte Matrone um die fünfzig herum gewesen sein. Das wäre mehr, als man von Menschenaffen bisher für möglich gehalten hatte.

Im *National Geographic*, der weltbekannten amerikanischen Zeitschrift, erschien vor einiger Zeit eine ergreifende Aufnahme von Dian und Rafiki: Er, die Arme auf einen Baumstamm gestützt, die Hände gefaltet, schaut nachdenklich zu ihr hinüber, die, wenige Schritte von ihm entfernt, mit gekreuzten Armen – dem Zeichen der Unterwerfung – vor ihm steht. Es ist, als wären die beiden – Mensch und Affe – in ein ernsthaftes Gespräch vertieft. Was denkt Rafiki? Was würde er sagen, wenn er sprechen könnte, fragt man sich.

Wie kann ein Mensch einen so persönlichen Kontakt zu diesen Tieren herstellen? Nicht, indem er sich unauffällig nähert, sich in angemessener Entfernung behutsam niederläßt und darauf wartet, daß sie von sich aus das erste Entgegenkommen zeigen. »Nein, das genügt nicht!« erkannte Dian bald. »In Rom soll man wie die Römer tun, so heißt es doch, warum in Gorillaland nicht wie Gorillas?« Und da sie deren Benehmen oft und genau genug beobachtet hatte, fiel es ihr nicht schwer, es ihnen nachzumachen. Sie übte sich im Bellen, Brüllen, Grunzen und konnte es bald gut genug, um als Gorilla zu gelten. Sie bemühte sich auch, das Grünzeug zu essen, womit die Gorillas sich ernähren: vielmehr so zu tun, als ob, um es dann heimlich auszuspucken. In der Praxis ging das allerdings nicht immer; wenn die mißtrauischen Gorillas sie aus der Nähe genau beobachteten, mußte sie das Zeugs wohl oder übel runterschlucken.

Gelegentlich, wenn die Gorillas nervös oder gereizt waren, kam ihr die erworbene Technik sehr zustatten. Sie setzte sich dann unbekümmert hin und kaute Sellerie oder was an Grünzeug gerade erreichbar war; es beruhigte die Tiere meistens. Aber einmal, ehe sie und Rafiki sich näher kannten, sprang dieser drohend bis auf einen Meter auf sie zu, und es sah aus, als sei's ihm Ernst damit. Er bellte, schrie und fletschte die Zähne. In diesem Fall schien es ihr ratsam zu zeigen, daß sie es ebenso gut konnte. Sie sprang auf, schrie ebenfalls und fuchtelte mit den Armen, genau wie Ruben es in solchen Fällen zu tun pflegte und mit demselben Erfolg. Rafiki war verdutzt und ließ von ihr ab.

Was hatte wohl den freundlichen Rafiki so in Harnisch gebracht? Eine Gorillagruppe am selben Hang dicht über ihm und seinen Kameraden und darunter ein alter Einzelgänger hätten Rafiki nervös gemacht, erklärte Dian. Dann sei *sie* noch als weiteres störendes Element plötzlich aus dem Wald aufgetaucht. Da habe Rafiki völlig die Beherrschung verloren, und so habe sie, seine Freundin, zum Entladen der Spannung herhalten müssen.

Ein andermal übte sich in Dians Nähe ein Gorillasprößling im Klettern; der morsche Baum krachte um, und der Lärm brachte die Eltern schnell herbei. Sie glaubten wohl, Dian sei an dem Unfall schuld, und kamen drohend auf sie zu. Inzwischen war ein zweiter, kleinerer Wagehals auf den umgefallenen Stamm geklettert und hing nun hilflos und erbärmlich schreiend am Ast. Das erboste die Alten noch mehr. Glücklicherweise kam aber der erste Baumakrobat dem Babyanfänger zu Hilfe, beide landeten unversehrt am Boden, und alles löste sich in Wohlgefallen auf.

Ein unerwartetes Ereignis unterbrach Dians Tätigkeit im Wald: Zwei Gorillakinder wurden ihr zur Pflege gebracht, und die nahmen sie voll und ganz in Anspruch. Sie waren im Auftrag der ruandischen Regierung von Eingeborenen gefangen worden und sollten dem Oberbürgermeister von Köln für den Zoo seiner Stadt geschenkt werden, eine Gabe, die dieser hätte ablehnen sollen. Oder hatte er gar darum gebeten? Der Oberbürgermeister hätte wissen sollen, daß der Berggorilla im Aussterben begriffen ist und daß man ihm einen derartigen Verlust nicht zumuten konnte. Die beiden Kleinen gehörten noch dazu zwei verschiedenen Familien an, und von jeder wurden mehrere Mitglieder umgebracht – im ganzen an die zehn –, wie es beim Einfangen durch unwissende und skrupellose Eingeborene leider üblich ist. Es war jedenfalls ein bedauerlicher Mißgriff und wirbelte in den internationalen Wildschutzkreisen viel Staub auf. Dr. Grzimek forderte sogar, die beiden Gorillas sollten in ihre heimatlichen Berge zurückgeschickt werden, ein löblicher Gedanke, gewiß. Ich bezweifle aber, daß die beiden Kleinen die Rückkehr zur Natur lange überlebt hätten.

Beklagenswert war auch der Zustand, in dem die beiden Gorillakinder ihrer Ziehmutter übergeben wurden, und ohne Dians liebevolle Pflege hätten sie nie die Reise an den Rhein antreten können. Coco, ein Knäblein von etwa achtzehn Monaten, und Pucker Puss, ein etwa zwei Jahre altes Mädchen, waren halb verhungert, verängstigt, scheu und mißtrauisch den Menschen gegenüber; Coco war von seinen Fängern wochenlang in einer Kiste gehalten worden, worin er nicht hatte aufrecht stehen können, und Pucker Puss war zunächst völlig unnahbar gewesen.

Dian richtete den beiden in einem Raum ihrer Hütte ein »Kinderzimmer« ein, indem sie junge Bäume und Sträucher in den Boden steckte und für Laubwerk und anderes Nestbaumaterial sorgte. Sie mußte die vernachlässigten Kleinen mit Medizin und Säuglingsnahrung aufpäppeln. So umhegt und gepflegt vergaßen diese bald die Leiden der Vergangenheit, erholten sich körperlich, verloren ihre Scheu und erwiderten Dians Liebe mit rührender Zärtlichkeit. Sie konnte sie bald frei im Wald herumlaufen und sich selbst ihre Nahrung sammeln lassen, wodurch die Verhaltensforscherin viel über Gorillakost erfuhr. Der Abschied ging ihr sehr zu Herzen, als die beiden Affenkinder 68 Tage später nach ihrer neuen Heimat abflogen.

Es soll nicht als Entschuldigung, aber doch wohl als mildernder Umstand dienen, daß sich die beiden Ruander schnell am Rhein einlebten und in Gesellschaft von jungen Schimpansen und Orang-Utans glücklich sind. Sie gewannen bald die Herzen der Besucher, aber den Gefallen, eine

Berggorillafamilie am Rhein zu begründen, werden sie den Kölnern wahrscheinlich nicht tun; denn den dortigen Experten zufolge, sind Coco und Pucker Puss nicht, wie daheim in Ruanda angenommen, ein Pärchen, sondern beide weiblichen Geschlechts.

Im Januar 1970 ging Dian für einige Zeit nach Cambridge, um an der dortigen Universität ihre zu Bergen angewachsenen Notizen mit Hilfe eines Computers zu analysieren und ihre Doktorarbeit vorzubereiten. In ihrem ersten Brief schrieb sie mir:

»Während meiner letzten Wochen hatte ich meine schönsten Begegnungen mit der Gruppe, zu der Peanuts, mein besonderer Freund, gehört. An meinem letzten Tag im Wald saß er zwanzig Minuten neben mir und streichelte mir zweimal freundlich über den Rücken meiner Hand. Du kannst dir denken, was das nach all den Jahren der Bemühung für mich bedeutete. Es war das schönste Abschiedsgeschenk, das ich mir wünschen konnte, aber es machte das Weggehen noch viel schwerer.«

Nach Dians Rückkehr geschahen Dinge in ihrem Gorillawald, die manche meiner Erfahrungen – und die anderer Beobachter – widerlegten.

Eine Zählung, mit Hilfe von Cambridge-Studenten durchgeführt, ergab, daß die Gorillabevölkerung des gesamten Birungagebietes auf etwa dreihundert zusammengeschmolzen war, sich also seit Schallers Schätzung um wenigstens ein Drittel verringert hatte. Noch bedenklicher war aber die Tatsache, daß die männlichen Tiere auf einmal die weiblichen an Zahl im Verhältnis 2:1 übertrafen, wohingegen bisher die Weibchen in beträchtlicher Überzahl gewesen waren. Da Gorillafrauen nur alle drei bis vier Jahre ein Junges zur Welt bringen, muß nun ernstlich befürchtet werden, daß der Berggorilla unrettbar zum Aussterben verurteilt ist.

Als Irrtum erwies sich meine Behauptung – und die anderer Beobachter –, daß Gorillas nicht um die Vorherrschaft innerhalb ihrer eigenen Familie oder Gruppe kämpften. Was tat beispielsweise Onkel Bert, ein gebieterischer Silberrücken, als er nach dem Tod des Oberhauptes seines Trupps die Macht an sich riß? Er stieß einen zweiten, beinahe gleich kraftvollen Mann aus der Gemeinschaft aus und machte ihn zum Einzelgänger, um sich ein für allemal eines möglichen Rivalen zu entledigen.

Eine schnell fertige Verallgemeinerung war auch meine Erklärung, Gorillas begehrten nicht ihres Nächsten Weib. Rafiki und seine Junggesellen jedenfalls kannten derlei Skrupel nicht: Sie hatten wohl genug von einem Leben ohne Frauen. Sie begannen nämlich Onkel Berts Familie, die mit holder Weiblichkeit gesegnet war, auf Schritt und Tritt zu folgen. »Cherchez la femme« war ohne Zweifel, was sie dazu trieb, und es gelang ihnen auch, eine der jungen Frauen zu entführen. Onkel Bert nahm den Raub nicht auf die leichte Schulter, er sann auf Rache und folgte nun seinerseits der Rafikibande auf Schritt und Tritt. Es kam, wozu es kommen mußte. Die beiden Trupps gerieten aneinander, wobei es Schwerverwundete auf beiden Seiten gab. Die Entführte blieb zunächst bei den Rafikis, aber das Glück war nur von kurzer Dauer. Ein anderer Silberrücken, der bisher allein gelebt hatte, holte sich die junge Schöne und machte die fünf Männer wieder zu einem Klub der Junggesellen.

Hier muß auch Beethoven erwähnt werden, ein Draufgänger, der äußerlich tatsächlich an den großen Ludwig erinnerte. Er drang eines Tages mit Gewalt in eine Gruppe ein, um einige Mitglieder seiner eigenen Gruppe zurückzuholen, die sich der anderen angeschlossen hatten. Es fing mit einem großen Getümmel an, doch bald verstummte aller Lärm, und kein Widerspruch wurde laut, als der imponierende Beethoven begann, die Entlaufenen ohne langes Gefackel vor sich her davonzutreiben.

Diese Dramen im Leben der Gorillas zeigen wieder einmal, daß man nicht verallgemeinern soll. Gorillas sind keine Tugendbolde, sie wenden gelegentlich Gewalt an, wenn auch in weit geringerem Maße als der Mensch. Typischer für ihren Charakter und ihr Verhalten sind Toleranz und Friedlichkeit, wovon Dian täglich erstaunliche Proben erlebt.

Die meisten Mitglieder der vier Gruppen, mit denen sich Dian schon seit Jahren eingehend befaßt, haben gelernt, sie und ihre Helfer als Freunde zu betrachten. Ohne durch Belohnungen irgendwelcher Art angelockt zu werden, suchen sie von sich aus Dians Gesellschaft, halten ihre Mittagsruhe gern in ihrer unmittelbaren Nähe und genießen offenbar ihre freundschaftlichen Beziehungen zu diesem seltsamen Wesen, dem sie rückhaltlos vertrauen können.

Dian saß einmal mit einem jungen Gorillamann auf demselben Baum. Beim Herunterklettern war sie ihm im Wege. Da legte er ihr sanft seine Pranke auf die Schulter und schubste sie, nicht ganz so sanft, beiseite. Er wollte ihr nicht weh tun, es war so seine Art, mit Frauen umzugehen.

Ein andermal saß sie auf dem Stamm eines umgefallenen Baumes, als Freund Peanuts kam und sich wie selbstverständlich neben sie setzte. Um die Unterhaltung in Gang zu bringen, streckte sie ihm auf der flachen Hand drei Pygeumbeeren entgegen, die sie zufällig bei sich hatte. Es ist eine Frucht, die die Gorillas besonders lieben. Peanuts nahm ihr manierlich jede Beere einzeln aus der Hand, und als keine weiteren folgten, schien sein Blick zu sagen: »Ist das alles? Für so knauserig hätte ich dich nicht gehalten.«

Ist diese Dian Fossey Wirklichkeit oder ein Geschöpf meiner Phantasie? Nun – finanziert von der *American Geographic Society* beobachtet sie noch immer, nun schon im elften Jahr, das Leben der Birungagorillas. Sie hat bereits einen zwanzig Kilometer langen Film über alle Aspekte des Verhaltens dieser Tiere gedreht, einen Film, der in Ausschnitten wohl bald in vielen Ländern, wahrscheinlich auch in Deutschland, gezeigt werden und beweisen wird, daß diese ungewöhnliche Amerikanerin tatsächlich existiert. Sie ist gewiß der einzige Mensch in der Welt, dem wilde Gorillas nicht nur die Hände schütteln, sondern dem sie auch aus der Hand fressen.

Einzigartig war auch die persönliche Beziehung, die sich im Lauf der Jahre zwischen Dian und Digit, einem noch jungen, aber ausgewachsenen, freilebenden Gorilla, entwickelte. Er war der älteste Sohn Beethovens und noch ein Baby, als sie ihn vor elf Jahren kennenlernte und »Digit« (Finger) taufte. Er faßte schon als Kind Vertrauen zu der für ihn sicherlich märchenhaften Erscheinung und war ihr schließlich so ergeben, daß er ihr nicht von der Seite wich, wenn er ihr im Wald begegnete. Er wurde ihr bestes Studienobjekt und konnte vor Jahr und Tag auch im deutschen Fernsehen in einem Film bewundert werden. Da lag er neben ihr und sah ihr beim Notizenmachen zu. Schließlich nahm er ihr vorsichtig Notizblock und Kugelschreiber aus der Hand, untersuchte die beiden seltsamen Objekte interessiert und gab sie ihr sanft und unbeschädigt zurück. Der Höhepunkt der Szene: Wie selbstverständlich kuschelte er sich an seine Freundin und hielt, von ihr betreut, sein Mittagsschläfchen.

Der 31. Dezember, der letzte Tag des Jahres 1977, sollte leider auch der letzte Tag seines jungen, friedlichen Lebens werden. Zu Digits Unglück war sein Schutzengel Dian nicht in der Nähe, als er von schwarzen Wilderern überfallen und getötet wurde. Nach einigen Tagen fand man seine verstümmelte Leiche im Wald: Kopf und Hände waren abgetrennt und als Trophäe oder Souvenir an weiße Touristen verkauft worden.

27. Aller Anfang ist schwer

Das Leben war bestimmt einfacher und besser für die Nerven – bei den Weißen und den Schwarzen –, als es noch keine politischen Parteien, Wahlen und Diktaturen in Afrika gab. Die koloniale Ära hatte sich aber überlebt: Uhuru, das Suaheli-Wort für Freiheit, war nicht mehr aufzuhalten. Der Umsturz kam allerdings schneller, als man erwartet hatte. Der Kongo wurde im Jahre 1960 unabhängig, Uganda und Ruanda wurden es zwei Jahre später. In den meisten afrikanischen Ländern war es ein Sprung von der Steinzeit ins Atomzeitalter und zu abrupt, als daß die Entwicklung der inneren und geistigen Fähigkeiten des Afrikaners mit den äußeren, den materiellen Errungenschaften hätte Schritt halten können.

Es gab – und gibt heute noch – viele nackte und halbnackte Stämme in Afrika, die sich nicht wie einen Fußball ins zwanzigste Jahrhundert kicken ließen. Die weißen Kolonisatoren respektierten deren althergebrachte Lebensweise und ließen sie, so gut es ging, unangetastet; unter den neuen Machthabern hingegen werden diese Stämme gezwungen, sich zu kleiden und sich den modernen Zeiten anzupassen, ein Eingriff, den manche von ihnen nicht lange überleben werden.

Da sind beispielsweise in Kenia und Tansania die herrlichen Masai. Mit entwaffnender Arroganz zeigen sie, wie unendlich überlegen sie sich allen anderen, auch den weißen Stämmen und Rassen dünken. Sie leben von der Milch und dem Blut ihrer Rinder, was ihnen gut zu bekommen scheint. Wie elegant die Moran, ihre jungen Krieger, sind! Wie atemberaubend schön sind die überschlanken, ockerbeschmierten Gestalten, nur mit einem ockerfarbenen Stück Tuch bekleidet, das, von einem Knoten gehalten, in lässiger Drapierung von der rechten Schulter fällt. Wie schrecklich der Gedanke, diese jungen roten Götter in europäische Kleider eingezwängt, gar im Smoking und mit einem steifen Hut zu sehen! Es würde sie zu Karikaturen machen, ihrem Nomadenleben und ihrer Gesundheit nicht bekömmlich sein. Der Anfang ist bereits gemacht: Sie dürfen im freien Tansania nicht mehr ohne Hosen in die Städte und auf die Märkte kommen.

Als ich vor Jahren zum ersten Mal durch Tanganjika, das heutige Tansania, reiste, sagte meine dort lebende Freundin zu mir: »Sieh dir unsere stolzen Masai an! Da stehen drei hochnäsige Moran auf der Straße, saugen Coca-Cola und wollen per Anhalter reisen. Das ist der Anfang vom Ende, nicht nur für ihren Stamm, für die koloniale Ära überhaupt. Wie traurig das im Grunde ist!«

Im südlichen Sudan sind es die Dinkas, die »sanften Wilden«, die wie die Störche auf einem Bein stehen und nur mit einer koketten Perlenkette bekleidet durch ihr Sumpfland waten. Unter den Engländern war dieses Land am Oberen Nil ein Paradies. Die englischen Administratoren, die sogenannten »Sumpf-Barone«, herrschten über weite Gebiete und hüteten sich, die ihnen anvertrauten Eingeborenen ihrer nackten Unschuld zu berauben. Im Gegensatz zu den Gorillas ist der Penis der Dinkas von einer geradezu sagenhaften Länge, aber sie ließen sich ohne Scheu, so wie der Herr sie geschaffen hat, von den Durchreisenden fotografieren.

Das änderte sich, als der Sudan unabhängig wurde. Die neuen Machthaber, die nubisch-arabischen Mohammedaner in Khartum, schämten sich der primitiven Völker im Süden ihres Landes – und wehe dem Reisenden, der sich mit einer Kamera auch nur sehen ließ! Der Norden und der Süden dieses Landes waren zwei grundverschiedene Welten, aber die Engländer wollten den Sudan als ein Ganzes in die Unabhängigkeit entlassen, was ein verhängnisvoller Irrtum war.

Der Süden rebellierte bald gegen den verhaßten Norden und verstrickte sich in einen erbitterten Guerillakrieg, der den Süden eine halbe Million Menschenleben kostete. Von fremden Mächten aus politischen Interessen unterstützt, zog sich dieser Krieg über viele Jahre hin, und die »sanften Wilden« lernten schnell mit den modernsten Waffen umzugehen. So unmittelbar berührten sich die Gegensätze im neuen Afrika. Nachdem bis vor kurzem die Begriffe Zeit und Geschwindigkeit für den schwarzen Menschen noch nicht existierten, konnte es ihm nun nicht schnell genug vorwärtsgehen, und dabei schüttete er oft das Kind mit dem Bade aus.

Zu einer Zeit, in der Uhuru bereits in Sicht war, forderten schwarze Demagogen in Uganda zu einem Boykott europäischer und indischer Waren auf und rieten ihren Zuhörern, uns alle in den Ozean zu jagen. Wären diese dem Rat gefolgt, es hätte »Zurück ins Ziegenfell!« bedeutet. So konsequent wie Mahatma Gandhi, der selbstgesponnene Gewänder trug, waren diese schwarzen Supernationalisten aber nicht. Sie stolzierten in vom indischen Schneider gemachten Anzügen umher, tranken schottischen Whisky, und ihre Autos waren auch nicht »made in Uganda«. Ich nahm an einer solchen Versammlung teil, bei der ein alter weiser Schwarzer dem Redner ein Streichholz vor die Nase hielt: »Lernt erst ein solches Streichholz zu machen«, erklärte er, »und dann jagt die Weißen in den Ozean!«

Das so am Hergebrachten klebende Afrika veränderte sich zusehends: Wir Weißen mußten uns damit abfinden, ohne Sentimentalität der Vergangenheit nachzutrauern. Wir ernteten schließlich nur, was wir selbst gesät hatten. Wir hatten unsere schwarzen Brüder in ein gefährliches Vakuum geführt, aus dem heraus sie den rechten Weg selbst finden mußten.

Es stellte sich bald heraus, daß unsere Ideen von Demokratie und Gleichberechtigung dem afrikanischen Menschen fremd waren. Aus den meisten neuen schwarzen demokratischen Republiken wurden binnen kurzem Dikaturen. Aber wir hatten den Afrikanern nichts Besseres zu bieten als unsere Demokratie, und so war jeder Schritt der Kolonisatoren, sie in diese Richtung zu leiten, gewiß anerkennenswert.

Bei uns in Kisoro fing die Erziehung zur Demokratie einige Jahre vor der Gewährung der Unabhängigkeit mit der Wahl für den Bezirksrat an. Es war eine offene Wahl, wobei die Wähler sich einfach vor dem Gemeindesaal hinter den Kandidaten stellen mußten, für den sie stimmen wollten. Dabei war die Religion des Betreffenden wichtiger als seine Fähigkeiten, denn ein alter Gegensatz zwischen Protestanten und Katholiken war ausschlaggebend. So standen vor unserem Wahllokal lange Schlangen hinter dem Protestanten und dem Katholiken, hinter dem dritten Kandidaten, einem tapferen Unabhängigen hingegen, stand nur ein einziger kümmerlicher Anhänger. Als die Schlange hinter dem Protestanten länger und länger wurde, bekamen es die Katholiken mit der Angst zu tun und schleppten säumige Wähler herbei, ja, sie verlangten sogar, man solle einen der Ihren, der gerade eine Strafe abbrummte, aus dem Kittchen kommen lassen. Das wurde ihnen verweigert, und der Zufall wollte es dann, daß die Katholiken um diese eine Stimme von den Protestanten geschlagen wurden. Die Methode der offenen Wahl erwies sich übrigens als unpraktisch; denn wehe dem Wähler, der es gewagt hätte, sich nicht hinter den einflußreichen Kandidaten – einen Beamten oder Lehrer etwa – zu stellen, von dessen Gunst er oder sein schulpflichtiger Sohn abhängig waren.

Einige Zeit später fanden die ersten großen geheimen Wahlen für die gesetzgebende Versammlung in ganz Uganda statt, ein schwieriges Problem für die Behörden. Wie sollten sie den Wählern, die zu neunzig Prozent aus Analphabeten bestanden, die Wahlzettel verständlich machen? Die einzige Lösung war, jeden Kandidaten durch ein Bild zu kennzeichnen. Dieses Symbol wurde aufs Geratewohl bestimmt und drückte in keiner Weise das Programm des Betreffenden aus. So hatte man es bei uns dem Katholiken die Jembe, die Hacke, gegeben und dem Protestanten das Auto. Die Mißverständnisse blieben nicht aus. Viele Wähler glaubten nämlich, der Katholik mit der Jembe würde sich für die Bauernschaft einsetzen, und der Protestant mit dem Auto stünde für den Fortschritt. Andere gar nahmen die Symbole wortwörtlich, indem sie vom Katholiken erwarteten, er würde ihnen zum Dank für ihre Stimme eine Jembe geben, und vom Protestanten – logischerweise – ein Auto! Ein besonders schlauer Wähler meinte, die Wahlzettel seien ungültig, da sie keine Nummern hätten: Beim letzten Kirchbasar habe jedes Los eine Nummer gehabt. Und ein Gewohnheitsmeckerer wollte nur seinen Neffen wählen, der gar nicht auf der Liste stand, aber viel klüger sei als alle anderen Kandidaten.

Afrika rückständig? Keineswegs! Es war der freien Schweiz weit voraus. Bei uns durften die Frauen schon damals wählen, was ihnen in der Schweiz erst kürzlich und nicht in allen Kantonen zugestanden wurde. Als ich allerdings einen schwarzen »Schweizer« fragte, ob seine Frau auch wählen gegangen sei, schüttelte er empört den Kopf: »Wahlrecht für die Weiber! Auch so eine verrückte Marotte des weißen Mannes. Hätte ich meine Alte wählen lassen, sie würde sich für gleichberechtigt halten.«

Die politische Entwicklung machte die Wahl einer Übergangsregierung notwendig, der die Zügel am Tage der Unabhängigkeitserklärung übergeben werden konnten. Diesmal gab es keine Schwierigkeiten, unsere Wähler waren bereits erfahrene Demokraten. Es gab zwei Hauptparteien: die D.P., die als katholisch, und die U. P. C., die als protestantisch galt. Auch wir weißen Siedler durften wählen, aber ich, der typische Gastwirt, wollte es mit keiner Seite verderben und wählte nicht. Diesmal hatte der eine Kandidat als Symbol die Hand, der andere den Baum. Ruben wählte die Hand. »Aber Ruben, wie konntest du nur!« warf ich ihm vor. »Das ist doch der Kerl, der uns Weiße in den Ozean jagen will. Ich dachte, du liebst mich und die Weißen.« »Ja, das schon«, gab er nachdenklich zu. »Aber was ist schon ein Baum? Man fällt ihn, verbrennt ihn, und ein bißchen Asche ist alles, was davon übrig bleibt. Die Hand hingegen ist nützlich. Sie arbeitet, sie schafft etwas. Die Hand bleibt, und deshalb habe ich die Hand gewählt.«

Nach dieser Wahl beschuldigten die Protestanten die Katholiken des Wahlbetrugs. Die Priester, hieß es, hätten noch nicht wahlberechtigte Schulmädchen – also Kinder unter achtzehn – veranlaßt, sich in die Wahllisten einzuschreiben, und die Protestanten fochten die Wahlergebnisse an. Die Angelegenheit konnte nicht übersehen werden, und zwei Beamte, ein schwarzer und ein weißer, wurden mit der Untersuchung betraut. Der Schwarze war noch jung und unerfahren, aber dafür äußerst gewissenhaft. Mit seiner Methode, das Alter der angezweifelten Wählerinnen zu erkunden, hätte der Fall Monate gedauert, aber den beiden Beamten war nur eine Woche zugebilligt worden. Der Weiße sah sich die Sache geduldig ein paar Tage an und übernahm dann die Verantwortung. Er erledigte den Fall in aller Kürze. »Wie hast du das angestellt?« fragte ich ihn. »Meine Methode ist einfach, aber sicher«, erklärte er. »Ich schätze das Alter jeder Frau nach ihrem Busen. Ein Blick genügt! Ich täusche mich nie.«

28 Throne bersten, Reiche zittern

Im kleinen, bisher so friedlich scheinenden Ruanda flammte im Jahre 1959 unerwartet und mit elementarer Gewalt eine Rebellion gegen die angestammte Ordnung auf. Die Bahutu hielten die Zeit für gekommen, sich endlich und für immer von der Herrschaft der Watussi zu befreien.

Als die Deutschen gegen Ende des vorigen Jahrhunderts Ruanda – und das benachbarte Urundi – ihrer ostafrikanischen Kolonie einverleibten, übernahmen sie das vorhandene Feudalsystem und regierten durch den *Mwami* oder Sultan der Watussi, der ein absoluter Monarch und in den Augen seiner Untertanen »gottgleich« war. Nachdem die Deutschen im Ersten Weltkrieg ihre Kolonien verloren hatten, wurde Ruanda vom Völkerbund den Belgiern als Mandat anvertraut. Auch sie ließen das bestehende System, soweit es ging, unangetastet. Nach dem Zweiten Weltkrieg übernahmen die UN die Vormundschaft über das weiterhin von den Belgiern verwaltete Gebiet, und die Bahutu, auf die Gerechtigkeit der neuen Beschützer vertrauend, verlangten die gleichen Rechte und vor allen Dingen die gleiche Erziehung wie die sie beherrschende Minderheit. Da die Bahutu 85 Prozent der Bevölkerung ausmachten, konnten ihre Ansprüche nicht auf die Dauer ignoriert werden.

Bei einer Gleichschaltung der beiden Rassen hätten die Watussi ihre beträchtlichen Privilegien eingebüßt. Noch waren sie – so glaubten sie –

die einzigen, die kraft ihrer Intelligenz, Erziehung und Erfahrung im Herrschen das Land regieren konnten, und deshalb verlangten sie von den UN die sofortige Unabhängigkeit. Die Bahutu andererseits befürchteten, eine voreilig gewährte Unabhängigkeit werde die schwindende Macht der Watussi wieder festigen und sie, die Unterdrückten, erneut der Willkür der Unterdrücker ausliefern. Da waren ihnen die Belgier denn doch lieber, die brachten wenigstens Geld ins Land und bauten Schulen, in denen auch ein Bahutu sich – obgleich die Watussi-Häuptlinge es bisher zu verhindern suchten – das für die künftige Selbstverwaltung nötige geistige Rüstzeug erwerben konnte.

Ob nun spontan oder heimlich vorbereitet, die Bahutu rotteten sich zu Banden zusammen und fielen urplötzlich und blindwütend über die Watussi her. Sie brannten deren Hütten nieder und brachten die Männer mit der Panga um. »Die Riesen müssen kürzer gemacht werden«, sagten sie und hackten ihnen die Beine ab. Ihr Zorn richtete sich besonders gegen die Häuptlinge, die, über das ganze Land verteilt, die Bevölkerung drangsaliert hatten.

Weder die Watussi noch die Belgier hatten einen so erbitterten Aufstand für möglich gehalten. Typisch für den »weißen Imperialismus« war die Tatsache, daß es in Ruanda nicht genügend Polizei und gar kein Militär gab, und so brachen Gesetz und Ordnung über Nacht zusammen.

Den Bahutu war es unverständlich, daß die Belgier nicht gemeinsame Sache mit ihnen machten. »Die Watussi sind eure Feinde, sie wollen euch loswerden«, sagten sie. »Wir sind eure Freunde, wir wollen, daß ihr im Lande bleibt.«

An diesem bedeutsamen Wendepunkt in der Geschichte seines Volkes starb der Mwami Mutara Rudahigwa. Ein toleranter Herrscher und auch von den Bahutu hochgeschätzt, hätte er wahrscheinlich das Schlimmste verhindern und die beiden feindlichen Rassen versöhnen können. Sein Nachfolger – ein jüngerer Bruder – war ein unbeschriebenes Blatt und Wachs in den Händen einer reaktionären Clique, die zu keinerlei Zugeständnissen bereit war. So nahm der Aufstand ungehindert seinen blutigen Verlauf und zerstreute den auf seine Weise großartigen und hochbegabten Stamm in alle Winde.

Von der nahen Ruandagrenze aus sahen wir die Brandfeuer ringsum in den Himmel lodern. Es war eine Stimmung wie im Bauernkrieg, und mir fielen Szenen aus dem Götz und dem Florian Geyer ein. Doch der exotisch erregende Rhythmus der dumpfen Trommeln und ein seltsam unmenschliches Kreischen, schrill die nächtliche Stille zerreißend, brachte mich jäh in die afrikanische Wirklichkeit zurück. »Das sind nun die gleichen Menschen wie mein sanfter Cosmas, mein immer lachender Saga, mein klugbeherrschter Festus!« dachte ich. Was wissen wir von der Seele Afrikas, von den dunklen Gewalten, die unter dem dünnen Firnis westlicher Zivilisation und christlicher Religion im Herzen unserer schwarzen Brüder schlummern? Was von den Dämonen in uns selbst? Man hüte sich, sie zu erwecken!

Der Krieg der beiden Stämme war zu unserem Glück eine rein afrikanische Angelegenheit, und wir Weißen hatten nichts zu fürchten, solange wir uns nicht einmischten. Ein Priester, ein Westfale, hatte aber den Mut, sich einzumischen. Als ich ihn später einmal fragte, wie es in seinem Kirchspiel bei dem Aufstand zugegangen sei, sagte er: »Ich bin ein Priester der streitbaren Kirche, ich nahm einen Revolver mit mir auf die Kanzel und warnte meine Gemeinde. ›Hier bei uns gibt es weder Bahutu noch Watussi‹, sagte ich, ›hier gibt es nur Christen. Ihr seht den Revolver in meiner Hand? Wer Rassenhaß in meine Kirche trägt, den erschieße ich, das könnt ihr mir glauben!‹« Und um seinen Worten den nötigen Nachdruck zu verleihen, feuerte er ein paar Schüsse durchs Kirchendach.

Kisoro war bald voller Flüchtlinge; und wenn unsere Bahutu auch mit ihren Brüdern jenseits der Grenze sympathisierten, so wurden die Schutzsuchenden doch freundlich empfangen. Die Häuptlinge quartierten sich standesgemäß bei dem damals noch lebenden Mutwale Paulo ein, der zwar ein Bahutu war, sich aber als höflicher Wirt von seinen hohen Gästen den Bierkeller leertrinken ließ. Die Herren fuhren in Riesenautos umher, tranken französische Liköre in meiner Bar und nahmen ihre Mahlzeiten im Hotel ein. Merkwürdig unberührt von ihrer Lage waren diese Flüchtlinge; sie hatten wohl noch nicht recht begriffen, daß ihre große Zeit nun endgültig vorüber war. Sie zeigten Würde, und es war ihnen nicht anzumerken, welchem entsetzlichen Tod sie mit knapper Not entgangen waren. Ihre Familien blieben im Hintergrund, aber die wenigen Frauen, die ich traf, waren Damen, gepflegt und schön, auch im europäischen Sinn.

Ein Flugzeug über Kisoro war eine seltene Erscheinung, und ich traute meinen Augen nicht, als die Maschine – es war acht Jahre bevor Dr. Leakeys Pilot bei uns landete – anfing über unserer Ebene zu kreisen und sich zum Landen anschickte. Auf Ivors Flugplatz, unangemeldet, ohne Bettücher als Landezeichen und mit all den Rindern, Schafen und Ziegen auf der Piste? Und doch erschienen bald darauf ein uniformierter Pilot und ein Mann mit Kamera und Schreibmaschine im Hotel. Der Mann mit der Kamera war der Reporter einer großen englischen Zeitung. Er hatte das Flugzeug in Nairobi gechartert, und der Pilot, der etwas von einem Landestreifen in Kisoro hatte läuten hören, war mit einem »Na-mehr-als-schiefgehen-kann-es-nicht« kurzerhand losgeflogen. Er fand Ivors Flugplatz übrigens so brauchbar, daß er versprach, mit einer größeren Maschine wiederzukommen. Das tat er auch und schloß somit Travellers Rest dem internationalen Luftverkehr an.

Der Reporter war ein Draufgänger und jagte in einem schnell gemieteten Auto durch Horden mordender und brandstiftender Rebellen nach

Nyansa, der Residenz des noch ungekrönten jungen Mwami. Dieser war von den Belgiern streng bewacht, aber der Reporter wurde zu einem Interview vorgelassen. Der junge König war gewitzt genug, sich nicht die Würmer aus der Nase ziehen zu lassen. Auf die Frage, was er persönlich über die Unabhängigkeit seines Landes denke, gab er die Antwort, er habe noch keine Zeit gehabt, darüber nachzudenken.

Um die Lage zu klären, fanden bald darauf unter dem Schutz der UN Wahlen in Ruanda statt, bei denen die Bahutu natürlich um viele Pferdelängen siegten. Der Mwami wurde abgesetzt, Ruanda zur Republik erklärt, und die Watussi gingen zu Tausenden in die Nachbarländer ins Exil. Die Geschichte gab nun dem jungen König genug Zeit, um über die Unabhängigkeit nachzudenken. Die Belgier blieben in Ruanda und bereiteten im Auftrag der UN die Bahutu auf künftige Unabhängigkeit und Übernahme der Regierungsgeschäfte vor. Die meisten Watussi gehörten nicht zur feudalen Kaste, sie waren in bürgerlichen Berufen tätig, wollten mit den Bahutu in Eintracht leben und blieben im Lande.

Die entmachtete Oberschicht fand sich allerdings nicht so schnell mit den Tatsachen ab und versuchte mit List und Gewalt, die Uhr zurückzudrehen. Sie fand Sympathie für ihre schlechte Sache merkwürdigerweise bei den linksradikalen Mächten, bei den Russen und Rotchinesen, die einen Rückeroberungsversuch der aristokratischen Unterdrücker unterstützten. Wahrlich, ein Musterbeispiel politischer Zweckdienlichkeit.

Das schlecht geplante und noch schlechter ausgeführte Abenteuer schlug fehl. Einer Kolonne gelang es zwar, bis zur Hauptstadt Kigali vorzudringen, sie wurde aber von einer kleinen, mangelhaft ausgebildeten Bahututruppe unter belgischer Führung aus dem Lande gejagt. Von den anfangs siegreich scheinenden Kolonnen eingeschüchtert und mit Repressalien bedroht, hatten manche der im Land gebliebenen Watussi den Eindringlingen beigestanden, und das erbitterte die Bahutu dermaßen, daß jeder Watussi für sie ein Verräter war und sie sich zu einem Akt willkürlicher Bestrafung hinreißen ließen, wobei 30000 bis 40000 unschuldige Menschen abgeschlachtet wurden. Die UN gaben sich jedoch mit der offiziell angegebenen Zahl von 400 zufrieden.

Wenn die Watussi auch zum größten Teil selbst an ihrem Unglück schuld waren, sie mußten teuer für die Sünden der Vergangenheit zahlen. Sie sind ein feines Volk und den meisten afrikanischen Stämmen kulturell und an Intelligenz überlegen. Ihre Zukunft ist ungewiß; die noch in Ruanda lebenden werden sich mit den Bahutu, die im Exil lebenden mit anderen Stämmen mischen und somit ihre Identität verlieren.

Ruanda wurde am 30. Juni 1962 unabhängig. Es war erstaunlich, in welch kurzer Zeit es den Bahutu gelang – wenn auch mit belgischer und anderer weißer Hilfe –, aus der Tiefe der Sklaverei zu Herren ihres eigenen Geschicks aufzusteigen. Ruanda ist ein armes, aber schönes Land, in dem der Weiße auch noch heute friedlich leben kann.

Dian Fossey geht nun schon im achten Jahr in den Ruandabergen ungestört ihrer Arbeit nach. Eine neue Regierung bemüht sich jetzt ernsthaft um den Schutz der wenigen noch in ihren Bergen lebenden Gorillas: Sie betrachtet sie nicht als Handelsware und wird auch keine mehr leichtfertig verschenken.

29 Uhuru in Uganda

Uganda war keine Kolonie, es war ein Protektorat, das seine Bewohner vor den weißen Siedlern innerhalb und eroberungssüchtigen Mächten außerhalb des Landes schützte. Es beschützte die Eingeborenen auch gegen sich selbst, indem es die althergebrachten Stammesfehden verhinderte und für Landfrieden sorgte.

In Uganda konnte kein Weißer – und auch kein Asiate – Land kaufen, er konnte es nur auf 49 Jahre pachten unter der Bedingung, es in dieser Zeit im Interesse der Allgemeinheit zu entwickeln, es also für Bergbau, Tee-, Kaffee- oder Baumwollpflanzungen, für industrielle oder kommerzielle Unternehmungen nutzbar zu machen. Dank europäischer und indischer Initiative war viel auf diesen Gebieten in kurzer Zeit geleistet worden. Theoretisch fielen die auf dem gepachteten Grund und Boden errichteten Gebäude nach Ablauf der Frist dem Staat anheim, praktisch wurden die Pachtverträge aber gewöhnlich erneuert.

Die Bitterkeit, die die Eingeborenen der meisten Kolonien gegen die weißen Eindringlinge empfanden, weil diese sich das beste Land angeeignet hatten, gab es unter dem Pachtsystem also nicht. Die Europäer in Uganda waren hauptsächlich Verwaltungsbeamte, Ärzte, Lehrer, Kaufleute, Techniker und andere Fachleute und Missionare aller Bekenntnisse. Es gab auch eine geringe Zahl von Pflanzern, die ihre Kaffee- oder Teeplantagen mühselig dem jungfräulichen Boden abgerungen hatten. Es waren fast alles Menschen, denen Uganda zur Wahlheimat geworden war und die sich dem Lande eng verbunden fühlten.

Das Verhältnis zwischen Schwarz und Weiß war durchaus freundlich. Ich, der einzige Europäer in Kisoro, war beispielsweise bis zum Tage meiner Abreise Mitglied des Gemeinderats, ich wurde sogar ins Uhuru-Festkomitee gewählt. Als am 9. Oktober 1962 der Union Jack, die britische Flagge, heruntergeholt und die neue Ugandaflagge gehißt wurde, hatten die wenigen Europäer unserer Gegend Ehrenplätze, die Zeremonie verlief harmonisch und versprach ein gutes Zusammenleben für die Zukunft.

Uganda war besser als alle anderen Länder in Ost- und Zentralafrika auf die Unabhängigkeit vorbereitet, die sie in Kürze zu erwarten hatten.

Es gab bereits eine Anzahl von Ugandern, die sich auf der Makerere-Universität in Kampala oder auf einer englischen oder amerikanischen Universität eine akademische Bildung erworben hatten, wohingegen der Kongo am Tage seiner Unabhängigkeitserklärung nicht einen einzigen Kongolesen mit einem abgeschlossenen akademischen Studium aufzuweisen hatte. Uganda hatte eingeborene Juristen, Ärzte, Lehrer und Dozenten, Beamte aller Arten, ja, es hatte sogar Politiker und politische Parteien. Die damals noch existierenden vier Königreiche – Buganda, Bunyoro, Toro und Ankole – hatten ihre eigenen Parlamente, die ziemlich ungehindert ihre internen Entscheidungen treffen konnten und somit eine lange Erfahrung im Regieren hatten.

Als die Belgier dem Kongo die Unabhängigkeit gewährten, wollten die liberalen Engländer nicht zurückstehen; sie erkannten wohl auch, daß der Freiheitsdrang der Afrikaner sich nicht mehr unterdrücken ließ, daß aber die belgische Art, sich der Verantwortung zu entziehen, nicht die richtige war. Die Engländer beschleunigten ihr Programm demokratischer Erziehung, sie entwarfen eine Verfassung und führten das allgemeine Wahlrecht ein.

Die erste – bereits geschilderte – freie Wahl fand also noch unter britischer Führung statt. Die Demokratische Partei gewann, und Dr. Benedicto Kiwanuka, ein angesehener Advokat, wurde zum Premier ernannt. Somit gab es nun eine Regierung, der bei Machtübernahme die Zügel reibungslos übergeben werden konnten. Dr. Kiwanukas Verwaltung war nur von kurzer Dauer, denn der Status der Unabhängigkeit erforderte bald eine neue Wahl ohne britische Überwachung. Diesmal gewann die Gegenpartei, und der Sieg brachte ihren Führer Milton Apolo Obote als Premier ans Ruder. Es war die erste – und letzte – wirklich freie Wahl im demokratischen Uganda, denn die Bevölkerung wurde der Demokratie bald müde und opferte allzu willig ihre Rechte dem System der Einheitspartei, mit dem der starke Mann Obote dem Lande bald seinen eigenen Stempel aufdrückte.

Bei dieser letzten freien Wahlkampagne kamen beide Kandidaten gleichzeitig nach Kisoro. Es war das einzige Mal, daß ich dem künftigen Premier-Präsidenten und Diktator, dem nun gestürzten und im Exil seine Rückkehr planenden Obote, persönlich begegnete, und ich empfand eine instinktive Abneigung gegen ihn.

Dr. Kiwanuka hatte das einzige weiße Mitglied seines Kabinetts, einen englischen Rechtsanwalt aus Kampala, in seinem Flugzeug mitgebracht, ein Fauxpas, den sein schlauer Gegner zu nutzen wußte. »Warum hat Kiwanuka diesen weißen Mann bei sich?« fragte der skrupellose Demagoge seine naive Zuhörerschaft. »Ich will es euch verraten: Er hat Uganda den Weißen versprochen und hat diesen Engländer mitgebracht, damit der sich die besten eurer Felder aus der Luft aussuchen kann.«

Kein Wunder, daß Obote die Wahl gewann.

Anfangs war nicht viel von der neuen Unabhängigkeit zu merken, unser tägliches Leben ging unverändert weiter. Allmählich verließ aber ein Weißer nach dem anderen das Land, ich verlor so manchen guten Freund und viele meiner regelmäßigen Gäste; es fing an, etwas einsam um mich herum zu werden. Die weißen Beamten wurden durch schwarze ersetzt, und wenn es auch fähige und zuverlässige Männer unter ihnen gab, die Mehrzahl war von der Art des Latrinenschnüfflers, der, wenn nicht »geschmiert«, auf den vorgeschriebenen fünf Metern bestand.

Bestechung wurde zur Notwendigkeit. »Dashing«, wie es so hübsch hieß, war eine alte Sitte in Afrika: Man mußte etwas geben, um etwas zu erreichen – und wehe mir, wenn ich einen Beamten, auf dessen Gunst ich angewiesen war, an seine Barrechnung erinnert hätte. Wir Weißen – Europäer und Amerikaner –, die wir selbst im Glashaus sitzen, sollten uns eigentlich hüten, den Afrikaner der Korruption zu bezichtigen, aber bei uns gilt Bestechung wenigstens als unehrenhaft und wird bestraft, wenn man sich erwischen läßt. Die Afrikaner denken anders darüber: »Du mußt begreifen, daß die Männer, die heute oben sind und sich ihre Taschen füllen, alle arme Schlucker waren«, meinte ein Häuptling, den ich auf eines Ministers rapide wachsende Rinderherde aufmerksam machte. »Sie wären blöde, wenn sie sich nicht mästen würden, solange sie an der Krippe sitzen.«

Die meisten der neuen Herren hatte der Wirbelwind des Umschwungs von einem Tag zum andern in schwindelnde Höhen emporgeweht, wo sie sich nicht zu Hause fühlten. Sie entwickelten Minderwertigkeitskomplexe, die sie durch Arroganz auszugleichen suchten, was oft nicht leicht zu schlucken war.

Ist es nicht unnatürlich für einen Menschen, durch politischen Druck in viel zu kurzer Zeit aus primitiver Umgebung auf den Sitz eines Ministers hinaufgeschleudert zu werden? So etwas bekommt auch den meisten Weißen nicht, wieviel weniger einem Schwarzen, der in seiner Jugend buchstäblich nackt herumgelaufen war. Darf man ihn dafür tadeln, daß er nur noch Champagner trinken will und sich in meinem »Buschhotel« ungern mit dem »nächst teuren« Getränk in meinem Keller, einem Niersteiner, zufriedengibt? Auf Konto Reisespesen selbstverständlich. Die Rechnung wurde allerdings erst bezahlt, nachdem ich zum ersten Jahrestag des Gelages eine anzügliche Mahnung an sein Ministerium schickte.

Wenn diese Minister zu Besuch kamen, wurde vorher stets eine Kollekte veranstaltet, um so einen hohen Gast gebührend zu bewirten. Luncheons und Dinners wurden vorbereitet, und dann kamen die Herren viele Stunden später oder überhaupt nicht. Nach einigen Enttäuschungen sagte ich bei einer solchen Vorbestellung zum Besteller: »Schon gut. Wir werden die Herren füttern.« »Füttern? Womit?« begehrte er zu wissen.

»Mit fish and chips, dem englischen Nationalgericht, und wir werden den Fisch erst in die Pfanne werfen, wenn der Herr Minister tatsächlich vor uns steht«, sagte ich.

Die Besuche der englischen Gouverneure waren bescheiden im Vergleich, zwei oder drei Autos, unbewaffnet, wie etwa die Kaffeegesellschaft des seligen Sir Andrew Cohen, von der ich erzählt habe. Die neuen »Bwana Mkubwa« hingegen reisten in großem Stil, mit einem Riesengefolge hinter sich, und wir sollten jedesmal zwanzig Kilometer über die gefährliche Bergstraße zur Kanaba Gap hinauffahren und dort stundenlang warten, um den Besucher mit einem Hosianna zu begrüßen, wovor ich mich immer drückte. Wenn Dr. Obote reiste, war es »wie im Triumph der Perserschah«. Voran eine Eskorte auf Motorrädern, dann vor und hinter seinem Auto schwerbewaffnete Landrovers oder Panzerwagen, Adjutanten, Minister, Politiker, Presse, Fernsehen, Radio und schließlich eine endlose Schlange ziviler Speichellecker.

Bei einem solchen Besuch in Kisoro – Obote war bereits Premier und Präsident in einer Person – hatte die indische Gemeinde ihn und fünfzig Mann seines Gefolges zu einem Luncheon in meinen Gasthof eingeladen, was auch gnädig akzeptiert worden war. Wir bereiteten ein feines Mahl vor und hatten den Gasthof der hohen Ehre entsprechend dekoriert. Frühmorgens erschien die Polizei, suchte in Schränken, unter Tischen und Betten nach versteckten Attentätern, besetzte die Eingänge zu unserem Grundstück und sperrte den Gasthof für den allgemeinen Verkehr. Als nach stundenlanger Verspätung die Prozession endlich erschien und die Polizei die Autos zu unserem Parkplatz dirigierte, fuhren sie weiter, ohne einzubiegen. »Sie fahren wohl erst zur Gemeindehalle und werden nach einem kurzen Empfang zu uns kommen«, sagten wir uns und warteten. Wir warteten, und niemand kam. Schließlich wurde uns so nebenbei mitgeteilt, daß der Präsident und sein Gefolge nicht bei uns essen und man uns statt dessen fünfzig Mann seiner Begleitung schicken würde. Es war die »zweite Garnitur« sozusagen, Leute, die noch nie europäische Küche gekostet hatten; es schmeckte ihnen aber, und sie waren dankbar für die gute Bewirtung.

Eines Abends sagte mir ein Häuptling aus der Umgebung – er war allein in der Bar und etwas angesäuselt –: »Weißt du, warum Obote damals nicht bei euch gegessen hat? Einige meiner blöden Kollegen befürchteten, du würdest ihn vergiften, und so bewirteten sie ihn und sein Gefolge mit zähem Ochsenfleisch.«

Ich war gewillt – was blieb mir schon anderes übrig? –, mich mit Obotes Art von »Demokratie« abzufinden, als sich etwas ereignete, was Travellers Rest beinahe zugrunde richtete und meine Freude an Uganda erheblich dämpfte.

»Tschombes Flugzeuge bombardierten Uganda! Nicht einmal, versehentlich, nein, mehrmals und absichtlich«, so hieß es eines Tages. Ich traute dieser Nachricht nicht. Warum sollte Tschombe ein Stück Ödland bombardieren, wo es nichts zu zerstören gab? Nur um Obote zu ärgern, weil dieser ihn nicht leiden konnte? Ich ahnte, was dahinter steckte, hütete mich aber, die schwarzen Gemüter um mich herum aufzuklären. Mein Verdacht wurde später bestätigt, als ein englischer, in Ugandas Diensten stehender Pilot in einer Bar in Kampala erklärte, er habe auf höhere Anordnung hin die Bomben über der Westnil-Provinz abgeworfen.

Warum? Wozu? Es war zur Zeit, als der Kongo auseinanderbrach und Moishe Tschombe, der Premier des legalen Elisabethville, mit Hilfe weißer Söldner die Anhänger des ermordeten Patrice Lumumba, die sogenannten Stanleyville-Rebellen, erfolgreich bekämpfte. Da die schwarzen Länder Tschombe ihre Hilfe versagt hatten, warb er weiße Söldner an, um das Land zusammenzuhalten, und das wollten ihm seine schwarzen Kollegen nie verzeihen. Man schob ihm obendrein, wahrscheinlich ungerechtfertigt, die Ermordung Lumumbas in die Schuhe. Obote brauchte einen Vorwand für seine illegale Unterstützung der Rebellen gegen Tschombes legales Regime. Die Rebellen hatten nämlich ihre Ausbildungslager im »Westnil«, und ihre Waffentransporte liefen von der Küste und vom Sudan heimlich durch Uganda. Ein Luftangriff Tschombes wäre also an sich ganz berechtigt gewesen, aber nicht an der Stelle, die der englische Pilot hatte wählen müssen.

Immerhin, das fingierte Bombardement erfüllte seinen Zweck. Uganda in Gefahr? Die weißen Söldner »ante portas«? Nationalistische Gefühle wurden wach, man mußte auf der Hut sein! Nun konnte Obote die Rebellen offen unterstützen, nun hatte er einen Grund, die Grenzen militärisch zu besetzen.

Die Armee und die bewaffnete Polizei kamen nun, um unsere Grenze zu schützen, und ihre Gegenwart bedrückte uns sehr. Aus den früheren, so respektablen *King's African Rifles* war nun die *Uganda-Armee* geworden. Die neuen Offiziere waren allzuschnell vom Korporal zum Leutnant und noch höher hinaufgesprungen, sie hatten noch nicht gelernt, wie ein richtiger Offizier sich räuspert oder spuckt. Die Disziplin hatte sehr gelitten, wir hatten kein Vertrauen zu dieser Truppe; die Bevölkerung fürchtete und haßte die Soldaten, die alle den fremden Stämmen des Nordens angehörten.

Als erste militärische Handlung wurden beide Grenzen geschlossen, also auch die ruandische, was völlig grundlos war. Anstatt der wirklichen Grenzen besetzten die Soldaten aber unsere Zollschranke und ließen niemand durch. Das schnitt uns von unserem Hinterland ab und gab unser Dreieck den »Feinden« preis.

Mit dem Erscheinen unserer Streitkräfte begann meine Leidenszeit.

Einen Vorgeschmack von dem, was sich ereignen sollte, bekam ich gleich am Tage ihrer Ankunft, an dem ich eine Gruppe österreichischer Naturwissenschaftler erwartete, die für drei Tage gebucht hatte. Am Nachmittag kam einer meiner Boys angerannt und rief:

»Bwana, die Soldaten sind da und lassen niemand durch die Schranke. Unsere Gäste sind ebenfalls gekommen, und die Soldaten wollen sie erschießen.«

Ich eilte zur Schranke. Da standen meine Gäste. Hände hoch, mit schlotternden Knien, und auf jeden war ein Gewehrlauf gerichtet. Koffer wurden durchsucht, Kameras geöffnet, Filme herausgerissen. Ich wollte den Soldaten erklären, wer die Leute seien und warum sie gekommen waren, wurde aber unsanft zur Seite gestoßen. Die Offiziere waren noch nicht da, und so gebärdeten sich die Soldaten wie die Wilden, die sie ja auch im Grunde waren.

Was hatte die Soldaten so aufgebracht? Die Österreicher, erst am Tage vorher in Entebbe angekommen, hatten natürlich keine Ahnung von Tschombes »Luftangriffen« auf Uganda. »Das gibt ein hübsches Bild«, hatten sie beim Anblick des bunten Gewimmels an der Schranke gedacht und die interessante Szene knipsen wollen. Einen Schwarzen in Uniform fotografieren zu wollen ist Hochverrat in Afrika, und so hatten die Soldaten die harmlosen Wissenschaftler für Spione gehalten. Schließlich wollten sie die Verängstigten passieren lassen, aber ihr Reiseleiter, ein deutscher Prinz aus Kenia, rief mir über die Schranke zu: »Meiner Gesellschaft hat der Empfang bei euch nicht gefallen, diese Art von Humor liegt den Österreichern nicht, sie wollen nach Kabale zurück.« Ich hatte mich auf den Besuch gefreut, auch hätte mein bereits wackeliges Unternehmen die hübsche Einnahme gut brauchen können. Es war eine bittere Erfahrung, aber es sollte noch viel schlimmer kommen.

Ein paar Tage später kamen zwei Israeli an. Es waren Entwicklungshelfer, Fluglehrer in Ugandas Luftwaffe, und wohl deshalb hatten die Soldaten sie sogar mit ihrem Auto durchgelassen. Unsere »Beschützer« – Armee, bewaffnete und gewöhnliche Polizei – liebten einander nicht: Wenn der eine Offizier ja sagte, kam flugs der andere und sagte nein. Dazu kam noch die Zollbehörde, und bis zum Ende unserer »Besetzung« wußten wir nicht, wer nun eigentlich der Herr über Kisoro war.

Die beiden Israeli wollten ein paar Tage bleiben und unsere Berge besteigen. Am ersten Abend schrieb der eine Briefe in der Bar. Hätte ich die Folgen geahnt, würde ich ihn gebeten haben, seine Post in einem anderen Raum zu erledigen. Wie aber konnte ich auf so ein Übermaß von menschlicher Einfalt gefaßt sein!

Unser Polizeiinspektor und ein prominenter Politiker kamen in mein Büro, und es entspann sich folgendes Gespräch:

»Wer ist der weiße Mann in der Bar?«

»Ein Israeli. Er will morgen mit seinem Freund auf den Muhavura steigen.«

»Die beiden sind Spione.«

»Unsinn! Sie sind Fluglehrer in eurer Luftwaffe, bringen euren Piloten das Fliegen bei.«

»Wenn der Mann in der Bar ein Freund ist, warum trinkt er dann nicht mit uns?«

»Juden sind nüchtern, ich habe noch keinen betrunkenen getroffen.«

»Nee, nee! Der Mann ist ein Spion. Er schreibt jedes Wort auf, das wir sagen.«

»Juden sind viel zu intelligent, um den Unsinn aufzuschreiben, den ihr Halbangesäuselten verzapft. Obendrein solltet ihr nicht öffentlich von Dingen sprechen, die niemand hören darf.«

»Er schreibt in einem Kode, von rechts nach links, damit wir's nicht lesen können.«

»Ihr seid Christen, Protestanten? Nun, eure Bibel, das Alte Testament wenigstens, ist im gleichen ›Kode‹ geschrieben. Es ist Hebräisch, die Sprache der Juden. Sogar die Zehn Gebote, die Moses vom Sinai herunterbrachte, sind in diesem Kode geschrieben.«

Sie ließen sich nicht überzeugen, der Israeli mußte die Bar verlassen. Er fuhr am anderen Tag mit seinem Freunde ab, da es ihm nicht behagte, in meinem Gasthof als Spion verdächtigt zu werden.

So ging es nun viele Monate lang. Man ließ entweder keine Besucher zu uns herüber oder behandelte sie so, daß sie von allein kehrtmachten. Später durften sie zu uns kommen, mußten aber ihr Auto drüben lassen, und ein eigener Wagen war für unsere Besucher eine Notwendigkeit. All das sprach sich herum, und so kam niemand mehr. Bald zog der Pleitegeier seine Kreise über Travellers Rest.

Dann entschädigte uns die Polizei für unsere Verluste, indem der vom Spionagewahn besessene Inspektor ein Mitglied der UNESCO verhaftete, das wochenlang als zahlender Gast bei uns auf seine Freilassung warten mußte und dessen Fall uns eine Anzahl weiterer Gäste brachte.

André K., ein Belgier, war an einem Siedlungsprojekt für geflüchtete Watussi im Kongo tätig. Die Eingeborenen wollten aber keine Watussi in ihrer Gegend haben und hatten aus Protest Andrés Kollegen, einen Franzosen, umgebracht. Um auf andere Gedanken zu kommen, wollte sich André im – wie er glaubte – friedlichen Uganda erholen. Er fuhr durch Ruanda, und da die Grenze nur einseitig, also von Uganda, geschlossen worden war, ließen ihn die Ruander passieren. Da war kein Soldat, kein Zeichen warnte ihn, daß er nunmehr in einem verbotenen Lande war. Das merkte er erst nach sieben Kilometern, als ihn unser Inspektor, für den das ein gefundenes Fressen war, an unserer Zollschranke als belgischen Spion und weißen Söldner verhaftete. Gab es einen untrüglicheren Beweis als den Pfadfindergürtel, der seit Andrés Knabenzeit seine Hosen hielt?

Der Inspektor konnte diesen Belgier nicht leiden und demütigte ihn, wo immer er nur konnte. Er erlaubte uns zwar, ein Feldbett in der Zelle des Gefangenen aufzustellen, und da dieser von ihm nicht beköstigt werden konnte, durfte er unter Bewachung seine Mahlzeiten bei uns im Gasthof einnehmen.

Nach einiger Zeit mußte der Inspektor das Objekt seiner Abneigung seiner Konkurrenz, der bewaffneten Polizei, ausliefern. Die neuen Wächter liebten ihren Gefangenen und bestellten mehr Bier für ihn, als dieser trinken konnte.

André wartete geduldig, daß etwas geschähe, aber man schien seine Existenz vergessen zu haben. Dann kam der Tag, an dem die freundliche Wache abberufen wurde und ihr Gefangener dem gehaßten Inspektor übergeben werden sollte. Es war das erste Mal, daß André seit seiner Verhaftung die Fassung verlor. »Macht mit mir, was ihr wollt, erschießt mich«, schrie er, »aber ich gehe nicht zur Polizei zurück. Wenn ihr mich zwingt, erwürge ich diesen Saukerl von Inspektor.« Und das war keine leere Drohung.

Der Sergeant wußte nicht, wie er sich verhalten sollte, und ging zu seinem Offizier zurück. Kurz darauf kam er wieder, und ich sah, wie er draußen seinen Revolver lud, ehe er eintrat. André weigerte sich noch immer. »Wenn Sie nicht folgen, muß ich schießen«, sagte der Sergeant und spielte drohend mit der Waffe. Totenstille trat ein, die Atmosphäre war geladen, das Drama auf seinem Höhepunkt. »André, sei kein Narr«, sagte ich schließlich, »der Sergeant meint es gut mit dir, aber Befehl ist Befehl. Er wird dich nicht gleich totschießen, aber lohnt es sich, wegen des verdammten Inspektors ein lahmes Bein zu riskieren?« André kam zur Vernunft und folgte dem Sergeanten.

Wir atmeten auf. »Wo ist denn der junge Amerikaner, der ein paar Tage hierbleiben wollte?« fragte ich meine Boys. Sie lachten. Bei uns sei es wie im Wilden Westen, habe er gesagt, seinen Lunch bezahlt und sei abgefahren.

Kurz darauf kam André zurück, diesmal unter militärischer Bewachung. Der Inspektor hatte ihn am Hemd gepackt, ihn hin und her geschüttelt, und André hatte es ertragen, ohne den »Saukerl« zu erwürgen. Dann hatten sie ihn eingelocht, wieder herausgelassen und ihn der Armee übergeben. Die Soldaten, so unzivilisiert sie auch waren, benahmen sich besser, als man erwarten konnte; sie ließen den Gefangenen sogar bei uns übernachten. Anstatt draußen vor dem Haus wollten sie ihn allerdings drinnen im Zimmer bewachen und im zweiten Bett mit ihren Mädchen schlafen, bestanden aber nicht darauf, als der Vorschlag abgelehnt wurde.

Andrés Verhaftung war der betreffenden Behörde in Kampala gemeldet worden, und er hatte sein Ehrenwort geben müssen, nichts für seine Befreiung zu unternehmen, mir aber gelang es trotz meiner Isolierung, seine Freunde im Kongo zu benachrichtigen, wo sein spurloses Verschwinden natürlich aufgefallen war. Nun kamen Scharen – Schwarze und Weiße, Kongolesen und Belgier und Mitglieder der UN –, um seine Unschuld zu beweisen, aber der Inspektor weigerte sich hartnäckig, den Gefangenen freizugeben. Die Kongolesen drohten, André mit Gewalt zu befreien, doch ehe es dazu kam, erschienen eine wichtige UNESCO-Persönlichkeit aus Genf und der belgische Konsul aus Kampala, den ich ebenfalls benachrichtigt hatte, mit Vollmacht der Uganda-Behörden, und André wurde endlich, nach über drei Wochen, wieder frei. Sein Fall war tatsächlich in Kampala in Vergessenheit geraten, aber niemand entschuldigte sich, und André mußte die unfreiwilligen Ferien aus eigener Tasche bezahlen.

Die Besetzung der Schranke, die uns so unnatürlich von unserem Hinterland trennte, war eine absurde Einrichtung und unbequem für die Bewohner unseres Dreiecks. Besonders schwierig war es für die vielen kleinen afrikanischen Händler, die von den Indern in Kisoro beliefert wurden. Einer mußte beispielsweise einen Zentner Salz tütenweise herüberbringen; hätte er nicht mit einem ganzen Sack voll Tschombes Kongo beliefern können? Ein anderer durfte aus denselben Gründen nur zwei Päckchen Aspirin statt der paar Dutzend, die er bei sich hatte, mitnehmen.

Mein persönlicher Kummer war das Bier. Gewöhnlich ließen die Männer an der Schranke den Lieferwagen nicht passieren, auch wenn einer der Offiziere mir vorher die Erlaubnis gegeben hatte, und dann mußte es von der Schranke zum Gasthof getragen werden. Mein Pech wollte es, daß der monatliche Transport immer gerade dann eintraf, wenn die meisten meiner Boys frei hatten und ich selber tragen helfen mußte. Die Kästen, jede mit 25 großen Flaschen, waren eine schwere Last für einen Mann in den Sechzigern, und der offensichtliche Hohn in den Gesichtern der Männer an der Schranke zeigte mir deutlich genug, daß Afrika kein Land mehr für mich war.

Am meisten verdroß es mich, daß die Beschützer unserer Grenze und Hüter der Ordnung selbst große Mengen von aus Ruanda geschmuggeltem Bier konsumierten. Es war billiger und stärker, und die Flaschen waren größer, und so machte es den schwarzen Patrioten gar nichts aus, ihr neues Land zu schädigen, wohingegen wir kein Salz oder Aspirin von Uganda nach Uganda mitnehmen durften und ich für den Vertrieb von Uganda-Bier bestraft wurde, indem ich die schweren Kästen einige hundert Meter auf meinem Kopf tragen mußte.

30 Afrika, addio!

Die Rebellion vorüber, die weißen Söldner aus Afrika vertrieben, der so vielen schwarzen Führern unbequeme Tschombe zum zweiten Mal im Exil; es schien, als habe der Kongo seine Kinderkrankheiten überwunden. Freilich, Mobutu, der heutige Präsident von Zaire – wie der Kongo jetzt heißt –, hatte die Macht ergriffen, aber das Leben unter seiner Diktatur war keineswegs sicher und angenehm, weder für die Schwarzen noch für die Weißen.

Obotes Uganda hatte jedoch nichts mehr zu befürchten, und so stand der »Befreiung Kisoros« von unserer eigenen Armee und der bewaffneten Polizei, die uns so lange drangsaliert hatten, nichts mehr im Wege. Wir atmeten auf, als wir die beiden Truppen loswurden. Die gewöhnliche Polizei blieb natürlich, aber der Ispektor konnte keine unschuldigen Besucher mehr als Spione verhaften. Wir konnten nun so viel Salz und Aspirin, wie wir wollten, zu uns herüberbringen, und ich brauchte keine Bierkästen mehr zu tragen.

Es kamen wieder Gäste und verjagten den Pleitegeier, der drohend über uns geschwebt hatte. Aber mehr noch als mein Bankkonto hatten mein Mut und Humor, meine Zuversicht und Toleranz gelitten, und diesen Verlust konnte kein geschäftlicher Aufschwung wieder gutmachen.

Mir war allmählich klargeworden – und die Erfahrungen der letzten schweren Monate hatten mich noch darin bestärkt –, daß die Tage des weißen Mannes im schwarzen Afrika gezählt waren und daß es ratsam war, die Brücken freiwillig hinter sich abzubrechen, anstatt zu warten, bis man, seines Besitzes beraubt, aus dem Land vertrieben würde, wie es ja inzwischen mit den Asiaten und vielen Europäern geschehen ist.

Noch schien alles sicher und friedlich in Uganda, und meine Freunde hielten es für voreilig, daß ich das Land verlassen wollte. Mein Pessimismus sei völlig unangebracht, meinten sie.

Warum also wollte ich mein Zuhause aufgeben und alles im Stich lassen, was ich mir in fünfzehn Jahren geschaffen hatte?

Wenn ich es mir recht überlege, so fing es mit dem Verschwinden der Gorillas an. Sie hatten mein Leben bereichert, dem Alltag Zauber und Romantik verliehen. Sie hatten täglich für anregende und oft aufregende Erlebnisse gesorgt, meinem Gasthof eine besondere Note gegeben und bedeutende Besucher aus aller Welt angelockt. Unser Ruf als Gorillahauptquartier hielt zwar noch lange an, aber ich kam mir immer wie ein Schwindler vor, wenn ich Gäste, die nur wegen der Gorillas gekommen waren, enttäuschen mußte.

Dann machte mich Uhuru, die Unabhängigkeitserklärung, zum Fremden in Uganda, der nur toleriert wurde und jederzeit willkürlich deportiert werden konnte. Meine Sympathie hatte stets den »Erniedrigten und

Beleidigten« gegolten, also in Afrika den Schwarzen. Nun hatte sich das Blatt gewendet: Ich war von der Sympathie der Schwarzen abhängig, und, offen gestanden, es gefiel mir nicht.

Ich hatte nie unter einem autoritären Regime gelebt, war nie in Hitler-Deutschland gewesen. Sollte ich mich nun in Afrika mit der Diktatur eines Milton Apolo Obote abfinden, mit einem »One-Party-System«, das ohne Zweifel in eine Militärdiktatur ausarten würde? Ich war allergisch gegen alles, was nach Faschismus roch, ich hatte genug von Soldaten und Uniformen, wollte nicht mehr den Befehlen einer bewaffneten Unvernunft gehorchen müssen.

Wie berechtigt meine Befürchtungen waren, haben die Erfahrungen der letzten Jahre gezeigt. Obote wurde zwar gestürzt, aber was nach ihm kam, übertrifft die schlimmsten Vorstellungen, die man sich von einem solchen Regime hätte machen können.

Es bedrückte mich auch, daß die Qualität unserer Gäste sich zusehends veränderte: Travellers Rest war nicht mehr, was es einst gewesen war. Für lange Zeit wäre »Smugglers Rest« ein geeigneteres Aushängeschild gewesen, denn Schmugglerbanden, die im Kongo im trüben fischten, hatten sich unseren günstig zwischen den beiden Zollschranken gelegenen Gasthof als Hauptquartier und Umschlageplatz auserkoren.

Zwei feindliche Gangs – Konkurrenten, die einander bespitzelten – saßen an getrennten Tischen: Hut im Nacken, Zigarette im Mundwinkel, Whisky- oder Ginglas neben sich, so saßen sie in dichten Qualm gehüllt und pokerten. Es war wie in einem Gangsterfilm, nur daß die Hauptdarsteller fast ausnahmslos Inder waren. Sie warteten auf Autos vom Kongo. Wenn eines kam, sprangen beide Gangs auf wie elektrisiert; die eine zog sich dann mit den Ankömmlingen hinters Gästehaus zurück. Reifen wurden eiligst abmontiert und ausgetauscht; das eine Auto kehrte dann in den Kongo zurück, das andere, mit der Konterbande aus Goldstaub und Diamanten in den ausgetauschten Reifen verborgen, fuhr, ohne von unserem arglosen Zöllner untersucht zu werden, nach Kampala und Nairobi, wo die wertvolle Schmuggelware am schwarzen Markt zu Geld gemacht wurde.

Kaffee wurde lastwagenweise in langen Geleitzügen vom Kongo mit falschen Papieren im Transit über unsere Grenze nach Mombasa gebracht und dann weiter nach Europa verschifft. Es war ein kompliziertes, riskantes, aber sehr profitables Geschäft, und da der erzielte Preis in fremder Währung auf europäischen Banken eingezahlt wurde, schoben die Beteiligten – prominente Beamte auf beiden Seiten der Grenze darunter – auf diese Weise große Vermögen aus dem Land.

Jeder glaubte natürlich, ich hätte meine Finger in dem Gold, dem Kaffee und den Diamanten und fülle heimlich meine Taschen. Aber ach! Ich war zu ängstlich und zu unbegabt für diese Art von Geschäft.

Tiefer als alles andere berührte mich jedoch die sinnlose Ermordung von Madame de M.'s Sohn und seiner Freunde im Kongo. Sie hatte die Nachricht von der Tragödie gerade an dem Tag erhalten, an dem, wie bereits berichtet, Dian Fossey bei ihr eintraf.

Madame de M. hatte mir erzählt, daß ihr Sohn, ihr Neffe und ein Freund, alle drei Studenten an der Universität in Löwen, auf dem Weg von Kenia zu ihr seien und wahrscheinlich bei uns übernachten würden.

Die drei kamen bald darauf und trafen bei uns eine Gruppe gleichgesinnter englischer Studenten: Sawa Sawa sang und spielte Inyanga, meine Boys tanzten ihre Bahutu-Tänze. Es war ein lustiger, glücklicher Abend. Am nächsten Morgen verabschiedeten sich die drei jungen Belgier und fuhren ab.

Einige Tage später hielt Madame de M.'s Wagen vor meiner Tür.

»Nanu, allein, ohne ihre Besucher?« dachte ich verwundert.

»Ich weiß, Ihr Haus ist voller Flüchtlinge«, sagte sie, »aber ich habe meinen Schlafsack bei mir, ich bin mit jedem freien Platz zufrieden.«

»Natürlich bringen wir Sie unter«, sagte ich. »Aber, entschuldigen Sie, was wollen Sie eigentlich hier?« fragte ich befremdet.

»Meine drei Jungen hätten längst bei mir sein sollen«, sagte sie. »Wahrscheinlich macht ihnen der alte Landrover Schwierigkeiten. Ich will ihnen entgegenfahren, vielleicht kann ich ihnen helfen.«

Mir stand das Herz still vor Schrecken. »Was, die drei sind nicht bei Ihnen angekommen?« fragte ich bestürzt.

Es war einer der fürchterlichsten Augenblicke meines Lebens, als ich dieser Mutter sagen mußte, ihr Sohn und seine Freunde hätten vor drei Tagen bei uns übernachtet.

In Ruanda konnte kein Weißer verschwinden, ohne daß es bekannt geworden wäre; die einzige Erklärung war, daß die drei den falschen Weg genommen hatten und in den Kongo gefahren waren. Wir wußten beide, was für Folgen das in jenen Tagen haben mußte. Madame de M. ist ein starker Charakter, aber das war zu viel für sie. Sie rang die Hände und lief verzweifelt auf und ab.

An der Kongogrenze wurde uns bestätigt, daß die drei jungen Männer als belgische Söldner verhaftet, mißhandelt und zur Garnison nach Rumangabo gebracht worden waren. Dort wurden sie, wie wir später hörten, in der Nacht grausam umgebracht.

Wie konnten sie nur den falschen Weg nehmen, den Weg in den sicheren Tod? Der Wegweiser lag seit langem am Boden, und an der Grenze war nichts, was sie hätte warnen oder aufhalten können. Einmal dort angekommen, war es um sie geschehen. Man sagte übrigens, ein Kongospitzel habe sie absichtlich in die falsche Richtung geschickt.

Die Zeitungen berichten täglich von weitaus krasseren Begebenheiten, und wir nehmen sie zur Kenntnis, ohne uns innerlich zu beteiligen. Die drei Studenten hatten sich jedoch der letzten glücklichen Stunden ihres Lebens in meinem Haus erfreut, hatten ihre letzte Nacht unter meinem Dach geschlafen, ich war der letzte Mensch, der freundlich ihre Hände geschüttelt hatte, und so ging mir ihr Tod persönlich nahe.

Es wäre ungerecht, Uganda für etwas zu tadeln, was im Kongo geschehen war; aber nun wußte ich es eindeutig: Ich hatte genug von Afrika, genug für immer.

Wie so oft im Leben waren es verhältnismäßig geringfügige Dinge, die meinem Entschluß, das Land zu verlassen, den letzten entscheidenden Anstoß gaben.

Ich konnte die Erinnerung an die höhnischen Fratzen der Männer an der Schranke nicht loswerden, die mich verdrossen hatten, als ich die schweren Bierkästen schleppen mußte, damals, als mir zum ersten Mal bewußt wurde, das Afrika kein Land mehr für mich sei.

Und dann kam der Tag, an dem ich gezwungen wurde, Obotes Bild bei mir aufzuhängen. Sechs Jahre hatte ich es vermeiden können, und wenn man es bemängelte, hatte ich erklärt, daß derartige Bilder nicht meinem Stil entsprächen, daß ich in kolonialen Zeiten ja auch keine der königlichen Familie an meinen Wänden gehabt hätte. Wenn man dann auf die vielen Gorillabilder hinwies und mich fragte, ob die etwa meinem Stil entsprächen, ließ sich die Antwort, die sich aufdrängte, nur mit Mühe hinunterschlucken.

Eines Tages aber zwang mich ein betrunkener, korrupter Distriktkommissar unter Dohungen, das Porträt des mir so unliebsamen Mannes aufzuhängen. »Nun, wenn schon!« werden manche Leser sagen. »Mußten wir nicht ebenfalls das Bild unseres ›Führers‹ aufhängen?« Gewiß! Aber ich hatte viele Jahre in englischen Ländern gelebt, und niemand hatte mir dort meinen Wandschmuck vorgeschrieben. Es war nicht so sehr das Bild an sich, das mich so empörte, sondern die Tatsache, daß ich nicht mehr Herr in meinem eigenen Hause war, daß ein übler Trunkenbold mich zwingen konnte und ich die Folgen fürchten mußte, wenn ich mich weigerte, seinen Befehl auszuführen.

Ich war es müde, mich vor irgend jemand oder irgend etwas fürchten zu müssen; koste es, was es wolle, ich mußte meine persönliche Freiheit haben! Ich zögerte daher nicht, Travellers Rest zu verkaufen, als mir ein Schweizer ein, wie mir schien, günstiges Angebot machte: ein Drittel Kasse und zwei Drittel in Aktien eines großen Hotels in Kigali, der Hauptstadt Ruandas, wo er von der Regierung eine Konzession erhalten hatte. Im übrigen: Ich hatte keine Wahl, ich wollte verkaufen, und da war niemand anderes da, der kaufen wollte.

Der Schweizer hatte große Ideen. Er plante eine Kette von Touristenhotels diesseits der Grenze, und Travellers Rest sollte das Sprungbrett für Safaris in *Uganda Game Parks* werden. Er baute vier weitere Zimmer und kam bereits mit Reisegesellschaften, als ich noch in Kisoro war. Alles sah vielversprechend aus. Aber dann ließen seine Geldgeber ihn im Stich, er mußte seine afrikanischen Unternehmungen aufgeben, und ich zerriß meine Aktien, die mir ein sorgenloses Alter hatten sichern sollen. Es war ein schwerer Schlag, dennoch brauchte ich dem Verlust nicht nachzutrauern. Wäre ich geblieben, es wäre mir ergangen wie dem Inder, dem der Schweizer Travellers Rest verkauft hatte.

Dieser Optimist hatte gerade angefangen, einen Flügel anzubauen, als ihm mitgeteilt wurde, daß sein Gasthof »ugandanisiert«, das heißt ihm ohne Entschädigung abgenommen werde, und er das Land innerhalb von vier Wochen verlassen müsse. Travellers Rest wurde von Uganda-Hotels, dem Regierungskonzern, übernommen, dem alle großen Hotels in Uganda gehören und der sich nun auch die paar kleineren, noch in Privathänden befindlichen einverleibte.

Es war ein harter Entschluß, Kisoro zu verlassen. Travellers Rest hatte meine Endstation sein sollen, wo ich meine letzten Jahre in einer Hütte in Ruhe verleben wollte, betreut von Cosmas, der mir sehr ans Herz gewachsen war. Und nun mußte ich mein »Sanctuary«, meine Zufluchtsstätte, aufgeben, und mich auf meine alten Tage nach einer neuen Bleibe umsehen.

Ich verließ Kisoro um vier Uhr morgens. Ein Freund und Peter, ein junger Afrikaner, der sich bei uns eingenistet hatte und meine rechte Hand geworden war, brachten mich im Auto nach Kabale, von wo ich den Bus nach Fort Portal nehmen wollte. Meine Boys waren natürlich alle versammelt, sogar die aus Nyarusiza waren gekommen, um mir Lebewohl zu sagen. Rex und Sombra, die beiden Hunde, strolchten gottlob in der Gegend umher, sonst wäre mir der Abschied noch schwerer geworden. Es war noch dunkel, als wir zur Kanaba Gap hinaufkamen, von wo aus ich vor fünfzehn Jahren mit großen Erwartungen zum ersten Mal auf Kisoro hintergeblickt hatte; aber selbst wenn die Sonne hell geschienen hätte, ich wollte nicht halten, nicht zurückblicken.

Der erste Tag meines eigenen »Uhuru« war nicht gerade verheißungsvoll. Nach einigen Stunden versagte der Motor, der Bus hielt irgendwo im Busch und war nicht wieder in Gang zu bringen. Ich mußte die erste Nacht meiner Freiheit höchst unprivat mit vielen Eingeborenen im Bus verbringen. Sie waren freundlich, wunderten sich aber über den Bwana Mkubwa, der wie ein gewöhnlicher Schwarzer im Bus reiste. Wir kamen mit vierzehnstündiger Verspätung im Fort Portal an. Ich blieb eine Woche bei meinem Freund, der sich auf jungfräulichem Boden eine Teeplantage angelegt und auf einem Hügel, dem Ruwenzorigebirge gegenüber, ein Haus gebaut hatte. Dieser Besitz ist nun, wie der aller weißen Teepflanzer, von Amins Regierung enteignet worden, und mein Freund mußte Uganda fast mittellos verlassen, wo er über dreißig Jahre gelebt und gewirkt hatte. Natürlich konnte er sich nicht in London eingewöhnen und war selig, als *Field Director* vom *Save the Children Fund* in den südlichen Sudan geschickt zu werden.

Ich fuhr über Kampala und Nairobi nach Mombasa; mein Schiff verließ Kilindini-Harbour am 28. Februar 1969 um Mitternacht: Es war genau auf die Minute der Zeitpunkt, an dem ich aufgrund meiner Papiere Ostafrika verlassen haben mußte.

Ich sah nicht zu den schwindenden Lichtern Mombasas zurück, nicht zur ostafrikanischen Küste hinüber, ich atmete erleichtert auf, als wir die offene See erreichten. Afrika – Uganda – Kisoro – das war mein Leben gewesen, und das war nun für mich vorbei.

Jemand nannte mich einmal einen »desillusionierten Romantiker« und traf damit den Nagel wahrscheinlich auf den Kopf. Ja, ich bin hoffnungslos altmodisch, der heute so verschmähte Patriarchalismus der kolonialen Vergangenheit entsprach ganz meiner Natur. Ich liebte es, der »Pater familias« zu sein, das Vertrauen, das meine Boys und ihre Familien zu mir hatten, verpflichtete und beglückte mich. Ich bin überzeugt, daß die meisten Ugander sich unter solcher persönlicher Fürsorge wohler und sicherer fühlten als unter der heutigen Diktatur, wo sie unter der ständigen Angst leben müssen, beraubt, verhaftet, eingesperrt, gefoltert und grausam umgebracht zu werden.

Mit Dankbarkeit und Liebe denke ich an meine afrikanischen Mitarbeiter und Freunde zurück: an Saga, den immer Lustigen, an Cosmas, den Sanften, an Elias, den kompetenten Fundi, an meine »Shamba-Boys« und vor allen Dingen an Ruben und seine prächtigen Helfer. Unvergeßlich wird mir auch Sawa Sawa, mein Batwa-Hofnarr, bleiben, der, Inyanga im Arm, von der Wand über meinem Schreibtisch träumerisch auf mich heruntersblickt. Mit Genugtuung gedenke ich der jungen Afrikaner, die es mit meiner Hilfe zu etwas gebracht haben und die nun aus Angst vor dem Zensor mir nicht mehr zu schreiben wagen. Sie hatten mir oft geschrieben, und alle ihre Briefe fingen mit »Geliebter Vater« an und endeten mit »Dein Dich liebender Sohn«. Sind solche persönlichen Beziehungen von Mensch zu Mensch, zwischen Schwarz und Weiß, nicht tausendmal mehr wert als aller Nationalismus, als eines Politikers Porträt an der Wand meiner Bar, fragte ich mich betrübt.

Auch an meine Gäste muß ich denken, an berühmte und unberühmte, an die Vielfalt von Berufen, Rassen und Religionen, die das Leben in dem kleinen Grenzgasthof so interessant und abwechslungsreich machten. Viele von ihnen wurden meine Freunde, und ich hoffe, sie werden es mir nicht verargen, daß ich von ihnen und von anderen Freunden, den Gorillas nämlich, hier in einem Atemzug spreche. Die Gorillas sind uns so ähnlich, daß man die beiden oft nicht auseinanderhalten kann, die Affen und die Menschen, meine ich.

Ich denke an die tastenden Versuche, diese unsere weitläufigen Verwandten kennenzulernen, und wie sie schließlich Beobachter vom Range Schallers und Dian Fosseys ins Gorillaland brachten. Von der amerikanischen *National Geographic Society* betreut, lebt Dian Fossey nun schon seit acht Jahren in diesen wilden Bergen, und der Gedanke befriedigt mich, durch unsere bescheidenen Bemühungen den Impuls zu ihren aufschlußreichen Beobachtungen gegeben zu haben.

Ist mir der Versuch gelungen, mir Afrika aus dem Herzen und dem Sinn zu schreiben? Im Gegenteil: Ich habe dabei feststellen müssen, daß meine Liebe zu Afrika, zu Ostafrika im besonderen, eine chronische Krankheit ist, für die es keine Heilung gibt, Ja, ich habe Heimweh nach Uganda, nach Travellers Rest, nach seinen Menschen, seinen Tieren und nach seiner einzigartigen Landschaft.

Die Frage, warum ich denn in Kisoro so glücklich war, beantworte ich stets mit der Gegenfrage: »Wo in aller Welt hätte ich mich als Beherrscher dreier mächtiger Vulkane fühlen können, in deren dichten Wäldern und tiefgeschnittenen Klüften – neben Elefanten, Büffeln, Leoparden, Gazellen, Affen und allerlei anderem wilden Getier – Gorillas leben?«

Wenn ich in meinem Camp in dreitausend Meter Höhe vor meiner Hütte saß und die seltsamen Berge überblickte oder in die weite grüne Ebene hinunterschaute, kam ich mir zuweilen – es mag nach Größenwahnsinn klingen – als König dieses Gorillalandes vor.